中国改革开放史料丛书

国有企业改革

黄群慧 林 盼 主编

中国工人出版社

"中国改革开放史料丛书"编委会

主　任：魏礼群

副主任：陈锡文　彭　森　张卓元　迟福林

编　委：王娇萍　刘尚希　李小雪　杨　睿

　　　　吴晓灵　吴海龙　宋晓梧　迟福林

　　　　张占斌　张卓元　陈　薇　陈锡文

　　　　林兆木　郑新立　徐善长　曹远征

　　　　彭　森　董　宽　魏礼群

　　　　（以姓氏笔画为序）

总序

铭记改革开放历史
奋进新时代新征程

历史是一面镜子，也是一部教科书。重视历史，研究历史，借鉴历史，是中华几千年文明的一个优良传统。当代中国是历史中国的延续和发展，书写着中国人民和中华民族不懈奋斗的宏伟篇章。历史的无穷魅力在于包含了大量丰富的史料。史料是保存历史、记述历史、再现历史的基本素材和重要依据。重视历史的学习、研究和传承，必须重视史料的收集、整理、汇辑。

改革开放是中国人民和中华民族发展史上一次伟大革命，正是这场伟大革命推动了中国特色社会主义事业的伟大飞跃。1978年底，中国共产党召开具有重大历史意义的十一届三中全会，开启了改革开放历史新时期。从那时以来，中国共产党带领全国人民以一往无前的进取精神和波澜壮阔的创新实践，谱写了壮丽史诗。改革开放40多年来，从农村到城市，从生产到投资、流通、分配、消费，从所有制结构到企业形式，从经济领域到生产关系和上层建筑的某些环节，都进行了系统和全面改革，成功实现了从高度集中的计划经济体制到充满活力的社会主义市场经济体制的伟大历史性转变；对外开放从建立经济特区到沿海、沿江、沿边，从东部到中西部地区，再到加入世界贸易组织，从大规模"引进来"到大踏步"走出去"，成功实现了从封闭半封闭到全方位开放的伟大历史性转变。我们在深化经济体制改革的同时，不断深化政治体制、文化体制、社会体制、生态文明体制改革和其他领域改革，不断推进国家治理体系和治理能力现代化。在改革开放推动下，我国经济和社会发展取得了举世瞩目的辉煌成就，实现了人民生活由温饱不足到小康宽裕的伟大历史性转变。事实雄辩地证明，改革开放是决定当代中国前途命运的关键一招，是当代中国发展进步的动力之源，是大踏步赶上时代前进步伐的重要法宝，为实现中华民族伟大复兴提供了充满新活力的体制保障和快速发展的物质条件，中华民族迎来了从站起来、富起来到强起来的伟大飞跃。

现在，我国在广袤大地上全面建成小康社会，正阔步迈向全面建设社会主义现代化国家的新征程。在庆祝中国共产党成立100周年大会上，习近平总书记强调，"以史为鉴，可以知兴替。我们要用历史映照现实、远观未来，从中国共产党的百年奋斗中看清楚过去我们为什么能够成功、弄明白未来我们怎样才能继续成功，从而在新的征程上更加坚定、更加自觉地牢记初心使命、开创美好未来"。改革开放以来的岁月将彪炳于中华民族发展的壮丽史册。40多年来，中国共产党从理论到实践的伟大创造，探索和积累的宝贵经验是党和人民弥足珍贵的精神财富，对于新时代坚持和发展中国特色社会主义有着极为重要的指导意义，应当倍加珍惜。

总序

2022年，党的二十大召开。"中国改革开放史料丛书"的出版，为了铭记改革开放以来的光辉历史过程，收集、保存、传承40多年的宝贵历史资料，也为了以实际行动落实党中央关于加强改革开放史教育的部署要求，展示改革开放历史的史料价值。

这套丛书共有20卷。分别是：《中国社会主义市场经济体制形成与发展》《计划投资体制改革》《农业农村改革》《对外开放》《行政体制改革》《财政税收体制改革》《价格体制改革》《经济特区发展》《城市改革与发展》《国有企业改革》《金融体制改革》《教育体制改革》《收入分配改革》《科技体制改革》《外贸体制改革》《商品与要素市场改革》《就业体制改革》《社会保障体制改革》《民营经济发展》《改革开放大事记》，力求从不同领域、不同角度，全面、系统、客观记录我国改革开放40多年的历史进程，重点收录具有重要价值的史料，特别是历史文献、重要人物和事件、实物和口述史料，以期在服务全面深化改革开放事业、加强改革开放史研究和教育中提供参考、发挥作用。

这套丛书的各卷主编和参与者大多是相关领域知名的专家学者，也是我国改革开放的亲历者、见证者。丛书集结了他们长期亲历和研究我国改革开放的重要成果，凝聚了他们对改革开放伟大事业的深厚情怀和责任担当。中国工人出版社对这套丛书的出版给予了大力支持，集全社之力，不舍昼夜，为本书如期付梓出版不辞辛劳；中国（海南）改革发展研究院作为30多年如一日勇立改革开放潮头、以建言改革为己任的改革智库，为此书的策划、组织和出版作出了重要贡献，彰显出改革智库记录好、传播好改革开放历史的初心使命。我作为这套丛书的编委会主任，在此向为本套丛书付出艰辛努力的各位编委会成员、作者，对中国工人出版社的领导、编辑表示由衷的敬意和感谢!

这套丛书内容时间跨度大，涉及领域多，涵盖方面广，力图史料全面、翔实、准确，任务艰巨。由于时间较紧，难免有不足之处，恳请读者批评指正。

魏礼群

2024 年 3 月

前言

国有企业是中国特色社会主义的重要物质基础和政治基础,是我们党执政兴国的重要支柱和依靠力量。国有企业涉及国计民生的各个方面,在国民经济发展中起着基础性、主干性、支撑性和引领性作用,承担着重大政治责任和社会责任,是国家安全特别是政权安全和制度安全的柱石,也是确保人民实现美好生活需求的保障。自1978年改革开放以来,国有企业改革一直被认为是我国经济体制改革的中心环节。建设中国特色的社会主义市场经济体制,关键是培育自主经营、自负盈亏、自我决策、自我发展的微观市场主体。将传统计划经济体制下作为政府附属物的国营企业逐步转变为适应市场经济体制要求的现代企业——"新国企",成为我国经济体制改革的核心任务。

回首40多年改革历程,中国国有企业发展

经历了复杂曲折的过程，成就来之不易。2021年，我国进入新发展阶段，国有企业尤其是中央企业又面临着新的定位和要求。对国有企业的改革发展历程进行梳理，具有极为重要的意义，可谓正逢其时。"欲知大道，必先为史"，回顾历史经验，有助于找到可资借鉴的治理之道。所谓"学史明理、学史增信、学史崇德、学史力行"，改革开放史作为"四史"之一，需要及时进行历史经验和历史规律的总结，以回答和解决在新的历史条件下党和国家发展面临的重大理论和现实问题。本书以经济体制改革为主线，对国有企业40多年的改革开放历程进行史料收集整理，以对历史负责任的精神，坚持史论结合，以史为主，以论为辅，目的是更全面地记录改革开放历史过程，更深入地还原改革开放历史细节，坚定实行改革开放的决心，为社会主义事业发展提供历史资源和经验总结。

本书的体例是"前论后史"，分为两个部分。第一部分是"历程篇"，以十万字左右的篇幅总结40多年来国有企业的改革发展历程，涉及放权让利、战略重组、国资监管、全面深化等不同的历史阶段；第二部分"史料篇"，将具有代表性的政策文件以编年的形式加以梳理，多数史料全文收入，部分材料因篇幅过长而进行节选，此外还对国有企业改革及后续研究具有重要作用的资料集、回忆录、论文和专著进行编目，便于使用者获取所需信息。"史料篇"包含"中国国有企业改革大事记"，以大事记的方式，对国有企业的改革历程进行整理，为保存改革开放的完整历史记忆贡献力量。

在编写的过程中，课题组深刻意识到，这一类型的"史料丛书"具有无可取代的重要意义。尽管已进入"e时代"，各种电子读物俯首可拾，获取方式十分便捷。但是，随着网络技术、数字技术以及传输技术的大量应用和不断升级，信息的接收和处理也呈现出日益碎片化的趋势。用"快餐"方法进行知识的认知和传播，不利于知识的系统性和逻辑的完整性。"史料丛书"全景式的史料呈现和历程梳理，能够有效克服阅读碎片化、浅层次的问题。将不同年份的资料加以排序，可以使人深切地感受到改革开放这一伟大航程的重要意义。改革开放不是天上掉下来的，发展历程也绝非一帆风顺，而是在克服一个又一个困难当中成长壮大的，越面临困难，越是奋发图强。历史资料中蕴含的改革智慧与改革思维，将会为当前推进全面深化改革战略提供启示。

本书在编写过程中，得到中国（海南）改革发展研究院院长迟福林教授、国务院研究室原主任魏礼群的大力支持，在此深表感谢。需要说明的是，本书仅为相关研究者和历史爱好者提供获取资料的便利，国有企业改革的资料卷帙浩繁，搜集整理无法齐全完备，难免挂一漏万，诚恳欢迎读者批评指正。

黄群慧　林盼
2024 年 6 月 16 日

目录

第一部分 历程篇

总　论　中国经济体制改革的中心环节	3
第一章　放权让利的改革探索（1978—1992年）	**9**
第一节　1978年之前的"行政性分权"实践	10
第二节　放权让利改革的基本过程	16
第三节　拨改贷和利改税	23
第四节　厂长负责制与经营机制转换	29
第五节　承包制和租赁制	39
第二章　制度创新与战略重组（1993—2002年）	**45**
第一节　建立现代企业制度	45
第二节　"三年脱困"	55
第三节　"抓大放小"与"有进有退"	61
第四节　股份制改革	67

I

第三章　以国资监管改革推进国企改革发展（2003—2012年）	**77**
第一节　国资监管体制与国资委成立	77
第二节　股份制改革的推进	84
第三节　管理层年薪制与股权激励改革	91
第四章　新时代的全面深化改革（2012年迄今）	**101**
第一节　分类改革的制度设计	101
第二节　资本整合和国企重组	108
第三节　混合所有制改革	113
第四节　中国特色现代企业制度建设	120
第五节　国企改革的三年行动与发展成就	126
结语　改革发展使命重大	**133**
主要参考文献	**139**

第二部分
史料篇

政策法规	**145**
国家经济委员会关于扩大企业自主权试点工作情况和今后意见的报告	145
中共中央、国务院关于国营工业企业进行全面整顿的决定	157

文档	页码
国家经济体制改革委员会、国家经济委员会、财政部关于当前完善工业经济责任制几个问题的报告	167
财政部关于在国营企业推行利改税第二步改革的报告	175
国营企业第二步利改税试行办法	177
国务院关于国营企业工资改革问题的通知	185
关于深化大型企业集团试点工作的意见（节选）	190
国家经贸委、中国人民银行关于实施债权转股权若干问题的意见	198
中共中央关于国有企业改革和发展若干重大问题的决定（节选）	202
关于解决国有困难企业和关闭破产企业职工基本生活问题的若干意见	220
关于进一步规范国有企业改制工作的实施意见	224
关于推进国有资本调整和国有企业重组的指导意见	234
国务院关于促进企业兼并重组的意见	241
关于在部分中央企业开展分红权激励试点工作的通知	248
关于国有企业改制重组中积极引入民间投资的指导意见	254
中共中央、国务院关于深化中央管理企业负责人薪酬制度改革的意见	257
中共中央 国务院关于深化国有企业改革的指导意见	265
国务院关于国有企业发展混合所有制经济的意见	281
国务院关于改革和完善国有资产管理体制的若干意见	292
国务院办公厅关于加强和改进企业国有资产监督防止国有资产流失的意见	300
国务院关于改革国有企业工资决定机制的意见	307
改革国有资本授权经营体制方案	315
国务院国资委关于以管资本为主加快国有资产监管职能转变的实施意见	325
财政部关于国营企业利改税试行办法	331

国家经济体制改革委员会、财政部、国家国有资产管理局关于
 出售国有小型企业产权的暂行办法 336

国营企业实行"税利分流、税后还贷、税后承包"的试点办法 341

期刊摘要 347

关于我国社会主义所有制形式问题 347

"企业本位论"刍议
 ——试论社会主义制度下企业的性质及国家与企业的关系 348

国营企业实行经济责任制的几个问题 349

价格改革为主还是所有制改革为主 350

中国国有企业的性质与改革逻辑 350

协调认识 科学规划 多方试验 积极推进国有企业改革 351

国有企业股份制改造的理论思考 351

从现代企业理论看国有企业改革 352

实现国有经济的战略性改组——国有企业改革的一种思路 353

国有企业转变的三个命题 354

产权明晰与建立现代企业制度 355

公有制企业的性质 356

自生能力和国企改革 357

企业边界的重新确定：分立式的产权重组
 ——大中型国有企业的一种改制模式 358

对深化国有企业改革的再认识 359

国有企业"企业家"选拔方式的经济学思考 360

国有企业双重效率损失研究 361

新时期的新思路：国有企业分类改革与治理 361

中国国有企业混合所有制改革研究 362

目录

国有企业董事会权力配置模式研究
　　——基于二元权力耦合演进的视角　　363
外部监管能够改善国企经营绩效与改制成效吗？　　364
论国有企业高质量发展　　365
中国特色社会主义国有企业管理体制的形成、发展与超越　　366

著作介绍　　367
《国有企业产权制度变革》　　367
《国有企业：你的路在何方——50位经济学家论国有企业改革》　　368
《国有企业：产业分布与产业重组》　　369
《中国国有企业改革》　　370
《中国国有企业改革与发展研究》　　371
《企业家激励约束与国有企业改革》　　371
《世纪之交的国有企业改革研究》　　372
《国有企业管理现状分析》　　373
《中国国有企业改革30年回顾与展望》　　374
《奠定中国市场经济的微观基础：企业革命30年》　　374
《中国经济体制改革基本经验》　　375
《国有企业改革实录（1998—2008）》　　375
《国有企业分类改革的逻辑、路径与实施》　　376
《中国国有企业40年：制度变迁与行为演化》　　376
《中国国有企业改革编年史（1978—2018）》　　377

重要文献索引　　379
政策文件　　379
法律规章　　386
期刊文章　　393

图书著作 404

中国国有企业改革大事记 **409**

第一部分

历程篇

总　论
中国经济体制改革的中心环节

▼

　　1978 年，中国共产党领导开启了改革开放的伟大事业，实现了新中国成立以来具有深远意义的伟大转折，把党和国家的中心工作转移到经济建设上，确立了社会主义市场经济的改革方向。改革开放是决定当代中国前途命运的关键一招，使中国大踏步地赶上了时代。在这场伟大革命中，国有企业改革是中心环节。通过"摸着石头过河"，不断探索、不断创新，我国成功地走出了一条有中国特色的国有企业改革发展之路。

一、在社会主义条件下发展市场经济的伟大创举

　　中国开始在传统社会主义计划经济体制中逐步引入市场机制，最初是在农村实行家庭联产承包责任制，逐步放开一部分产品价格、重视价值规律作用，通过放权让利扩大国有企业生产经营，通过试办经济特区和逐步引入外资等几方面推进。1992 年邓小平南方谈话后，党的十四大确立了建立社会主义市场经济体制的经济改革目标，提出市场在资源配置中起基础性作用，中国市场化进程快速推进，并在 20 世纪末初步建立起社会主义市场经济体制。2001 年我国加入世界贸易组织，在对外开放上迈出了决定性的步伐，社

会主义市场经济体制呈现出更加开放的、融入全球化的特征。进入新时代，全面深化改革的号角吹响。党的十八届三中全会指出，经济体制改革是全面深化改革的重点，核心问题是处理好政府和市场的关系，使市场在资源配置中起决定性作用和更好发挥政府作用。于是，围绕市场在资源配置中起决定性作用经济体制改革不断深化，促进了社会主义市场经济体制更加完善。

正是中国共产党对中国特色社会主义市场经济的积极探索、全面建设和不断完善，极大解放了社会生产力，中国经济发展才取得了令世人瞩目的辉煌成就，彰显了中国共产党开创的社会主义市场经济具有无与伦比的生命力，创造了经济快速发展和社会长期发展的两大奇迹。自 2010 年超越日本成为世界第二大经济体至今，中国的发展变化被世界誉为"中国经济奇迹"。辉煌的经济增长数据背后，是中国已经成为世界第一制造业大国、世界第一贸易大国，中国已经建立了世界最完整的产业体系、拥有了发达完善的基础设施，中国基本实现了工业化，为开启社会主义现代化新征程、进入新发展阶段奠定了雄厚的物质基础。

把社会主义制度与市场经济体制紧密结合起来，不仅给中国带来了经济发展奇迹，而且是中国共产党对社会主义理论的重大突破，对马克思主义政治经济学理论的重大发展。一方面丰富了社会主义的本质认识，提出了社会主义初级阶段理论。从实现共同富裕这个价值目标上将社会主义与资本主义相区别，而且从发展过程上提出需要通过解放和发展生产力、消灭剥削、消除两极分化来动态实现社会主义目标。社会主义初级阶段理论认为中国已经进入社会主义，但处于生产力还较为落后、尚未基本实现社会主义现代化的阶段，在社会主义初级阶段必须集中力量进行现代化建设，必须把发展生产力作为全部工作的中心。另一方面，在马克思主义政治经济学理论发展方面，创造性地将计划经济（经济运行由计划调节）以及市场经济（经济运行由市场调节）作为经济发展的手段，认为计划和计划经济、市场和市场经济并不具有专属的特定社会形态，并以此为基础提出社会主义市场经济要求市场在资源配置中具有决定性作用，更好地发挥政府作用。中国共产党开创的社会主义市场经济理论，将二者有机结合起来，开拓了当代中国特色马克思主义政治经济学新境界。

二、国有企业改革是建设社会主义市场经济的关键

国有企业改革一直是经济体制改革的中心环节，如何推进国有企业从传统计划经济体制下政府的附属转向社会主义市场经济体制的市场主体，成为建设社会主义市场经济体制的关键任务。改革开放以来，国有企业经历了放权让利、战略重组、国资监管、全面深化四个阶段，逐步实现从微观层面的企业管理制度改革，到建立现代企业制度，再到构建国有资产监管体制，推进国有经济布局优化和结构调整，体现出由点及面、层层深入的特征。在社会主义事业进入新时代的背景下，中国不断探索公有制多种实现形式，积极推进国有经济布局优化和结构调整，大力发展混合所有制经济，持续增强国有经济竞争力、创新力、控制力、影响力和抗风险能力，努力做强、做优、做大国有资本和国有企业，持续深化国有企业改革和完善中国特色现代企业制度，推进形成以管资本为主的国有资产监管体制，有效发挥国有资本投资公司、运营公司功能作用，在国有企业改革与国有经济发展等各个方面取得了巨大的成就。

国有企业改革是一个需要"摸着石头过河"的实践探索过程。在 1978 年到 1992 年推进放权让利的改革阶段，通过扩大企业自主权，推行经营承包制和厂长负责制，转换企业经营机制，实行所有权和经营权的"两权分离"，探索"利改税"、"税利分流"、承包制、租赁制和股份制等一系列改革举措，努力将国有企业打造成自主经营、自负盈亏的社会主义商品生产者和经营者，具有自我改造和自我发展能力，成为具有一定权利和义务的法人。在 1992 年底到 2002 年的推进战略重组与制度创新的改革阶段，从以放权让利为主的政策调整为企业制度的创新，在建立符合市场经济要求的现代企业制度的同时，通过"抓大放小"、"有进有退"对国有经济进行战略性重组，探索出一条公有制与市场经济相结合的有效途径，进一步解放和发展生产力。在 2002 年到 2012 年以国有资产监管体制改革为主推进国企改革发展阶段，国务院国有资产监督管理委员会成立，实现权、责、利的统一，管资产和管人、管事的结合，进一步深化国有企业公司制股份制改革，健全现代企业制度，优化国有经济布局和结构，增强国有经济活力、控制力、影响力。

进入全面深化改革的新时代以来，以党的十八届三中全会精神为指导，形成了围绕《中共中央、国务院关于深化国有企业改革的指导意见》的"1+N"的国有企业改革政策体系，以分类改革为切入点，实现了国有企业分类改革、分类监管和分类发展，持续推进强强联合、优势互补、吸收合并、战略性重组；按照完善治理、强化激励、突出主业、提高效率要求，因地施策、因业施策、因企施策，分层分类深化国有企业混合所有制改革；依照"两个一以贯之"的原则，把加强党的领导和完善公司治理统一起来，推进中国特色现代企业制度建设。随着《国有企业改革三年行动方案

（2020—2022年）》实施，我国在完善中国特色现代企业制度、推进国有经济布局优化和结构调整、积极稳妥深化混合所有制改革、健全市场化经营机制、形成以管资本为主的国有资产监管体制、推动国有企业公平参与市场竞争、加强国有企业党的领导等方面取得了新的进展，科学系统、精简高效、以管资本为主的国资监管制度体系日趋完善，逐步形成了国有资本投资、运营公司以及产业集团公司功能鲜明、分工明确、协调发展的国家出资企业格局，中国特色现代企业制度日趋完善。

经过多年的改革，国有企业发展取得了巨大成就，成为名副其实的社会主义市场经济"顶梁柱"。尤其是进入新时代以来，国有企业规模实力显著增强，经济效益稳步提高，创新能力和水平得到实质性提升，运行质量明显改善，有效发挥"压舱石"作用，不断增强基础保障和民生供给能力，为推动经济社会发展、保障和改善民生、增强综合国力作出了重要贡献。

三、新发展阶段国有企业改革发展使命重大

我国已经全面建成小康社会、实现了第一个百年奋斗目标，现在乘势而上开启全面建设社会主义现代化国家新征程，社会主义现代化事业进入了新发展阶段。新发展阶段是我们党带领人民迎来从站起来、富起来到强起来历史性跨越的新阶段。新发展阶段明确了我国发展的历史方位，新发展理念明确了我国现代化建设的指导原则，新发展格局明确了我国经济现代化的路径选择。在新发展阶段，国有企业作为推进国家现代化、保障人民共同利益的重要力量，中国特色社会主义的重要物质基础和政治基础，要在贯彻新发

展理念、构建新发展格局等方面作出新的更大贡献，国有企业需要从基于市场化导向的改革发展逻辑转向基于使命导向的改革发展逻辑，国有企业改革发展使命光荣、责任重大。

从新发展阶段构建新发展格局角度看，国有企业改革发展使命至少体现在三方面：一是推进高水平的科技自立自强。构建新发展格局最本质的特征是实现高水平的自立自强，而自立自强的关键在于科技的自主创新。国有企业聚集了国家最重要的科技创新资源，代表了国家最重要的战略科技力量，例如，中央企业有研发人员近100万人，两院院士超过200人，拥有一半以上的国家重点实验室。这些优势使国有企业在构建新发展格局、实现科技自立自强中具有义不容辞的责任。必须围绕着原创性技术创新进行大量资本布局，在国家重大科技和产业化项目进行科学战略部署，强化基础研究投入，提高高级技能工人占比，完善科技服务体系，才能使国有企业尤其是中央企业真正成为构建新发展格局的原创技术策源地。二是推进实体经济创新发展。近些年中国经济总体上呈现"脱实向虚"的趋势，一定程度上出现了过快和过早"去工业化"的问题，不利于我国经济高质量发展和我国经济安全。一定要坚持把发展经济的着力点放在实体经济上。中央企业是我国实体经济的顶梁柱和制造强国建设的主力军，必须在推进实体经济创新发展上大有作为。三是推进产业链供应链治理能力提升。产业链供应链的安全稳定，是经济循环畅通的关键。国有企业需要加快形成关键产业链领域的集群优势、规模优势和关键技术的创新能力，推动企业向价值链的治理者和控制者转型，培育中国的"链主"企业和"隐形冠军"。

第一章
放权让利的改革探索
（1978—1992年）

▼

1978年12月，党的十一届三中全会指出，"现在我国经济管理体制的一个严重缺点是权力过于集中，应该有领导地大胆下放，让地方和工农业企业在国家统一计划的指导下有更多的经营管理自主权"。简政放权、减税让利，成为国有企业改革早期的主要思路。沿着这一思路，我国先后采取了推行经济责任制、两步"利改税"、承包经营责任制、资产经营责任制、租赁制、股份制试点等改革措施。

1978年，改革的春风吹拂神州大地。邓小平关于解放思想、实事求是的一系列重要论述，使人们开始对既有经济体制的一些重大理论和实践问题进行审视和思考。其中，国营企业低效率、低效益的状况成为政策制定者和学界研究者普遍关注的问题。

改革开放初期，全国共有工业企业34.84万家，其中8.37万家是国营工业企业，总产值3289.2亿元，初步建立起较为完善的工业生产体系。①但是,在长期高度集中的计划经济体制下,国营企业的生产计划由国家统一下达,生产资料统一调拨,生产出的产品统购统销,企业财务统一收支,并实行"铁饭碗"的劳动力管理与"大锅饭"的收入分配制度,企业与个人的积极性受到极大抑制,生产和社会需求严重脱节,经济效益非常不理想,制约了生产力的发展。从1956年到1977年,国家投资形成的企业固定资产原值增长9.2倍,但国营企业利润总额只增长5.5倍,利润和税金总额增长6.3倍,整个国有部门提供的财政收入增长2.5倍,出现投入产出不匹配、效益状况不理想等现象。②

不冲破僵化体制的束缚,国营企业的生机活力就难以发挥,国民经济发展就受到极大抑制。党的十一届三中全会之后,在维持原有制度架构大体不变的前提下,中央逐步推行放权让利的改革,力求扩大企业自主权,推行经济责任制,试行拨改贷和利改税,鼓励采取承包制、租赁制,经营管理体制也进行了重大调整。

第一节　1978年之前的"行政性分权"实践

回顾历史,1949年之后,在建立社会主义国家的道路上,中央政府借鉴苏联模式,构建了一套管理权限高度集中的经济体制,

---

① 黄群慧、戚聿东:《中国国有企业改革40年研究》,广州:广东经济出版社,2019年版,第21页。
② 王文鸾:《中共党史经济解释研究》,北京:首都经济贸易大学出版社,2019年版,第161页。

通过行政机关自上而下发布指令，对财政收支、物资调度、现金分配进行统一管理，将有限的资本、技术、人才等资源整合到工业化的发展战略上，呼应了生产力发展的需求。国家机关作为经济生活的组织者和调节者，对经济活动进行宏观管理协调，保持各部门之间必要的比例关系，尤其是在计划方法、指标体系、决策咨询、收支平衡等方面进行了深入探索，这是我国集中力量办大事的历史前提与逻辑起点。[①]

一、"大跃进"时期的初次分权试点

苏联模式的传统计划体制，具有两方面特征：首先，在央地关系上，中央掌握宏观经济事务的决策权，设立专门的计划委员会，制定内部协调一致的经济计划，采用物资平衡的方法来测算生产性投入。计划委员会下属各个经济主管部门，将生产计划拆解为具体的生产指标，对地方和企业进行考核。此外，人事管理权、财政权等，也高度集中于中央。

其次，在政企关系上，国家行政机关掌握了从生产、流通到分配各个环节的决策权。企业的经营方向、生产种类、产业协作等内容都由中央决定。中央制定生产计划，并以指令的形式下达给企业，企业必须无条件地执行。同时，中央拨给企业流动资金和固定基金，统一调配企业生产所需的物资，企业按照计划规定的经营活

---

① 陈劲、阳镇、朱子钦：《新型举国体制的理论逻辑、落地模式与应用场景》，《改革》，2021 年 05 期。

动来使用。①国有企业以社会主义公有制为基础，在生产、技术和经营上是一个有机的统一体。

早在 1956 年，毛泽东就注意到苏联高度集中的计划体制的弊端，提出调动中央和地方两个积极性的观点。

放权包括两方面的内容：一是中央政府向地方政府分权，二是政府向企业分权。当时的主要做法是"行政性分权"，即中央政府向地方分权。1978 年之前，中央两次调整国企管理的央地关系，以"体制下放"为特点，将中央企业的管理权下放地方，以此提高地方政府发展经济和工业化建设的积极性。

1958 年 6 月，中央政府开始进行大规模的放权改革，要求各工业主管部门以三、四分力量掌管全国规划和直接管理的大企业，加强科学研究工作，以六、七分力量帮助地方办好企业，在供给技术、指导设计、培养人员、交流经验、全面规划等方面帮助地方。中央各部所属的 1165 个企事业单位下放了 885 个，下放比例达到 76%，其中纺织工业部所属的企业、事业单位全部下放，轻工业部下放 96.2%，化工部下放 91%，机械部一机部民用部分企业、事业单位下放 81.7%，冶金工业部下放 77.7%，煤炭工业部下放 74.1%，水利电力部下放 72.5%，石油工业部下放 61.5%，建工部下放 67.8%，并且所有下放企业、事业单位和技术力量的交接工作要求在半个月内完成。同时，中央还将计划决策权、物资分配权、项目审批权、人事管理权、财政税收权等同步下放。如企业生产指标方面，将原先的 12 个指标减为 4 个，即只考核产品产量、职工

---

① 刘国光：《苏联东欧几国的经济理论和经济体制》，北京：中国展望出版社，1984 年版，第 185 页。

总数、工资总额和利润，其他8个改为非指令性指标，企业可以在生产过程中根据情况加以调整修改；财税权方面，规定企业全部利润的20%归地方、80%归中央，所有地方政府参与利润分成的企业也是按二八分成进行计算；物资分配权方面，对地方政府辖区内的中央企业，在保证国家计划的前提下有权进行调剂，还可自行支配超出国家计划量的统配物资和部管物资；人事权方面，下放企业的人事工作由地方政府管理，在不削弱主要领导力量的前提下，地方政府有权适当调整。①

1958年的企业管理权和人事权下放的调整，提高了地方政府发展经济和工业化建设的积极性，不少地区基础设施面貌有所改观，企业生产率也有一定提高。但与此同时，由于下放过于仓促，盲目攀比的现象显著抬头，职工数量迅速增加，工业生产快速扩张，导致经济秩序出现了严重混乱的局面。为此，中央提出"调整、巩固、充实、提高"八字方针，要求重新实行高度集中统一领导。1961年1月，中央印发《关于调整管理体制的若干暂行规定》，要求"经济管理的大权应该集中到中央、中央局和省（市、自治区）委三级。最近两三年内，应该更多地集中到中央和中央局……各省（市、自治区）和中央各部下放给专、县、公社和企业的人权、财权、商权和工权，放得不适当的，一律收回"②。同年9月，中央公布《国营工业企业工作条例（草案）》，对工业管理体

---

① 程连升：《筚路蓝缕：计划经济在中国》，北京：中共党史出版社，2016年版，第165–166页。
② 《建国以来重要文献选编》（第十四册），北京：中央文献出版社，1997年版，第87页。

制和企业内部管理制度作了具体规定，调整、改进了国家、地方和企业三者之间的关系，促进了企业正常生产秩序的恢复和建立。同时还做出调整企业管理体制、重新上收企业等一系列措施。上述措施力图改善对国有企业的管理方式，但由于着眼点主要是调整中央和地方管理企业的权限，政府对企业的管理方式本身没有多大改进，局限于传统计划经济框架，实行行政管理权力下放。这些措施未能在增强企业活力方面取得多大效果，甚至不但没有解决问题，反而出现了新的矛盾，为了扭转经济的混乱局面，只好又收回中央各部管理。此次分权试验就此结束。

二、1970年的二次分权试点及其后果

1970年3月，中央开始酝酿第二次企业管理权限的下放。国务院拟定《关于国务院工业交通各部直属企业下放地方管理的通知（草案）》，要求各部委所属企业、事业单位，除极少数一时不宜下放的外，一般都应下放；大多数完全下放给地方，少数实行双重领导，其中多数以地方为主，少数以中央为主。下放工作在1970年内，逐步地、分期分批地进行完毕。[①] 根据1970年9月25日国家计委生产组《工作情况汇报》介绍，工交部门直属的3082个企事业单位下放2237个，占总数的73%。其中完全下放地方的1412个，双重领导、以地方为主的814个，双重领导、以中央为主的11个；尚待下放的469个，需要研究的239个，暂不下放的

---

① 王曙光、王丹利：《维新中国——中华人民共和国经济史论》，北京：商务印书馆，2019年版，第199-200页。

33个，撤销的104个。经过这次下放，中央部属企业（不含军工企业）只剩142家，比1965年的10533家减少了98.6%，在全民所有制工业总产值的比重只占8%左右，有些部门掌握的中央企业几乎一个不留，全部下放地方。①

与此次分权相配套的，还有人事权、财权、物资分配权的下放。与1958年的第一次放权情况类似，在财政上实行收支包干的制度，国家统一配给和管理的物资种类大大减少。国家规定的基建任务，由地方负责包干建设，投资、设备、原材料、劳动力等均由地方统筹安排。中央还从1970年开始，每年拨80亿元作为"五小"工业发展的专项基金，由省、市、自治区支配。为了避免之前分权时出现的央地脱节、"只有块块没有条条"的问题，此次分权将基础设施建设投资比例调整为"四三三"，即基建投资额的40%由中央主管部门掌握使用，30%由中央主管部门与地方共同安排，其余30%由地方自行掌握使用。此外，对部分重要物资采取"地区平衡，差额调拨"的办法，在国家统一计划下，实行地区平衡、差额调拨、品种调剂、保证上缴的大包干制度，力求达到上下结合的效果。

总体来说，改革开放前的30年，尽管国家在理顺国营企业关系方面出台了一些政策，进行过有益的探索，国营企业在条块之间也曾几次转换，但这些调整都是在高度集权的计划经济总框架下进行的，因此并没有取得多少积极的成果。无论是收权还是放权，行为主体都是政府，不同之处只是中央与地方政府的权力大小和边界

---

① 苏星：《新中国经济史》（修订本），北京：知识产权出版社，2016年版，第32页。

问题。而在企业层面，政府对企业实行统分统配、统收统支、统一计划、直接管理的体制格局未能得到有效改善，企业经营机制呆滞、僵化，企业和广大职工群众的积极性、主动性、创造性受到严重压抑。

1978年12月，党的十一届三中全会通过《中国共产党第十一届中央委员会第三次全体会议公报》，明确提出"现在我国经济管理体制的一个严重缺点是权力过于集中，应该有领导地大胆下放，让地方和工农业企业在国家统一计划的指导下有更多的经营管理自主权；应该着手大力精简各级经济行政机构，把它们的大部分职权转交给企业性的专业公司或联合公司"[①]。若要改变上述困局，变更所有制关系有"远水难解近渴"之虞。中央提出"搁置存量，增量改革"的思路，在尽可能不改变国营企业原有体制模式的前提下，通过以"简政放权、减税让利"为特征的改革方式，放松对企业的集中管理，采取扩大生产和经营自主权、企业利润留成和利润比例分成制、利改税、企业承包制等措施，对企业的经营积极性和职工的劳动积极性提供有效激励，提高全要素生产率。

第二节　放权让利改革的基本过程

改革开放初期，为了克服计划经济体制的弊端，提高全民所有制企业的生产经营效率，中央推行了一系列简政放权、减税让利

---

① 《中国共产党第十一届中央委员会第三次全体会议公报》，北京：人民出版社，1978年版，第7页。

第一章 放权让利的改革探索（1978—1992年）

的改革举措。通过放权让利，激发各方面的改革积极性，提高国民经济活力，对打破计划经济体制的藩篱起到了积极作用。

一、从思想到实践：放权让利的初步探索

从理论研究看，关于国营企业的经营问题，早在这一管理模式形成之时，就有学者提出，要给予企业更大的经营自主权。20世纪50年代，中国科学院经济研究所的两位研究者较早地对此发表观点。1956年进入经济研究所工作的顾准，在《试论社会主义制度下的商品生产和价值规律》一文中建议，在国营企业中实行经济核算制，最高限度地推行价格调节生产和流通的作用，废除按指令性计划生产和计划定价制度，使劳动者的物质报酬和企业盈亏发生密切联系。[①] 与此同时，时任国家统计局副局长、后任经济研究所所长的孙冶方也表示，权力过分集中成为影响国民经济管理体制的重大障碍，"由于国家代替企业管理它们自己应通盘筹划的人财物和供产销的具体事务，严重地束缚了企业的手脚，限制了企业的主动性，妨碍了企业的设备更新和技术进步，同时也使国家陷于日常事务的圈子里，从而放松整个国民经济长远建设方面的重大规划和综合平衡工作"。他建议，在简单再生产的范围内，给予企业相应的支配权，明确企业作为独立核算单位的责任，以此调动企业的积极性。[②]

---

① 顾准：《试论社会主义制度下的商品生产和价值规律》，《经济研究》，1957年03期。
② 孙尚清、吴敬琏等：《评孙冶方的经济改革设想和经济政策建议》，《经济研究》，1983年02期。

从改革实践看，1978年到1992年的国营企业改革处于放权让利的时期。这个时期大体可以划分为扩大自主权阶段（1978—1984年），推行经营承包制阶段（1985—1989年），转换企业经营机制阶段（1990—1992年），但不同阶段的改革内容也有交叉，只是改革政策的重点有差异。

党的十一届三中全会之后，各地根据会议公报中让企业有更多经营管理自主权的意见，开始试行放权让利。1979年2月12日，中共四川省委在总结宁江机床厂、重庆钢铁公司等6家企业扩大自主权试点经验的基础上，制定《关于扩大企业权利，加快生产建设步伐的试点意见》（以下简称《意见》），提出要使企业拥有利润提留权、扩大再生产权、联合经营权、外汇分成权、灵活使用奖金权。《意见》要求把企业的责、权、利结合起来，把国家、集体、个人三者利益结合起来，并且决定扩大试点范围，在100家企业中进行扩权试点。1979年4月13日至20日，国家经济委员会召集北京内燃机总厂、首都钢铁公司、北京清河毛纺厂、上海汽轮机厂、上海柴油机厂、上海彭浦机器厂、天津动力机厂、天津自行车厂等8家企业和有关部门负责人在北京召开座谈会，讨论企业管理体制改革问题，决定进行扩大经营管理自主权的改革试点，允许企业在完成国家计划的前提下，根据市场需要安排生产，并在人、财、物方面拥有相应的自主权。6月，宁江机床厂在《人民日报》上刊登广告，这是改革开放以来国内第一张企业自行销售生产资料产品的广告。广告刊出之后，企业利润率和劳动生产率均有大幅提高。

1979年7月13日，国务院将《关于扩大国营工业企业经营管理自主权的若干规定》《关于国营企业实行利润留成的规定》等文件下发各省、市、自治区和有关部门，这些文件后被称为第一个"扩权十条"。这些文件规定，允许企业实行利润留成；提高固定资产折旧率；在保证完成国家计划的前提下，企业可制定补充计划，自行销售产品；企业有权设置内部机构，任免中层以下干部等。"扩权十条"的目的是改革现行管理体制，调动企业和职工的积极性，搞活生产。1979年底，试点企业增加到4200个，1980年又发展到6000多个，约占全国预算内工业企业数的16%，产值的60%，利润的70%。[①] 扩权的改革措施，给企业带来了巨大活力。1979年，四川省84户试点工业企业的总产值比1978年增长14.7%，利润增长33%，上缴利润增长24.2%。对28个省级行政单位5777个试点企业的统计显示，1980年工业总产值比上年增长6.8%，实现利润增长11.8%，上缴利润增长7.4%。[②]

二、向全国推广：企业自主经营权的提升

在经过反复试点之后，中央认为放权让利式的改革是可行的，能够调动企业生产积极性，使企业增产增收，决定作为成功经验向全国推广。1980年9月2日，国务院批转国家经济委员会《关于扩大企业自主权试点工作情况和今后意见的报告》，全面推行在国企中扩大企业自主权的工作，使企业在人财物、产供销等方面拥

[①] 魏杰主编：《资产重组与股份化：国有企业改革的两大突破点》，石家庄：河北人民出版社，1998年版，第54页。
[②] 汪海波：《对国有经济改革的历史考察——纪念改革开放40周年》，《中国浦东干部学院学报》，2018年03期。

有了更大的自主权。①1984年3月，福建省55位国营骨干企业厂长、经理共同发布《请给我们"松绑"》的呼吁信，要求给予企业必要的人事权、财权和自主经营权，渴望更为宽松的环境。②1984年5月10日，国务院印发《关于进一步扩大国营工业企业自主权的暂行规定》（以下简称《暂行规定》）。《暂行规定》被称为第二个"扩权十条"，从生产经营计划、产品销售、产品价格、物资选购、资金使用、资产处置、机构设置、人事劳动、工资奖金、联合经营共十个方面对自主权提出具体要求。③

1984年10月20日，党的十二届三中全会通过的《中共中央关于经济体制改革的决定》，指出"在服从国家计划和管理的前提下，企业有权选择灵活多样的经营方式，有权安排自己的产供销活动，有权拥有和支配自留资金，有权依照规定自行任免、聘用和选举本企业的工作人员，有权自行决定用工办法和工资奖励方式，有权在国家允许的范围内确定本企业产品的价格，等等"。最终目的是将企业打造成为"自主经营、自负盈亏的社会主义商品生产者和经营者，具有自我改造和自我发展的能力，成为具有一定权利和义务的法人"④。1988年，为了进一步提升企业的经营自主权，一些地区放开经营试点，允许企业在干部任免、机构设置、劳动工资、投资决策、产品定价、财产处理等方面享有更大的自主权，政府和

---

① 《国务院批转国家经济委员会关于扩大企业自主权试点工作情况和今后意见的报告》，《中华人民共和国国务院公报》，1980年14期。
② 国企改革历程编写组：《国企改革历程（1978—2018）》，北京：中国经济出版社，2019年版，第6页。
③ 《国务院关于进一步扩大国营工业企业自主权的暂行规定》，《中华人民共和国国务院公报》，1984年10期。
④ 《中共中央关于经济体制改革的决定》，北京：人民出版社，1984年版，第13页。

主管部门对试点企业的间接管理仅限于负责招聘企业经营者、监督承包合同和国家指令性计划的执行，由此加速企业经营机制的转变。

在此期间，为了进一步调动地方政府的积极性，1980年，国务院下发《关于实行"划分收支、分级包干"财政管理体制的通知》，要求除了北京、上海、天津三个直辖市及民族地区、大包干地区之外，其余地方都采取"分灶吃饭"的管理制度。规定划分中央财政与地方财政的收支范围，根据各种财政收入的性质和企业、事业单位的隶属关系，将财政收入划分为中央固定收入、地方固定收入和中央与地方调剂分成收入三类。[1]

此外，中央政府还将一些原先隶属于中央部门的企业下放到地方管理。在财政包干体制的激励之下，地方政府追求税收最大化，扶持国企投资短平快的高收益项目和利润丰厚的新兴产业。地区之间的相互竞争，造成了重复建设、产业同构和投资过热，企业形成自我循环的封闭式运转状况。为此，中央多次制定和推行跨省市、分行业的区域规划，鼓励进行横向的企业联合，增强企业之间的专业化协作程度，克服现行体制束缚造成的壁垒森严、流通堵塞、技术封锁等问题。1980年7月，国务院印发《关于推动经济联合的暂行规定》，提出以自愿互利为原则，不受行业、地区和所有制、隶属关系的限制，打造各种形式的经济联合体。[2] 1986年3月，国务院印发《关于进一步推动横向经济联合若干问题的规定》，要求

---

[1]《国务院关于实行"划分收支、分级包干"财政管理体制的通知》，《中华人民共和国国务院公报》，1980年01期。
[2]《国务院关于推动经济联合的暂行规定》，《中华人民共和国国务院公报》，1980年08期。

充分挖掘现有企业潜力,做到投入少、产出多,产品质量好,经济效益高。通过企业之间的横向联合,逐步形成新型经济联合组织,发展出一批企业群体或企业集团,进而促进物资的横向流通,发展资金的横向融通。①这是国家文件中第一次出现"企业集团"的提法。横向经济联合加强了企业之间的经济联系,缓解了企业长期存在的封闭运行、条块分割的矛盾。

到了20世纪90年代,放权让利的改革步伐仍在加快。1991年5月,国务院印发《关于进一步增强国营大中型企业活力的通知》(以下简称《通知》),指出为了改善国营大中型企业的外部环境,1990年底以来,国务院先后采取了一系列增强企业活力的政策措施,包括适当增加企业技术改造的投入;酌情减少部分企业的指令性计划任务,扩大其产品自销权;适当提高部分企业的折旧率,逐步完善折旧制度;适当增加新产品开发基金;补充部分企业的自有流动资金;适当降低贷款利率;给部分企业外贸自主权;进一步做好一些国有大中型企业的"双保"工作;继续清理"三角债";选一百个左右大型企业集团分期分批进行试点工作;切实减轻企业负担。《通知》要求各有关经济综合部门抓紧做好协调工作,围绕贯彻落实上述11项政策措施,尽快制订具体实施方案。②1992年7月23日,国务院公布《全民所有制工业企业转换经营机制条例》(以下简称《条例》),提出国有企业改革的关键是转

---

① 《国务院关于进一步推动横向经济联合若干问题的规定》,《中华人民共和国国务院公报》,1986年08期。
② 《国务院关于进一步增强国营大中型企业活力的通知》,《中华人民共和国国务院公报》,1991年20期。

换经营机制,目的是要适应市场需求,成为依法自主经营、自负盈亏、自我发展、自我约束的商品生产和经营单位,成为独立享有民事权利和承担民事责任的企业法人。为了提升企业的经营自主性,《条例》规定了14项自主权,包括生产经营决策权、产品劳务定价权、产品销售权、物资采购权、进出口权、投资决策权、留用资金支配权、资产处置权、联营兼并权、劳动用工权、人事管理权、工资奖金分配权、内部机构设置权、拒绝摊派权。此外,《条例》还明确了自负盈亏的主体,将企业结构调整为转产、停产整顿、合并、分立、解散、依法破产等内容,并对各种结构调整的形式及有关权责利的处理做了相应规定。各地按照这一条例,普遍对此前发布的有关企业改革的文件进行清理,对进出口权和拒绝摊派权着重加以改进落实。

放权让利改革,让企业掌握一定的生产自主权,开始成为独立的利益主体,企业和职工的积极性都有所提高,国企经营能力得到显著增强。但也由于信息不对称,约束机制难以规范等情况,出现了企业为扩大自销比例而压低计划指标、不完成调拨任务和财政上缴任务等状况,形成"内部人"控制、工资侵蚀利润及行为短期化等问题。为此,中央推行工业经济责任制和两步利改税,旨在解决放权让利中暴露的问题,通过税收杠杆来理顺国家和企业之间的分配关系,调节企业之间的收益差别,为企业创造公平竞争的经营环境。

第三节　拨改贷和利改税

计划经济时期,国企的生产经营资金全部由国家拨付,企业缺乏资本的合理使用和成本管理意识。为了提高企业对资金使用的合理性，减轻国家财政对企业的拨付负担，中央从1979年开始，在企业中试行拨改贷*和利改税**。

一、拨改贷的试点：资金使用的难题

在拨改贷方面，1979年8月，国务院批转国家有关部委《关于基本建设投资试行贷款办法的报告》及《基本建设贷款试行条款》，试行将企业的基建投资由财政拨款改为银行贷款，贷款业务由中国人民建设银行办理，宣告拨改贷政策正式推行。1980年11月，国务院批转国家计划委员会等单位《关于实行基本建设拨款改贷款的报告》，决定从1981年起，凡是实行独立核算、有还款能力的企业，除尽量利用自有资金外，一律改为银行贷款。[①] 1983年6月，国务院批转中国人民银行《关于国营企业流动资金改由人民银行统一管理的报告》，要求除了定额流动资金，企业新增的流动资金也由企业自筹或者向银行贷款，国家财政不再向企业增拨流动资金，这就形成了固定资产投资和新增流动资金两个拨改贷。[②] 1984年12月，国家计委、财政部和建设银行联合发布《关于国家预算内基本建设投资全部由拨款改为贷款的暂行规定》，决定从1985年起，为了有偿使用国家财政资金，提高资金使用效益，凡

* 拨改贷是我国对"国家预算内基本建设投资由财政拨款改为银行放款"的简称。

** 利改税是指我国在1983年、1984年，分两步实行税制改革，即把国有企业应当向国家上缴的利润改为按传统及税率缴纳税务。

---

① 《国务院批转国家计划委员会等单位关于实行基本建设拨款改贷款的报告》，《中华人民共和国国务院公报》，1980年18期。
② 《国务院批转中国人民银行关于国营企业流动资金改由人民银行统一管理的报告的通知》，《中华人民共和国国务院公报》，1983年15期。

是由国家预算安排的基本建设投资全部由财政拨款改为银行贷款。①

拨改贷的设想是改变企业无偿使用国有资金、吃资金"大锅饭"的情况，减少财政支出。但在实际工作中，这一设想并没有达到预想中的效果。拨改贷仅关注企业如何使用资金，却没有考虑企业如何偿还资金。企业在承受繁重的所得税和调节税的情况下，难以进行财富积累和归还银行本金，导致债务积累。1980年，国营工业企业资产负债率为18.7%，1993年上升至67.5%，还出现了一批没有资本金的企业。②有学者指出，拨改贷权责利不统一，不能刺激贷款单位精打细算，降低成本，提高投资效益，也不便于银行对基本建设的管理。③同时，拨改贷对银行的资金情况也造成了沉重的压力。拨改贷推行之后，国企所需资金只能通过银行贷款来解决，国家几乎不再拨款。为了给国企"输血"，银行发放了大量的"安定团结贷款"、"救济扶贫贷款"等，导致多数贷款有去无回，形成呆坏账。"给国有企业贷款也是由政府作出决策的一种政府行为，而主要不是银行作为金融企业的企业行为。④"这一状况在1997年金融危机发生之后，成为银行沉重的包袱，也导致了企业的亏损额剧增。总体而言，拨改贷在促进用款单位缩短建设工期、提高投资效益等方面的作用很有限，1988年之后逐渐被基本建设基金制取代。

---

① 《国家计划委员会、财政部、中国人民建设银行关于国家预算内基本建设投资全部由拨款改为贷款的暂行规定》，《中华人民共和国国务院公报》，1985年03期。
② 刘泓：《中国经济改革与发展若干问题研究》，天津：天津社会科学院出版社，2000年版，第101页。
③ 贾康：《中国财政制度史》，上海：立信会计出版社，2019年版，第348-349页。
④ 王洛林、陈佳贵主编：《现代企业制度的理论与实践》，北京：经济管理出版社，1997年版，第132-133页。

二、两步利改税：权责利的有效结合

除了拨改贷之外，利改税也是这一时期重要的改革方案。利改税，是指将国营企业原来向国家上缴利润的大部分改为征收所得税，借以克服"大锅饭"的弊端，促进企业经济责任制的建立，并为财政体制的改革准备必要的条件。1979年1月，湖北省老河口市的15户地方国营企业率先进行利改税第一步改革试点。随后，全国部分地区和行业的数百户国营企业相继被列为试点单位。1982年12月，五届全国人大五次会议通过的《关于第六个五年计划的报告》中指出，"今后三年内，在对价格不作大的调整的情况下，应该改革税制，加快以税代利的步伐。这不但可以更好地发挥税收在经济活动中的调节作用，而且将进一步改进国家与企业的关系。过去，对国营企业实行统收统支、'吃大锅饭'的管理办法，严重束缚了生产力的发展。为了改变这种局面，近三年来，在四百多个工业企业中进行了以税代利的试点，其中有的是全市、县的试点，有的是一个城市范围内的全行业试点。总的来看，效果是比较好的。"第一步，实行税利并存，即在企业实现的利润中，先征收一定比例的所得税和地方税，对税后利润采取多种形式在国家和企业之间合理分配。这一步在六五计划期间就开始实施。第二步，在价格体系基本趋于合理的基础上，再根据盈利多少征收累进所得税。[①]1983年3月，全国利改税工作会议决定，自6月1日起，国营企业全面实行利改税，贯彻执行"调整、改革、整顿、提高"的

[①]《中华人民共和国第五届全国人民代表大会第五次会议对〈关于第六个五年计划的报告〉的决议》，《中华人民共和国国务院公报》，1982年10期。

第一章 放权让利的改革探索（1978—1992年）

方针，加快经济管理体制改革的步伐，坚持以提高经济效益为中心，实现速度和效益的统一。

利改税的改革分为两个部分。第一步利改税改革的做法是企业保留原有按销售收入计征的工商税，对有盈利的国营企业按55%的税率征收所得税，大中型国营企业缴纳所得税后的利润，除了企业的合理留利外，采取递增包干、定额包干、固定比例和调节税等多种形式上缴国家，三年不变，剩余部分按照国家核定的留利水平留给企业。小型国营企业在缴纳所得税后，企业自负盈亏，少数税后利润较多的，再上缴一部分承包费。1983年底，全国实施第一步利改税改革的工业企业近三万户，占盈利企业总户数的近九成，在留利水平、生产增长和利润增长等方面都有显著提升。这些做法既能巩固财政收入，又不触及税后利润的分配问题，国家和企业各方都较为满意。但由于第一步利改税按照基数法来确定企业所得额，造成企业创造利润越多，上缴国家的份额也越高的情况，进而出现"鞭打快牛"*现象，引起一些盈利企业的不满。因此，有关部门很快开始酝酿接下来的税利改革。

第二步利改税改革始于1984年，国务院批转财政部《关于在国营企业推行利改税第二步改革的报告》，决定从1985年1月起开始征税。主要内容是将国营企业应当上缴的收入，按国家设置的税种以向国家交税的方式上缴，由"税利并存"逐步过渡到完全的"以税代利"，税后利润归企业自己安排使用。将原工商税分解为产品税、增值税、营业税、盐税，并设立资源税、城市维护建设税、房产税、城镇土地使用税、车船使用税等新税种。同时，对有盈利的国营大中型企业征收所得税，利润应上缴国家的部分全部改为调节税形式上缴，调节税率按企业情况分别核定，对微利和亏损

* 1979年对部分国营企业实行全额利润留成的分配办法，企业按一定的比例从利润中提取留成，原来利润少、增加收入潜力大、用人较多的企业留成比例高，从利润增长中得到更多好处；而经营管理好、利润多、用人少的企业，留成比例反而低，从利润增长中得到的好处更少，导致先进的企业得不到相应的回报，这就是"鞭打快牛"现象。这一做法不利于先进企业进一步挖掘潜力，增产增收，也不利于后进企业加强经营管理。

企业继续实行盈亏包干。在全面实行利改税的同时，对极少数企业仍准许保留利润包干的分配形式，不实行征收国营企业所得税和国营企业调节税的办法。① 利改税的原则是：促进企业建立和健全经济责任制，进一步把经济搞活；正确处理国家、企业和职工三者的利益，国家得大头，企业得中头，个人得小头，使企业在利润悬殊状况有所改善的情况下开展竞争；鼓励先进，鞭策落后。

两步利改税的目标是克服国企长期存在的"苦乐不均"*和"鞭打快牛"现象。与拨改贷相比，利改税更有利于建立完善国营企业的经济责任制，把企业的权责利结合起来，企业依法缴纳税收之后，利润自行支配，这样真正体现企业的自主权。但是，利改税政策的出台，恰逢连续两年经济过热之后的宏观经济整顿和紧缩时期，一定程度上导致企业利润22个月的滑坡，因此这些政策并未收到预期效果。1988年，有关部门出台税利分流、税后还贷、税后承包的方案，目的在于进一步理顺和规范国家与国营企业的分配关系，积极搞活企业，促进企业经营机制和行为的合理化，逐步提高财政收入占国民收入的比重。其中税利分流是将国营企业（简称企业）实现的利润分别以所得税和利润形式上缴国家一部分，并实行所得税后还贷、所得税后承包。盈利企业一律按33%的税率向国家缴纳所得税。为照顾历史上形成的借款余额过大的实际情况，采取划分新老借款，予以区别对待的过渡办法，同时取消调节税税种，企业缴纳所得税后利润应当上缴国家的部分，可以实行承包等各种形式的分配办法。主要采取"按比

* 改革开放初期，由于税收、价格机制和利润留成规定的不合理，一些企业稳稳得奖金，一些企业费尽力气还有亏损，出现同等投入并不能取得同样报酬的现象，企业之间的收入分配差距也进一步拉大。这些现象被称为"苦乐不均"。

---

① 《财政部关于在国营企业推行利改税第二步改革的报告》，《中华人民共和国国务院公报》，1984年23期。

例上交"，"定额上交、增长分成"，"递增上交"或者其他形式。1992年，实行税利分流、税后还贷、税后承包试点的企业超过2500家。政策实践表明，税利分流提高了企业上缴国家的比例，发挥了所得税的调节功能，保证财政收入的稳定增长。但是，税利分流仍然造成部分企业还贷包袱重、上缴比例高等问题，企业进一步发展的压力和动力相对不足。

第四节 厂长负责制与经营机制转换

提升国有企业的经营水平，一大要点是建立健全基本制度，即"把国企看作企业"，建立以企业为基本经济单位的制度，在国家统一领导和监督下，实行独立经营、独立核算的"企业本位"。以企业作为现代经济的基本单位，在发达的资本主义社会是适应的，在现代社会主义社会同样也是适应的。社会主义经济结构的基本单位仍然是企业。企业必须是一个具有能动性的有机体。企业作为一个活的"细胞"，应当具有自由呼吸、吐纳、增殖的能力。具体来说，它对生产三要素，即劳动力、劳动资料、劳动对象，以及这三要素在企业与企业运行机制价值上形成的资金，应当有增减权和选择权。企业在保证履行国家法律规定的义务的前提下，应具有完全的独立经营和自主发展的权利。国家利用经济方法管理经济，必须以企业具有独立经济利益为前提。社会主义企业应当成为劳动者的利益共同体，劳动者个人利益要和企业集体对社会作出的贡献大小相联系。职工群众要对所在企业的经济效益共同负责，这样才能促使职工从物质利益上关心企业的经济效益。社会主义制度下国家与企业的关系，不是行政隶属关系，而是一种经济关系。国家政权组织和经济组织应当分离。国家应当从外部领导和监督经济组织，制定经济政策、经济法律和指导性经济计划，并运用经济杠杆来调节和引导企业的经济活动。①

一、经济责任制和厂长负责制的推行

政策层面的调整从推行经济责任制开始。1980年2月，国家经委提出，要按照现代化建设的要求搞好企业整顿，选拔配备一批政治思想好、业务能力强、懂得经营管理、年富力强的干部充实领导岗位，并建立严格的责任制度和经济核算制度，改进奖励制度。1981年10月，国务院批转国家经济委员会和国务院体制改革办公室《关于实行工业生产经济责任制若干问题的意见的通知》，明确经济责任制的内容和原则，引导经济责任制向改善经营管理、提高经济效益的轨道发展。原则方面，要求必须全面完成国家计划，按照社会需要组织生产；必须保证产品质量，不能粗制滥造；成本只能降低，不能提高；保证国家财政收入逐年有所增长；保证职工收入的总水平在生产发展的基础上稳定增长；必须奖惩分明，有奖有罚；必须加强领导和国家监督，建立强有力的政治思想工作保证。②1982年11月，国务院批转国家体改委、国家经委、财政部《关于当前完善工业经济责任制的几个问题的报告》，提出实行

---

① 蒋一苇：《企业本位论》，《中国社会科学》，1980年01期。
② 《国务院批转国家经委、国务院体制改革办公室关于实行工业生产经济责任制若干问题的意见的通知》，北京：法律出版社，1982年版，第5页。

第一章 放权让利的改革探索（1978—1992年）

经济责任制，首先要明确企业对国家的经济责任，并赋予企业一定的自主权限，使企业的经济利益与企业生产经营成果直接联系，把责、权、利三者统一起来。其中责是第一位的。企业的责任，首先是全面完成国家计划。企业要顾全大局，勇于承担任务，不仅要完成国家利润指标，而且要完成产量、质量、品种、消耗、成本等各项技术经济指标。同时要正确处理国家、企业、职工三者利益的关系。在分配上，一定要做到国家多收，保证国家适当集中财力，进行重点建设。企业和职工所得的增长，要通过改善经营管理，挖掘企业内部潜力来实现。到1982年底，全国实行经济责任制的工业企业达到80%以上。

在管理体制方面，主要的改革措施是建立厂长负责制。1956年之后，企业领导体制逐步转为党委领导下的厂长负责制。尽管对于企业贯彻执行党的方针政策、做好员工思想工作等方面起到积极作用，但也部分限制了厂长的行政指挥权力，甚至出现以党代政、党政不分、党委把工厂的生产经营职责一把抓的情况。邓小平曾指出，"不适当地、不加分析地把一切权力集中于党委，党委的权力又往往集中于几个书记，特别是集中于第一书记，什么事都要第一书记挂帅、拍板。党的一元化领导，往往因此而变成了个人领导"[①]，这种情况必须加以纠正。

1978年4月，中共中央印发《关于加快工业发展若干问题的决定（草案）》，要求完善党委领导下的厂长分工负责制，企业的生产、技术、财务、生活等重大问题，党委作出决定后，由厂长负

[①] 邓小平：《邓小平文选》（第二卷），北京：人民出版社，1994年版，第329页。

责组织执行。同时推行总工程师、总会计师等管理人员的责任制，工程技术人员要有职有权，并鼓励工人参加管理、干部参加劳动。1982年1月，中共中央、国务院公布《国营工厂厂长工作暂行条例》，指出"办好一个工厂，关键之一是要有一个比较好的厂长。我们必须大力培训和认真挑选既懂经济，又懂政治，熟悉本行业生产经营业务，知人善任，有一定组织能力，富有艰苦创业的实干精神，善于走群众路线，并且能够坚持在生产第一线工作的同志去担任厂长"。明确党委要把工厂的生产经营活动交由厂长统一指挥、全面负责。厂长是工厂的行政负责人，在国家规定的范围内，对工厂的人员、资金、物资有调度处置权，有权对科级干部和车间副主任等进行任免，并按照国家规定的人事管理权、审批程序及职工代表大会讨论决定的办法对职工进行奖惩。副厂长、总工程师、总会计师等作为厂长的助手，受厂长领导、对厂长负责。[1]这一条例部分实现了厂长责、权、利的统一。

1984年10月，党的十二届三中全会通过《中共中央关于经济体制改革的决定》，明确指出"现代企业分工细密，生产具有高度的连续性，技术要求严格，协作关系复杂，必须建立统一的、强有力的、高效率的生产指挥和经营管理系统。只有实行厂长（经理）负责制，才能适应这种要求"[2]。为了贯彻这一精神，1986年9月，中共中央、国务院公布《全民所有制工业企业厂长工作条例》《中国共产党全民所有制工业企业基层组织工作条例》和《全民所有制工业企业职工代表大会条例》，并对三个条例印发补充通知，

---

[1] 《国营工厂厂长工作暂行条例》，《中华人民共和国国务院公报》，1982年02期。
[2] 《中共中央关于经济体制改革的决定》，北京：人民出版社，1984年版，第28页。

全面梳理企业领导体制。全民所有制工业企业的厂长（经理）是一厂之长，是企业的法人代表，对企业负有全面责任，处于中心地位，起到中心作用。厂长同管理委员会的多数成员对经营管理中的重大问题意见不一致时，厂长有权作出决定。厂长在推行技术改造、技术进步或现代化管理方面取得显著成效，产品销售额、实现利润、上交税利有较大幅度增长，主要经济技术指标达到国际或国内同行业、同类企业先进水平，产品进入国际市场，社会经济效益显著的，可以获得荣誉、物质或晋级奖励。为了确保条例和通知要求的落实，各部门多次召开工作会议，推进厂长负责制在企业中的实行。

提升厂长（经理）在企业经营事务中的权威地位，是为了扭转之前党政不分、无人负责的问题。从这个方面看，厂长负责制的推行具有积极意义，但也从另一方面造成厂权力过大、党委监督不足的隐患。将企业的兴衰前景系于厂长一人身上，无疑会产生巨大的决策风险。为了充分发挥厂长的"中心"作用，一些企业还试行厂长（经理）、书记一人兼任的职务"一肩挑"制度，厂长（经理）的权力越发集中，越发"无人监督"。为此，1991年9月，党中央在进一步搞好国有大中型企业的工作会议上指出，如何解决企业内部领导体制，概括起来是三句话："充分发挥党组织的政治核心作用，坚持和完善厂长负责制，全心全意依靠工人阶级，它们是相辅相成的。要把企业建设好，这三者缺一不可。这三条，是我们40多年，特别是近10多年来企业领导体制的实践经验的总结，准确地反映了企业的社会主义性质。要全面理解，全面贯彻实行"[1]。如何落实党中央的讲话精神，从制度上形成对厂长（经理）权力的制衡，有关部门进行了深入探索。

二、物质激励措施的制定和完善

在物质激励方面，1978年，邓小平在《解放思想，实事求是，团结一致向前看》的讲话中重申，应当讲究多劳多得，重视物质利益，"革命是在物质利益的基础上产生的，如果只讲牺牲精神，不讲物质利益，那就是唯心论……赏罚、升降必须同物质利益联系起来"[2]。这一重要讲话为物质激励措施的推行奠定基础。1980年4月，国家计委、国家经委和国家劳动总局联合发布《国营企业计件工资暂行办法（草案）》，提出恢复实行计件工资制，目的是贯彻执行按劳分配原则，调动广大职工的劳动积极性，提高劳动生产率，以利于加速社会主义生产建设的发展。[3]1981年1月，国务院印发《关于正确实行奖励制度、坚决制止滥发奖金的几项规定》，要求所有国营企业在完成和超额完成国家计划规定的产量、质量、利润、供货合同等主要经济技术指标的条件下，可以提取和发放奖金，全年发放的奖金总额须控制在所属企业实行奖励制度职工的一至两个月标准工资总额之内；一个企业全年发放各种奖金的最高

---

[1] 陈光林主编：《搞好国营大中型企业》，济南：山东人民出版社，1992年版，第90—91页。
[2] 邓小平：《邓小平文选》（第二卷），北京：人民出版社，1994年版，第146—151页。
[3] 《国营企业计件工资暂行办法（草案）》，《中华人民共和国国务院公报》，1980年06期。

额，一般不得超过本企业职工两个月标准工资总额；个别企业各项经济技术指标完成得突出好、贡献特别大的，可以多发一些，但最多不得超过三个月标准工资总额。[①]

物质激励措施的推行，对工人产生较好的激励效果，但也出现随意扩大奖金范围、提高奖金标准或奖金率、乱搞岗位津贴、乱发附加工资和劳动用品等情况。由于信息不对称，约束机制极难规范，出现了企业为扩大自销比例而压低计划指标、不完成调拨任务和财政上缴任务等状况，形成"内部人"控制、工资侵蚀利润及行为短期化等问题。尤其是在价格没有理顺的情况下，"会造成企业间的苦乐不均、相互攀比，并导致工资总水平的失控"，进而出现所谓工资侵蚀利润，即职工平均工资增长幅度超过了劳动生产率提高幅度。[②]大部分盈利被工资、奖金和福利挤占，造成价格水平不断上扬。

为此，1985年1月，国务院印发《关于国营企业工资改革问题的通知》（以下简称《通知》），要求将企业工资总额同经济效益挂钩。由政府部门核定企业工资总额基数、经济效益基数和挂钩浮动比例，将企业工资总额增长与企业的经济效益增长联系起来，以此管理企业的年度工资总额，国家不再统一安排企业职工的工资改革和工资调整。《通知》规定企业工资总额同经济效益挂钩的浮动比例，一般上缴税利总额增长1%，工资总额增长0.3%至0.7%，

[①]《国务院关于正确实行奖励制度、坚决制止滥发奖金的几项规定》，《中华人民共和国国务院公报》，1981年11期。
[②] 戴园晨、黎汉明：《工资侵蚀利润——中国经济体制改革中的潜在危险》，《经济研究》，1988年06期。

某些特殊行业和地区可以超过0.7%，但不得超过1%。1989年，劳动部、财政部、国家计委发布《关于进一步改进和完善企业工资总额同经济效益挂钩的意见》（以下简称《意见》），对企业工资实行分级管理体制，即国家对地区（省、自治区、直辖市、计划单列市）和部门实行全地区、部门企业工资总额同经济效益总挂钩。总挂钩的工资总额基数、经济效益指标和基数浮动的总比例，由劳动部、财政部、国家计委核定。地区和部门在国家核定的基数和浮动比例范围内，可根据实际情况确定对不同企业实行不同的工资分配办法，审批其挂钩的形式、基数和比例。《意见》明确要求，今后企业主要靠提高经济效益给职工增加工资，企业按比例提取的效益工资在使用时要适当留有结余，保持以丰补歉的工资储备金，工资增长超过一定幅度的要缴纳工资调节税。[①] 此外，各项文件普遍提到，要对广大干部和职工进行政治教育，发扬大公无私、先人后己、勤俭建国、艰苦奋斗的革命精神，把荣誉奖励和物质激励结合起来。

三、打破"铁饭碗"：劳动合同制的试行

除了厂长负责制和物质激励措施之外，有关部门还在打破"铁饭碗"方面进行试点，主要形式是试行劳动合同制。1982年，全国共有9个省（自治区、直辖市）推行劳动合同制，16万余名职工订立劳动合同。如上海在轻工、纺织、仪表、冶金等20多个行

---

① 国家体改委办公厅：《十一届三中全会以来经济体制改革重要文件汇编》（中卷），北京：改革出版社，1990年版，第727页。

第一章　放权让利的改革探索（1978—1992年）

业近300家企业实施劳动合同制，订立人数超过1万人。还有一些地区在录用办法、管理制度等方面进行改革，如采取公开招考办法、给予培训机会等，并对无法胜任岗位工作的工人制定社会保障制度，逐步形成人员能进能出的态势。1986年7月，国务院印发《国营企业实行劳动合同制暂行规定》《国营企业招用工人暂行规定》《国营企业辞退违纪职工暂行规定》和《国营企业职工待业保险暂行规定》等，指出5年以上的长期工，1年至5年的短期工和定期轮换工，都要签订劳动合同。还对劳动合同的订立、变更、终止和解除，合同制工人在职、待业及退休养老期间的待遇问题做了具体规定。① 1995年1月，《中华人民共和国劳动法》正式实施，规定建立劳动关系应当订立劳动合同，明确合同双方当事人权利义务。劳动合同制使企业和劳动者有了一定的用工和工作自主权，提高了人力资源配置和企业经营效益。

1992年1月，劳动部、国务院生产办、国家体改委、人事部、全国总工会联合发出《关于深化企业劳动人事、工资分配、社会保险制度改革的意见》，要求在企业内部真正形成"干部能上能下、职工能进能出、工资能升能降"的机制，逐步打破"铁工资"（大锅饭）、"铁交椅"和"铁饭碗"的"三铁"。② 1992年底，全国进行三项制度改革的试点企业达到6万多户，涉及3000多万名职工，占职工总数的30%。③ 此后数年，"破三铁"成为国企改革

---

① 《国务院关于发布改革劳动制度四个规定的通知》，中国政府网，2012年9月21日。
② 陆国梁主编：《企业转换经营机制实用大全》，上海：学林出版社，1993年版，第366—372页。
③ 章迪诚：《中国国有企业改革编年史（1978—2005）》，北京：中国工人出版社，2006年版，第303页。

的重点。

随着企业各项基本管理制度的逐步建立健全，亟须一部强有力的法律来保护经济体制改革的成果。1988年4月，七届全国人大一次会议通过《中华人民共和国全民所有制工业企业法》（以下简称《全民所有制工业企业法》），明确了全民所有制工业企业是依法自主经营、自负盈亏、独立核算的社会主义商品生产和经营单位，其财产属于全民所有。企业对国家授予其经营管理的财产享有占有、使用和依法处分的权利。国营企业实行厂长（经理）负责制，厂长依法行使职权，受法律保护。此外，《全民所有制工业企业法》还对国营企业的设立、变更和终止的条件，以及审批程序、登记程序做了说明，规定了企业、企业领导人、政府机关违反规定的义务所要承担的责任。《全民所有制工业企业法》是10年国企改革的经营总结，为继续深化改革提供了法律依据。

1991年4月，七届全国人大四次会议通过了国民经济和社会发展的第八个五年规划，明确企业经营机制转变的目标是实行政企职责分开，所有权和经营权适当分离，探索公有制的多种有效实现形式，建立富有活力的国营企业管理体制和运行机制。1992年7月，国务院公布《全民所有制工业企业转换经营机制条例》，规定生产经营决策权，产品、劳务定价权，产品销售权，物资采购权，进出口权，投资决策权，留用资金支配权，资产处置权，联营、兼并权，劳动用工权，人事管理权，工资、奖金分配权，内部机构设置权，拒绝摊派权等14项企业经营自主权。[①]

[①]《全民所有制工业企业转换经营机制条例》，《中华人民共和国国务院公报（增刊）》，2011年01期。

第一章　放权让利的改革探索（1978—1992年）

第五节　承包制和租赁制

改革的深入不可避免地触及企业的产权问题，尤其是在以承包制、租赁制为主的经营责任制逐步建立之后，国企开始从行政机构的附属角色向商品生产者转变。1981年，国务院批转国家经委、国务院体制改革办公室《关于实行工业生产经济责任制若干问题的意见》，提出在分配方面可以采取利润留成、盈亏包干和以税代利、自负盈亏三种责任制形式。其中盈亏包干，具体包括"利润基数包干、增长分成"，"基数包干、增长分档分成"，"基数递增包干、增长留用或分成"，"基数包干、超收留用、短收自负"，"定额补贴、超亏不补、减亏留用或分成"，"亏损递减包干、减亏留用或分成"等方式。[1]

一、两权分离：承包制和租赁制的施行过程

1984年10月，党的十二届三中全会通过的《中共中央关于经济体制改革的决定》中提到，"过去国家对企业管得太多太死的一个重要原因，就是把全民所有同国家机构直接经营企业混为一谈。根据马克思主义的理论和社会主义的实践，所有权同经营权是可以适当分开的"[2]。这句话从理念上为两权分离提供依据。1986年12月，国务院印发《关于深化企业改革增强企业活力的若干规定》，

---

[1]《国务院批转国家经委、国务院体制改革办公室〈关于实行工业生产经济责任制若干问题的意见〉的通知》，北京：法律出版社，1982年版，第6页。
[2]《中共中央关于经济体制改革的决定》，北京：人民出版社，1984年版，第12页。

对企业所有权和经营权的分离提出三条思路：一是在小型企业和若干亏损微利的中型企业中实行租赁制，二是在大中型企业中推行多种形式的经营责任制，三是在有条件的大中型企业中进行股份制试点。[①]1987年召开的六届全国人大五次会议上再次肯定了承包制的经营形式，并提出改革的重点要放在完善企业经营机制上，"根据所有权与经营权适当分离的原则，认真实行多种形式的承包经营责任制"[②]。1988年3月，国务院公布《全民所有制工业企业承包经营责任制暂行条例》，确定承包经营责任制的主要内容是包上交国家利润，包完成技术改造任务，实行工资总额与经济效益挂钩；规定按照"包死基数，确保上交，超收多留，欠收自补"的承包经营原则，明确国家与企业的分配关系；具体说明承包形式包括"上交利润递增包干"、"上交利润基数包干，超收分成"、"微利企业上交利润，定额包干"、"亏损企业减亏（补贴）包干"、"国家批准的其他形式"五种。[③]

与此同时，国有小型企业大量推行租赁制。与承包制相比，租赁制实现所有权和经营权分离的程度更大，有利于增强企业自主性和活力。截至1987年，全国租赁经营的工业企业已有4000户左右，小型商业企业有60%实行租赁制。[④]1988年6月，国务院印

[①]《国务院关于深化企业改革增强企业活力的若干规定》，中国政府网，2012年9月21日。
[②] 迟福林：《伟大的历程——中国改革开放40年实录》，广州：广东经济出版社，2018年版，第124页。
[③] 国家体改委办公厅：《十一届三中全会以来经济体制改革重要文件汇编》（上卷），北京：改革出版社，1990年版，第437页。
[④] 张军：《改变中国——经济学家的改革记述》，上海：上海人民出版社，2019年版，第308页。

发《全民所有制小型工业企业租赁经营暂行条例》(以下简称《条例》),指出租赁经营是在不改变企业的全民所有制性质的条件下,实行所有权和经营权的分离,国家授权单位为出租方,将企业有期限地交给承租方经营,承租方向出租方交付租金,依照合同规定对企业实行自主经营。《条例》明确要求,实行租赁经营必须兼顾国家、企业、职工和承租方的利益。承租经营者是企业租赁期间的法定代表人,行使厂长职权,对企业全面负责。[1] 1987年底,在88000个国有小型企业之中,实行租赁经营、承包经营和转让经营的达到40000个以上,占总量的46%。[2]

1988年4月,七届全国人大一次会议通过《中华人民共和国全民所有制工业企业法》,将扩权改革试点以来取得的改革成果用法律形式规定下来。承包经营改革的主要措施是实行厂长(经理)责任制,并同步推行承包经营责任制,对小型国有企业实行租赁经营,并在少数有条件的全民所有制大中型企业中实施股份制改造和企业集团化的改革试点,意在使企业成为自主经营、自负盈亏的主体。国有企业纷纷与国家签订承包经营合同,确定政企之间的权、责、利关系。第二轮承包按"大稳定、小调整"的方针,改变了上一轮承包以上年或前几年平均数作为承包基数的做法,采用资金利用率计算法、效益平均法、基数滚动法等灵活多样的方式确定承包基数,既保证国家财政收入,又利于搞活企业。为改变承包者的短

---

[1] 《全民所有制小型工业企业租赁经营暂行条例》,《中华人民共和国国务院公报》,1988年13期。
[2] 汪海波:《中国国有企业改革的实践进程(1979—2003)》,《中国经济史研究》,2005年03期。

期行为，新的承包合同书上都明确了以利润为主的效益指标，以技术改造为主的企业后劲指标，以提高企业素质为主的企业管理指标，进一步强化了企业约束机制。①

二、"一包就灵"：扩权让利的制度瓶颈

承包制与租赁制的推行，发挥了经营主体——企业家的重要作用。在新旧体制并存的节点上，企业家的创新能力成为推动制度变革、转变经营机制、提高经济效益的重要力量，还出现了马胜利、关广梅等具有代表性的企业家。此外，两权分离一定程度上调动了企业与职工的积极性，尤其是多家企业针对经营者与职工的矛盾，健全了职工民主测评、分配公开和民主审议的制度，并达成了经营者与职工代表大会互相监督、互相激励的"双保合同"，形成了风险共担、利益共享、合力经营的"利益共同体"。不少企业为了落实承包制，明确岗位责任，优化劳动组织，推进劳动制度改革，遵照"先科室，后车间"、"先干部，后工人"、"先二三线，后一线"的原则进行组合，采取层层招聘选聘、自由自愿组合或"兵选将、将点兵"的形式，将工效业绩向下发包，促使职工收入同企业效益捆绑在一起，进一步打破"大锅饭"。

但是，"一包"并不"全灵"。由于国家缺少必要的手段监管企业经营者，并没有配以相应的约束制度，导致企业承包人负盈不负亏，作为发包方的政府主管部门，即使对企业的生产经营管理十

---

① 《中华人民共和国全民所有制工业企业法》，《中华人民共和国国务院公报》，1988年11期。

分熟悉,也不可能对行业内不同类型、不同条件的企业状况了如指掌。由于政府与企业之间存在信息不对称,在签订承包合同、确定承包基数时,企业就有了因操纵信息而获得额外利益的讨价还价能力。企业可以利用信息优势来谋求最大的分配利润,以至于出现接下来数年的投资过热现象。同时,由于承包合同不可能是完全合约,财产权利边界不清晰,企业经营者一般不对长期发展进行规划,而是注重短期行为膨胀,追求收入最大化,"完成了承包任务的企业,剩余资金不是用在设备更新改造、技术开发等生产经营方面,而是花光、吃光、分光",甚至掠夺性使用国有资产。承包制把部分剩余控制权和剩余索取权交给承包者以后,企业的产权界定变得更加模糊,发包方与承包方的利益冲突加剧,双方互相侵权的行为时常发生。[1]此外,承包制还影响了企业间的合作,每个生产单位都被分割,引发了部门之间、分厂之间、总厂与分厂之间的利益冲突,严重干扰了企业集约化、规模化的生产组织形式,不利于企业持续健康发展。

值得注意的是,承包制的推行,还直接导致了企业职工权益保障的弱化。承包制将占有权与经营权分割开来,企业负责人享有较大程度的产品定价、绩效评估和奖金分配等权力。虽然企业依然属国家所有,但企业的经营则似乎是通过经营意义上的委托代理制度来实现的,奖金及各种名义下的福利待遇分配交由承包人进行垄断经营。[2]由此带来的后果是,职工代表大会有走向形式主义的趋

---

[1] 严伟:《思考国有企业》,沈阳:辽宁人民出版社,2007年版,第24-26页。
[2] 渠敬东等:《组织变革和体制治理:企业中的劳动关系》,北京:中国社会科学出版社,2015年版,第133页。

势，甚至在一些国企中消失，代之以集体劳动合同为中心的人力资源管理模式，职工对企业事务的介入程度大为降低，即使出现权益受到侵害的情况，也由于原子化的个体身份，而难以形成群体性的力量进行集体谈判。

从本质上说，承包制是此前扩权让利的自然延伸，在旧的计划经济框架未能根本变化的情况下，必然存在着一系列无法摆脱的体制缺陷。譬如仍然存在企业对政府的行政依附关系，在人事任免、资产处理、收益分配等方面，依然受制于政府的行政支配，无法进一步激发经营活力。因此，即使采取了招标承包、风险抵押承包、完善承包指标等措施，也很难改变此阶段改革出现的边际效益递减的态势。① 仅通过放权让利式的初步改革，只能停留在原有体制细枝末节的小修小补，无法根本改变国企从属于行政部门的局面，资源配置仍然是在计划经济体制的框架内进行，谁都可以对企业指手画脚，但都不负具体责任，产权不清导致权责不明。经济学家吴敬琏就主张，"承包是在价格没理顺条件下处理国家与企业关系的一种比较好的办法"，但只是一种"必要的、积极的过渡形式"，一旦时机成熟，仍然应当在国有大企业推行现代意义上的两权分离，即股份制。② 通过放权让利，使各个利益主体在改革过程中不同程度地受益，带来了社会成员的收入提高与生活改善，产生了较强的激励效果。同时，放权让利的调整并不涉及"姓社姓资"的核心问题，在意识形态方面受到的阻力较小，能够被全社会接受。

---

① 周叔莲：《20年中国国有企业改革经验的理论分析》，《中国社会科学院研究生院学报》，2000年03期。
② 吴敬琏：《价格改革与承包制》，《中国经济体制改革》，1988年08期。

第二章
制度创新与战略重组
（1993—2002年）

▼

放权让利式的初步改革，只能停留在原有体制上修修补补，不能从根本上改变国企从属于行政部门的局面。由于与市场经济相配套的价格体系、劳动用工制度、社会保障制度等远未形成，国企尚不能真正做到自主经营和自负盈亏。要使国企成为完全意义上的市场主体，就必须推进更为彻底的、深层次的企业改革，向产权管理制度"动刀子"，建立符合市场经济要求的现代企业制度，同时还需要通过"抓大放小"、"有进有退"对整个国有经济进行战略性重组。

第一节　建立现代企业制度

改革开放后的十余年间，各部门关于国企改革提出了各种措施办法。多数办法一度取得积极效果，但很快出现后继无力的情况，有些措施甚至产生了"反作用"。国企改革之所以未能达到预期目标，是因为此前的各种措施是在维持既有体制框架不变的前提下进行的微调，并未触及实质性的制度基础。仅围绕经营权进行微观基础的产权改革，促进发展环境改善和经营机制转换，而不进行根本的制度创新和宏观层面的产权改革，是无法真正搞活国有企业的。要使国企真正提升效率、发挥作用，就要从根本制度着手，建立起一整套适应社会主义市场经济体制的企业制度，使企业脱离计划经济体制的束缚，成为在市场竞争中求生存、求发展的独立主体，理顺产权关系。经济学家王珏1989年就提出，全面深化改革的主要任务是增强企业活力、完善市场体系和转变国家宏观调节方式，其中增强企业活力是基础。当前的主要问题是大中型企业活力不足、经济效益不高，因此需要通过现代企业制度加以改造，这样才能提高效益、增加供给，缓解供需矛盾。①

一、现代企业制度的概念提出与试点过程

1993年3月举行的八届全国人大一次会议，要求从1993年起，力争在转换国有企业经营机制、发展各类市场、价格改革、劳动工资制度改革、推进社会保障和城镇住房制度改革、改善和加强宏观经济管理等方面取得突破性的进展，并正式将"国营企业"更名为"国有企业"，明确"国有经济"的内涵，即"社会主义全民所有制经济，是国民经济中的主导力量。国家保障国有经济的巩固和发展"②。10月下旬，党的十四届三中全会通过《关于建立社会主义市场经济体制若干问题的决定》（以下简称《决定》）。《决定》提出，"建立现代企业制度，是发展社会化大生产和市场经济

---

① 王珏：《全面贯彻治理、整顿、深化改革的方针》，《改革》，1989年05期。
② 《政府工作报告——1993年3月15日在第八届全国人民代表大会第一次会议上》，《中华人民共和国国务院公报》，1993年09期。

的必然要求，是我国国有企业改革的方向。其基本特征，一是产权关系明晰，企业中的国有资产所有权属于国家，企业拥有包括国家在内的出资者投资形成的全部法人财产权，成为享有民事权利、承担民事责任的法人实体。二是企业以其全部法人财产，依法自主经营，自负盈亏，照章纳税，对出资者承担资产保值增值的责任。三是出资者按投入企业的资本额享有所有者的权益，即资产受益、重大决策和选择管理者等权利。企业破产时，出资者只以投入企业的资本额对企业债务负有限责任。四是企业按照市场需求组织生产经营，以提高劳动生产率和经济效益为目的，政府不直接干预企业的生产经营活动。企业在市场竞争中优胜劣汰，长期亏损、资不抵债的应依法破产。五是建立科学的企业领导体制和组织管理制度，调节所有者、经营者和职工之间的关系，形成激励和约束相结合的经营机制。所有企业都要向这个方向努力"[1]，并将现代企业制度概括为"产权明晰、权责明确、政企分开、管理科学"，形成企业内部权责分明、团结合作、相互制约的机制，调动各方面的积极性，使企业成为自主经营、自负盈亏、自我发展、自我约束的经济组织。

根据《决定》及《公司法》的具体要求，1993年12月，国务院建立现代企业制度试点工作协调会议制度，中共中央政治局委员、国务委员兼国家体改委主任李铁映任组长，国务院办公厅、国家计委、经贸委、体改委、财政部、人事部、外经贸部、人民银行、国家工商局、国家国有资产管理局、国务院证监委等国务院有

---

[1] 《中共中央关于建立社会主义市场经济体制若干问题的决定》，北京：人民出版社，1993年版，第5-6页。

关部门和中组部、全国总工会共 14 个部门的负责同志参加，先后起草了《关于选择一批国有大中型企业进行建立现代企业制度的试点方案》及"试点办法"，确立试点企业备选名单，共有 100 家中央企业和 2343 家地方企业参与试点。同时，国家经贸委经过调查研究，提出《深化企业改革搞好国有大中型企业的思路和规划》。以上内容经讨论修改之后，得到国务院的原则同意。1994 年 12 月，国家体改委向 8 个省、2 个直辖市、1 个计划单列市、8 个中央企业主管部门和中国石油化工总公司发布《关于国家体改委联系的 30 家现代企业制度试点企业和 1 家国家控股公司试点工作的有关通知》，就试点的工作程序作出规定。

  现代企业制度的试点工作过程波折，各类配套文件姗姗来迟。主要原因是，制度框架的确立是一项系统工程，并非此前的小修小补，而是要从深层次解决矛盾，这对有关部门和决策者都是巨大考验，因此文件的出台显得较为慎重，进度迟缓。经济学家张卓元评价现代企业制度的建立，"困难、阻力、风险之大，延续时间之长，超出不少经济学家的预计，甚至超过公认为难度很大的价格改革"[1]。在 1993 年、1994 年，还出现了国家体改委和国家经贸委平行推进现代企业制度试点工作的情况。直至 1994 年底，国务院召开全国建立现代企业制度试点工作会议，宣布试点工作由国家经贸委牵头负责，会同国家体改委等有关部门和单位具体组织实施，说明"国家经贸委牵头负责这件事，主要是考虑经贸委是负责企业工作的，建立现代企业制度要与企业管理、结构调整、技术改造和经

---

[1] 张卓元：《协调认识 科学规划 多方试验 积极推进国有企业改革》，《经济管理》，1995 年 04 期。

济运行结合起来抓"，并要求"各部门要认真研究，在自己管辖的工作上有所改革，有所突破，有所创新，不能搞分兵把口，以改革不触及自己的部门利益为原则"。此后，现代企业制度的建立进入快车道，主要表现为试点企业的公司制框架初步形成，产权关系逐渐理顺，在明确投资主体、建立法人治理结构、调整企业资产负债结构等方面也有一定进展。

1996年5月，党中央系统提出国有企业改革的八条基本方针和"三个有利于"，其中八条基本方针包括：

（1）以公有制为主体的现代企业制度是社会主义市场经济体制的基础，国有企业特别是大中型企业是国民经济的支柱，国有企业改革是经济体制改革的中心环节。

（2）建立现代企业制度是国有企业改革的方向。其基本特征是产权清晰、权责明确、政企分开、管理科学。到20世纪末要使大多数国有大中型骨干企业初步建立起现代企业制度，成为自主经营、自负盈亏、自我发展、自我约束的法人实体和市场竞争主体。

（3）把国有企业的改革同改组、改造和加强管理结合起来，以构造产业结构优化和经济高效运行的微观基础。

（4）要着眼于搞好整个国有经济，通过存量资产的流动和重组，对国有企业实施战略性改组，以市场和产业政策为导向，集中力量抓好一批国有大型企业和企业集团，放开搞活一般国有小型企业，以利于更好地发挥国有经济在国民经济中的主导作用。

（5）加快国有企业的技术进步，形成企业的技术创新机制，增强企业的市场竞争能力。

（6）搞好国有企业，要全心全意依靠工人阶级，切实加强企业经营管理者队伍的建设，严格企业内部管理，形成适应市场经济要求的机制,做好企业的各项基础性工作,提高企业的整体素质。

(7)协调推进各项配套改革,重点是建立权责明确的国有资产管理、监督和营运体系,促进政企职责分开,加快建立健全社会保障制度,为国有企业改革提供必要的外部条件。

(8)坚持公有制经济为主体,多种经济成分共同发展,国家为各种所有制经济平等参与市场竞争创造良好的环境和条件。

深化国有企业改革,建立现代企业制度,必须坚持"三个有利于"的标准,根据这个标准判断国有企业的成效,具体体现在:一看是否按照建立现代企业制度的要求,真正把企业建成了自主经营、自负盈亏、自我发展、自我约束的法人实体和市场竞争主体;二看是否提高了企业的经济效益和市场竞争能力,实现了国有资产的保值增值;三看是否调动了企业职工和管理者的积极性,有利于企业党组织政治核心作用的发挥,有利于党和国家各项方针政策的贯彻落实;四看是否增强了国有经济的活力,促进了国有经济的发展。[①]

根据1997年的统计,在100家中央试点企业中,有93家转为公司制企业,其中多元股东持股的公司制企业有17家;2343家地方试点企业中,有84.8%的企业实行不同形式的公司制度,其中71.9%的企业成立董事会,63%的企业成立监事会,33%的企业成立股东会,这些企业已逐步成为自主经营、自负盈亏、自我发展、自我约束的市场主体,逐渐形成统一开放、优胜劣汰、竞争有序的

---

① 江泽民:《坚定信心 加强领导 狠抓落实 加快国有企业改革和发展步伐》,北京:人民出版社,1996年版,第15页。

市场体系，国有资产经营状况得到显著改善。①

二、世纪之交，公司制改革的逐步完善

1999年，党的十五届四中全会通过《关于国有企业改革和发展若干重大问题的决定》，提出要建立和完善现代企业制度，主要包括以下内容：

（1）继续推进政企分开。政府对国家出资兴办和拥有股份的企业，通过出资人代表行使所有者职能，按出资额享有资产受益、重大决策和选择经营管理者等权利，对企业的债务承担有限责任，不干预企业日常经营活动。企业依法自主经营，照章纳税，对所有者的净资产承担保值增值责任，不得损害所有者权益。各级党政机关都要同所办的经济实体和直接管理的企业在人财物等方面彻底脱钩。

（2）积极探索国有资产管理的有效形式。要按照国家所有、分级管理、授权经营、分工监督的原则，逐步建立国有资产管理、监督、营运体系和机制，建立健全严格的责任制度。国务院代表国家统一行使国有资产所有权，中央和地方政府分级管理国有资产，授权大型企业、企业集团和控股公司经营国有资产。要确保出资人到位。允许和鼓励地方试点，探索建立国有资产管理的具体方式，继续试行稽察特派员制度。同时要积极贯彻党的十五大精神，健全和规范监事会制度，从体制上、机制上加强对国有企业的监督，确保

---

① 张文魁、袁东明：《中国经济改革30年——国有企业卷（1978—2008）》，重庆：重庆大学出版社，2008年版，第72页。

国有资产及其权益不受侵犯。

（3）对国有大中型企业实行规范的公司制改革。公司制是现代企业制度的一种有效组织形式。公司法人治理结构是公司制的核心。要明确股东会、董事会、监事会和经理层的职责，形成各负其责、协调运转、有效制衡的公司法人治理结构。所有者对企业拥有最终控制权。董事会要维护出资人权益，对股东会负责。董事会对公司的发展目标和重大经营活动作出决策，聘任经营者，并对经营者的业绩进行考核和评价。发挥监事会对企业财务和董事、经营者行为的监督作用。国有独资和国有控股公司的党委负责人可以通过法定程序进入董事会、监事会，董事会和监事会都要有职工代表参加；董事会、监事会、经理层及工会中的党员负责人，可依照党章及有关规定进入党委会；党委书记和董事长可由一人担任，董事长、总经理原则上分设。充分发挥董事会对重大问题统一决策、监事会有效监督的作用。党组织按照党章、工会和职代会按照有关法律法规履行职责。股权多元化有利于形成规范的公司法人治理结构，除极少数必须由国家垄断经营的企业外，要积极发展多元投资主体的公司。

（4）面向市场着力转换企业经营机制。要逐步形成企业优胜劣汰、经营者能上能下、人员能进能出、收入能增能减、技术不断创新、国有资产保值增值等机制。建立与现代企业制度相适应的收入分配制度，在国家政策指导下，实行董事会、经理层等成员按照各自职责和贡献取得报酬的办法；企业职工工资水平，由企业根据当地社会平均工资和本企业经济效益决定；企业内部实行按劳分配原则，适当拉开差距，允许和鼓励资本、技术等生产要素参与收益分配。要采取切实措施，解决目前某些垄断行业个人收入过高的问题。①

随着"三年脱困"行动的推进,2000年前后,多数国有大中型骨干企业逐步建立起现代企业制度。在2700多户试点企业中,绝大部分实现了公司制改革,其中一半以上整体或部分改为有限责任公司或股份有限公司,依法设立了股东会、董事会、监事会和经理层,初步形成各司其职、有效制衡、运转协调的法人治理结构,对管理人员实行公开竞聘、择优录取制度,试行年薪制和股权激励制度,并实行科技人员按照岗位技能水平进行收入分配的激励机制。在2004年国务院国资委发布的《关于中央企业建立和完善国有独资公司董事会试点工作的通知》(以下简称《通知》)中,确定神华集团、上海宝钢、中国高新、中国诚通等七家企业为第一批国有独资公司董事会试点企业。《通知》要求,试点企业董事会享有行使审批企业投资计划、预决算等权利,以及对经理层进行业绩考核和薪酬管理的权利。同时建立董事会的有效运作机制,规定董事会的各项职权,每年召开的定期会议次数不得少于4次,应当下设薪酬与考核、提名、审计等专业委员会,为董事会决策提供意见建议。②

在监事会方面,2000年3月,国务院公布《国有企业监事会暂行条例》,规定国有重点大型企业监事会由国务院派出,对国务院负责,代表国家对国有重点大型企业的国有资产保值增值状况

---

① 《中共中央关于国有企业改革和发展若干重大问题的决定》,北京:人民出版社,1999年版,第11-12页。
② 《关于中央企业建立和完善国有独资公司董事会试点工作的通知》,《国务院国有生产监督管理委员会公告》,2004年07期。

实施监督。[1]按照这一条例，国务院先后任命75位监事会主席，向180户国有重点企业以及一批国有银行和保险公司派出监事会。国务院国资委成立之后，由国务院国资委代表国务院向国有独资公司派出监事会。这一时期，国务院国资委积极探索外派监事会和加强董事会建设相结合的管理模式，增强监督的有效性和灵活性，改善和强化了国家对企业的监督工作。

此外，在这一时期，部分上市公司开始推行独立董事制度。独立董事是指独立于公司股东且不在公司内部任职，与公司或公司经营管理者没有重要的业务联系或专业联系，并对公司事务作出独立判断的董事。针对有的董事会和经理层高度重叠、决策和执行合一等不规范情况，有关部门着手要求企业探索董事会建设，完善企业公司治理结构。2001年8月，证监会发布《关于在上市公司建立独立董事制度的指导意见》，提出独立董事对上市公司及全体股东负有诚信与勤勉义务，应当按照法律、法规和公司章程要求，维护公司整体利益，尤其关注中小股东的合法权益不受损害。独立董事应当独立履行职责，不受上市公司主要股东、实际控制人和其他与上市公司存在利害关系的单位或个人的影响。[2]

---

[1]《国有企业监事会暂行条例》，《中华人民共和国国务院公报》，2000年14期。
[2]《关于发布〈关于在上市公司建立独立董事制度的指导意见〉的通知》，《中国证券监督管理委员会公告》，2001年08期。

第二节 "三年脱困"

改革开放初期，中央的原则一度是搞好、挽救每一家国企，在经营权的变革方面下功夫。但是，随着市场经济体制的逐步建立，国有企业经营机制和市场经济体制的要求不相适应的情况日渐凸显。国有企业长期面临"所有者缺位"的状况，没有激励机制控制成本，冗员现象极其严重。1993年底，全国城镇国有企业职工总计1.09亿人，冗员总计3000万人左右。同时，国有企业效率低下的痼疾难解，对内受到民营企业的直接挑战，对外则遭受外资企业的强烈冲击。1997年金融危机爆发之后，我国国有银行加快了向商业银行转变的步伐，直接导致国企躺在银行身上的"好日子"一去不返。此前各类被掩盖的问题矛盾逐步表面化、尖锐化，国企亏损额剧增，不少企业资不抵债，进而出现停产倒闭和工人下岗的情况。1994年完成资产清查的12.4万户工商企业，平均资产负债率达到74.3%，若计入资产损失和亏损挂账，实际资产负债率高达83.3%[1]。根据国家统计局的数据，1997年底，全国国有及国有控股的大中型工业企业的亏损面达到39.1%，亏损额665.9亿元，涉及职工1000余万人。其中纺织、煤炭、军工等多个行业亏损严重，甚至出现"全行业亏损"的状况。[2]

---

[1] 王珏、陈文通等：《国有企业改革新探》，上海：上海远东出版社，1996年版，第175–176页。
[2] 国企改革历程编写组：《国企改革历程（1978—2018）》，北京：中国经济出版社，2019年版，第24页。

一、"三年脱困"行动的逐步展开

1997年7月,国务院指出,要坚定信心、扎实工作,"用三年左右的时间,通过改革、改组、改造和加强管理,使大多数国有大中型亏损企业摆脱困境,力争到本世纪末,在大多数国有大中型骨干企业中初步建立起现代企业制度"①。这一目标在1997年9月召开的党的十五届一中全会上得以确认,这就是著名的国企"三年脱困"。关于"三年脱困"的目标,1997年12月召开的中央经济工作会议提出有三个方面:首先,从整体上讲,国有企业盈亏相抵后的经济效益明显好转,企业利润大幅度上升,涌现出一批具有竞争力的大型企业和企业集团,国有经济的控制力大大增强;其次,国有大中型工业企业的亏损面下降到正常水平,基本淘汰长期性亏损企业;最后,企业经营状况明显好转。国企"三年脱困"主要采取的措施包括:行业调整和改组、企业联合与重组、兼并破产、直接融资、技术进步、内外贸政策、金融政策、分离分流政策、减轻企业负担等。计划选择以纺织行业为突破口,以煤炭、冶金、有色金属、军工四个行业为重点逐步展开。②

"三年脱困"的第一战在纺织行业打响。1998年,纺织行业以"压锭、减员、调整、增效"为内容进行结构调整,共淘汰棉纺锭512万枚,分流安置下岗职工66万人,使组织企业冗员数量减

---

① 迟福林主编:《伟大的历程——中国改革开放40年实录》,广州:广东经济出版社,2018年版,第204页。
② 王珏主编:《辉煌二十年 1978—1998 中国改革开放二十周年大事总览》,北京:中国经济出版社,1998年版,第308页。

少,负担大为减轻。[①]同时,国务院下发《关于改革国有重点煤矿管理体制有关问题的通知》,决定将94个国有重点煤矿和原随煤矿上收的206个企事业单位、2379亿元资产、320万名职工和133万名离退休人员下放地方管理,同时兼并破产了一批亏损严重的企业,淘汰落后产能。大量技术落后、质量低劣、资源浪费、污染严重的小煤窑、小炼油厂、小水泥厂等被勒令关闭。2000年之后,国家加快了总量控制、结构调整的速度,通过淘汰落后、压缩过剩等措施,将改造提高和做大做强结合起来,提高适销对路产品的有效供给水平。

这一时期,为了降低企业资产负债率,尽快脱困,有关部门制定"债转股"的改革措施。1999年,中国信达资产管理公司、中国东方资产管理公司、中国长城资产管理公司、中国华融资产管理公司相继成立,主要负责收购、管理和处置中国建设银行、中国银行、中国农业银行、中国工商银行剥离的不良资产,通过出售、置换、资产重组、证券化等手段,对贷款及其抵押品进行处置,对确定资不抵债的企业申请破产清算。同年,国家经贸委、中国人民银行发布《关于实施债权转股权若干问题的意见》,目的是盘活商业银行不良资产,增强资产活动性,促使亏损企业尽快扭亏为盈。实行"债转股"之后,亏损企业的资产负债率从之前的69%—117%,降至20%—40%。据统计,在"三年脱困"期间,国家共对580户国有企业4050亿元债务实行"债转股",在国有企业加快建立现代企业制度、剥离非经营性资产、调整产品结构、优化内

[①] 中国经济年鉴编委会:《中国经济年鉴1999》,北京:中国经济年鉴社,1999年版,第174页。

部经营管理等方面，都起到了积极的作用。①此外，中央政府还从增发的国债中，每年专门划出 90 亿元，用于企业技术改造和产业升级。"三年脱困"期间，国家累计拿出 195 亿元国债，为国有企业实行技改贴息。②国债贴息对冶金、石化、机械、汽车、纺织等行业进行技术改造产生了良好效果，增强了银行和社会资金对企业技术改造项目的支持信心和贷款力度，推动了企业技术改造的积极性。

2000 年 12 月，中央召开全国经贸工作会议，宣布国有企业改革和脱困的三年目标已基本实现，国有及国有控股工业企业利润大幅度提高，重点监测的 6599 户国有大中型企业减少 4800 户，脱困率达到 72.7%。当年国有及国有控股工业企业实现利润 2392 亿元，是 1997 年的 2.9 倍。国家重点监测的 14 个主要行业中，有 12 个行业实现整体扭亏或继续增盈。③此外，多数企业借助"三年脱困"进行了公司制改革，初步建立起现代企业制度的框架，公司法人治理结构基本形成，在实现政企分开、转换经营机制等方面迈出了重要步伐。

---

① 章迪诚：《中国国有企业改革编年史（1978—2005）》，北京：中国工人出版社，2006 年版，第 553 页。
② 章迪诚：《中国国有企业改革编年史（1978—2005）》，北京：中国工人出版社，2006 年版，第 554 页。
③ 张慧君：《中国基本经济制度改革 40 年》，石家庄：河北人民出版社，2019 年版，第 167 页。

二、从"单位人"转为"社会人":脱困的副作用

"三年脱困"也造成了一定程度的社会问题。由于实行较为彻底的下岗分流政策,在"三年脱困"期间,全国总共有2100多万名国有企业职工下岗。其中1300多万人实现再就业,100多万人通过企业内部退养的方式得到安置,但也有数百万职工离开企业之后,既没有找到接续的工作,也未能拿到基本的经济保障,处于某种意义上的"弃养"状态。[①]从政企一体化向市场体制的转型过程中,企业职工事实上已与国家基本"脱钩",而逐步成为形式上的公有制和实质上带有雇佣性质的合同制相结合的身份,原有的福利保障被收回,甚至取消。与此同时,社会保障制度并没有真正建立起来,出现了"体制真空"的局面,原本由企业承担的职责,政府和社会尚不能有效承接,从"单位人"转为"社会人"的企业职工所面临的困境可想而知。在变幻不定的市场中,失去保障的职工时刻面临风险,陷入茫然的失范状态。

为了解决这些问题,中央针对企业富余人员,出台了一系列政策。例如,1999年9月,党的十五届四中全会通过了《关于国有企业改革和发展若干重大问题的决定》,指出建立企业优胜劣汰的竞争机制,鼓励兼并、规范破产、下岗分流、减员增效。同时指出,下岗分流要同国家财力和社会承受能力相适应。要调整财政支出结构,坚持实行企业、社会、政府各方负担的办法落实资金,亏损企业和社会筹集费用不足的部分,财政要给予保证。要进一步完

[①] 张文魁、袁东明:《中国经济改革30年——国有企业卷(1978—2008)》,重庆:重庆大学出版社,2008年版,第123页。

善下岗职工基本生活保障、失业保险和城市居民最低生活保障制度,搞好这三条保障线的相互衔接,把保障下岗职工和失业人员基本生活的政策措施落到实处。①2003年1月,国务院办公厅转发国家经贸委等部门《关于解决国有困难企业和关闭破产企业职工基本生活问题的若干意见》,要求采取有效措施,切实做好困难企业职工最低生活保障工作,进一步完善关闭破产企业离退休人员医疗保险有关政策措施,妥善解决实施关闭破产的中央企业及中央下放地方企业拖欠职工个人费用问题。同年,国务院办公厅印发《关于加快推进再就业工作的通知》,建立再就业工作部际联席会议制度,出台了岗位补贴、税费减免、就业服务、场地安排等优惠政策和实施办法,力图消除制约就业与再就业的体制障碍,加大对失业者的保障力度。2005年12月,国务院办公厅转发国务院国资委《关于进一步规范国有企业改制工作实施意见的通知》,更为严格地规范职工安置的权利责任问题,要求国有企业在实施改制前,原企业应与投资者就职工安置费用、劳动关系接续等问题明确相关责任,制订职工安置方案,方案必须经过职工代表大会或职工大会审议通过之后方可实施。方案内容应包括:企业的人员状况和分流安置意见,职工劳动合同的变更、解除及重新签订办法,解除劳动合同职工的经济补偿金支付办法,社会保险关系接续,拖欠职工的工资等债务和企业欠缴的社会保险费处理办法等。

---

① 《中共中央关于国有企业改革和发展若干重大问题的决定》,北京:人民出版社,1999年版,第17页。

第三节 "抓大放小"与"有进有退"

要解决国有企业面临的困境,就必须敢于放弃某些经营困难的企业,使国有经济收缩生产经营领域,优胜劣汰。1993年,中共中央下发《关于建立社会主义市场经济体制若干问题的决定》,指出发展一批以公有制为主体,以产权联结为主要纽带的跨地区、跨行业的大型企业集团,发挥其在促进结构调整,提高规模效益,加快新技术、新产品开发,增强国际竞争能力等方面的重要作用。一般小型国有企业,有的可以实行承包经营、租赁经营,有的可以改组为股份合作制,也可以出售给集体或个人。[1]至此,产权改革得到政策确认。1993年底,11489家股份制企业共有股本总额3396.66亿元,其中国家股占36.7%,法人股占43.6%,内部职工股占10.8%,向社会个人公开发行股票占3%,外资股占5.9%。[2]股份制试点迅猛发展,上市公司的结构得以调整,相关法律法规基础逐步完善。此外,各地还鼓励城镇集体企业、乡镇企业和国有小型企业的内部职工购买本企业的产权或股权,使之转变为内部职工持股的股份合作制企业。

一、进退之间:"抓大放小"的必要性

1995年7月,国务院印发《关于原有有限责任公司和股份有

---

[1]《中共中央关于建立社会主义市场经济体制若干问题的决定》,北京:人民出版社,1993年版,第8页。
[2] 崔钊:《政企分开研究》,郑州:河南人民出版社,2013年版,第55页。

限公司依照〈中华人民共和国公司法〉进行规范的通知》，要求按照《公司法》对股份公司的经营行为进行规范。同年9月，党的十四届五中全会通过《关于制定国民经济和社会发展"九五"计划和2010年远景目标的建议》，指出"要着眼于搞好整个国有经济，通过存量资产的流动和重组，对国有企业实施战略性改组。这种改组要以市场和产业政策为导向，搞好大的，放活小的，把优化国有资产分布结构、企业组织结构同优化投资结构有机地结合起来，择优扶强，优胜劣汰，形成兼并破产、减员增效机制，防止国有资产流失"[1]。重点抓好一批大型企业和企业集团，以资本为纽带，联结和带动一批企业的改组和发展，形成规模经济，充分发挥它们在国民经济中的骨干作用，同时加快国有小企业的改革改组步伐。此后，各地相继推出政策，依照"三个有利于"的标准，采取改组、联合、兼并、股份合作、租赁、承包经营和出售等形式，把小企业推向市场，转换企业机制，提升经营效益。

1997年，党的十五大报告提出，"把国有企业改革同改组、改造、加强管理结合起来。要着眼于搞好整个国有经济，抓好大的，放活小的，对国有企业实施战略性改组。以资本为纽带，通过市场形成具有较强竞争力的跨地区、跨行业、跨所有制和跨国经营的大企业集团。采取改组、联合、兼并、租赁、承包经营和股份合作制、出售等形式，加快放开搞活国有小型企业的步伐"[2]。随后，中

---

[1] 《中共中央关于制定国民经济和社会发展"九五"计划和2010年远景目标的建议》，《中华人民共和国国务院公报》，1995年25期。
[2] 江泽民：《高举邓小平理论伟大旗帜 把建设有中国特色社会主义事业全面推向二十一世纪——在中国共产党第十五次全国代表大会上的报告》，北京：人民出版社，1997年版，第25页。

第二章 制度创新与战略重组（1993—2002年）

央进一步提出，国有企业改革要取得新的突破，推进重点行业和重点企业的改革和发展，加快国有企业的改组和调整，积极稳妥地进行股份制和股份合作制改革，加强领导班子建设和企业经营管理，增强企业技术创新能力，提升内部制度建设水平。1999年，党的十五届四中全会通过《中共中央关于国有企业改革和发展若干重大问题的决定》，提出"从战略上调整国有经济布局"和"改组国有企业"，实行"有进有退"的改革主张，以"提高国有经济的控制力"作为推进国有企业改革和发展的重要指导方针。

所谓"有进有退"，"有进"的是"三大行业、两类企业"，即"涉及国家安全的行业，自然垄断的行业，提供重要公共产品和为社会服务的行业，以及支柱产业和高新技术产业中的重要骨干企业"，这些是国家经济需要控制的行业和领域，要增加投入、增强力量、提高效益。除此以外的其他行业和领域，则可以通过资产重组和结构调整，集中力量，加强重点，提高国有经济的整体素质，即"有退"。在坚持国有、集体等公有制经济为主体的前提下，鼓励和引导个体、私营等非公有制经济的发展，为后者的发展让出广阔的空间。具体来看，国有经济在能源、电信、冶金、铁路、军工等关系国民经济命脉的重要行业和关键领域发展迅速，而在机械、电子等一般性竞争领域则占比下降。2003年10月，党的十六届三中全会通过《关于完善社会主义市场经济体制若干问题的决定》，提出积极推行公有制的多种有效实现形式，"需要由国有资本控股的企业，应区别不同情况实行绝对控股或相对控股。完善国有资本有进有退、合理流动的机制，进一步推动国有资本更多地投向关系国家安全和国民经济命脉的重要行业及关键领域，增强国有经济的控制力"[1]。通过股份制改革，大型中央企业不仅筹集了大量发展所需的资金，更实现了企业内部组织结构的调整和优化，推进了现代企业制度的建设。

国有资本从一般竞争性领域退出，并向更为重要的战略性领域集中。在政府的引导下，采取收购、兼并、重组、出售、关闭、破产等多种形式，实现国有资本的"进"与"退"，结果是国有企业户数大幅减少，从1998年的23.8万家减少到2006年的11.9万家，国有经济比重降低，但资产总量增长，运行质量提高。同时，国有经济的结构布局得到显著改善，国有资本逐步转移到与国家安全及国计民生关系密切的重要行业，控制力和影响力日渐增强，扩大了国有资本控制和支配其他社会资本的规模范围，引导了整体经济发展。

"有进有退"、"抓大放小"的政策推行，也带来了一系列负面影响。"有退"措施的实施，导致很多地方短时间内大批量出售国有企业，出现了一定程度的国有资产流失现象。这些问题的出现，让2003年后政府在进一步国企改革，尤其是推动企业破产和民营化方面变得十分谨慎。国企即使效率不高、业绩差，各级政府也倾向于"不抛弃、不放弃"。于是，国企预算软约束问题又成为经济发展的障碍。为此，如何有效地对国有资产进行管理，成为一项重大课题。党的十五大报告提出，要建立有效的国有资产管理、监督和运营机制。党的十五届四中全会强调，积极探索国有资产管理的有效形式。要按照国家所有、分级管理、授权经营、分工监督的原

---

[1]《中共中央关于完善社会主义市场经济体制若干问题的决定》，北京：人民出版社，2003年版，第14页。

第二章 制度创新与战略重组（1993—2002年）

则，逐步建立国有资产管理、监督、营运体系和机制，建立健全严格的责任制度。[①]党的十六大报告再度要求，国家要制定法律法规，建立中央政府和地方政府分别代表国家履行出资人职责，享有所有者权益，权利、义务和责任相统一，管资产和管人、管事相结合的国有资产管理体制。关系国民经济命脉和国家安全的大型国有企业、基础设施和重要自然资源等，由中央政府代表国家履行出资人职责。其他国有资产由地方政府代表国家履行出资人职责。[②]在此之后，中央、省、市（地）三级国有资产监管机构相继组建，逐步实现国有企业所有权与经营权的分离。

二、搞活国有小企业：争议与实践

在"抓大"之余，采取哪些措施搞活国有小企业，也在世纪之交成为各方热议的话题。中央多次要求加快国有小企业的改革改组步伐，具体方式上可以灵活处理。有学者主张国有小企业以股份合作制为主，"一般地说，包不如租，租不如卖。所谓'卖'，就是把小企业的国有净资产向社会出售，国家从小企业中退出，企业按个人业主制、合伙制、股份合作制等形式运营"，其中股份合作制"应是国有小企业改制的主要选择"[③]。也有学者提出，中小国有企

---

① 《中共中央关于国有企业改革和发展若干重大问题的决定》，北京：人民出版社，1999年版，第 11 页。
② 江泽民：《全面建设小康社会 开创中国特色社会主义事业新局面——在中国共产党第十六次全国代表大会上的报告》，北京：人民出版社，2002 年版，第 25-27 页。
③ 王珏、陈文通等：《国有企业改革新探》，上海：上海远东出版社，1996 年版，第 147 页。

业可以卖给国内外的私人投资者，或者由内部经理人员买下来。①当然，反对的声音也不少。一些观点认为，将国有小企业大规模出售的做法，就是国有资产的流失，且会影响人们对国有企业的整体信心，等于宣布公有制在小企业中失败了②。还有一些观点认为，国有企业的改革正在朝着私有化的方向发展。这些观点很快受到了中央的批评。1996年3月，八届全国人大四次会议通过的《政府工作报告》中指出，"国有小企业经过改革改组，绝大部分仍然是国有经济或者集体经济，即不同形式的公有经济，出售给私营企业或个人的是少数"③。

1999年2月，国家经贸委出台《关于出售小型企业中若干问题意见的通知》，提出采取改组、联合、兼并、租赁、承包经营和股份合作制、出售等多种形式，搞活国有小企业，并要求出售企业严格按照审批主体和审批权限，严格执行必要的程序，购买者应当具备规定的条件和付款方式，未经资产清查和原法定代表人离任审计的企业不得出售。在出售过程中，要严格保护债权人的利益，确保企业职工的合法权益不受侵犯。要确认出售企业的产权界定、资产评估和出售价格。与"抓大"相比，"放小"的进展较为迅速。截至1998年底，根据对21个省、市、自治区的统计，独立核算国有小企业的改制面已接近80%，其中实施股份合作制的占22.6%，

---

① 张维迎：《企业理论与中国企业改革》，北京：北京大学出版社，1999年版，第175-176页。
② 《经济研究》编辑部：《中国经济理论问题争鸣（1990—1999）》，北京：中国财政经济出版社，2002年版，第113-114页。
③ 国务院研究室：《政府工作报告汇编（下）》，北京：中国言实出版社，2017年版，第965页。

出售的占 8.17%，租赁的占 7.28%，承包的占 7.28%，股份制的占 6.15%，兼并的占 4.4%，破产的占 2.81%。①

国营大中型企业是社会主义现代化建设的支柱和骨干，是国家财政收入的重要来源。增强其活力，是经济体制改革的中心环节和实现我国经济发展战略目标的关键，直接关系到我国经济的发展和社会主义制度的巩固。可以说，这一时期"抓大放小"的国企改革，主要焦点在于如何从加强企业内部管理和改善外部环境两方面采取有力措施，增强国营大中型企业的活力。这种改革虽然表现为政府利益的部分损失，但国民经济总量是增加的，中央政府收益的绝对量也是增加的，同时又带来社会成员收入的提高和生活的改善，形成一种绝大多数社会成员都能接受并受益的"帕累托改进"*。

> *"帕累托改进"是以意大利经济学家帕累托命名的，指在不减少一方的福利时，通过改变现有资源的配置而提高另一方的福利。

第四节 股份制改革

从经营权向所有权的改革，是国有企业改革过程中的一个关键节点。而在建立现代企业制度的过程中，实行股份制成为多方共识。但要实现股份的多元化，必须首先打破国有独资的股权结构，由此触动了国企的产权改革。一旦涉及所有权问题，诸如"姓社姓资"、"姓公姓私"之类的责问就会出现，所以股份制试点最初被限制在很小的范围。1984 年，世界银行给中国政府提出建议，建

---

① 中国企业管理年鉴编委会：《中国企业管理年鉴1999》，北京：企业管理出版社，1999 年版，第 389 页。

立这种社会主义合股所有制，开始时也许可以采取适当分散现有国有企业的自有资本的办法。随着筹集投资资金方式的多样化，各方面的国家机构都可以购置现有和新建企业的股份，社会主义合股所有制可以得到进一步加强。[①] 在各方人士的建议和谋划下，1984年7月，北京天桥百货股份有限公司成立，成为改革开放以来国内第一家正式注册的股份制企业。此后出现的上海飞乐音响股份有限公司、上海延中实业股份有限公司等，推动了股份制改革的进程，并成为我国首批上市交易的公司。

一、股份制的试点：产权改革的重大突破

具体的企业股份制改革试点计划，很快在中央的政策文件中有所体现。1987年，党的十三大报告中指出，改革中出现的股份制形式，包括国家控股和部门、地区、企业间参股以及个人入股，是社会主义企业财产的一种组织方式，可以继续试行。一些小型全民所有制企业的产权，可以有偿转让给集体或个人。[②] 1991年制定的"八五"规划中提到，企业经营机制转变的目标是实行政企职责分开，所有权和经营权适当分离，探索公有制的多种有效实现形式，建立富有活力的国营企业管理体制和运行机制。[③]

---

① 孙伯铁、童星等：《在反思和探索中前进——中国体制改革的历程、现状和前途》，南京：南京大学出版社，1988年版，第238-239页。
② 《沿着有中国特色的社会主义道路前进——在中国共产党第十三次全国代表大会上的报告》，北京：人民出版社，1987年版，第28页。
③ 《关于国民经济和社会发展十年规划和第八个五年计划纲要的报告》，《中华人民共和国国务院公报》，1991年12期。

第二章　制度创新与战略重组（1993—2002年）

1992年，中央多次就股份制企业的试点问题进行调研，提出针对性的意见。4月，国务院批转国家体改委、国务院生产办《关于股份制企业试点工作座谈会情况的报告》（以下简称《报告》），指出股份制企业试点工作是一项政策性强、涉及面广的重要改革。因此，必须加强领导，既要大胆试验，又要稳步推进，严格按照规范化的要求进行。《报告》指出，股份制在试点中存在股份制企业组建和试点的有关法规跟不上，一批股份制企业不规范、没有按股份制的基本规则办事，有些试点企业资产评估过低或未予评估，社会上出现股票过度投机和炒股票过热现象，工作经验不足等方面的问题。因此，下一步试点的指导思想是：坚决试，不求多，务求好，不能乱，并建议尽快制定股份制企业组建和试点的法规、办法，加强宣传、培训等基础工作，研究加强对股票市场的管理，抓住时机，创造条件，分阶段、有步骤地推进试点工作。[①] 7月，国务院公布《全民所有制工业企业转换经营机制条例》，提出"创造条件，试行股份制"[②]。同年10月通过的党的十四大报告提出，股份制有利于促进政企分开、转换企业经营机制和积聚社会资金，要积极试点，总结经验，抓紧制定和落实有关法规，使之有秩序地健康发展。[③] 股份制试点从此走上快车道。同年，国务院先后印发《股份制企业试点办法》《股份有限公司规范意见》《有限责任公司规范

[①]《国务院批转国家体改委、国务院生产办关于股份制企业试点工作座谈会情况的报告》，中国政府网，2015年12月22日。
[②]《全民所有制工业企业转换经营机制条例》，中国政府网，2020年12月25日。
[③] 江泽民：《加快改革开放和现代化建设步伐 夺取有中国特色社会主义事业的更大胜利——在中国共产党第十四次全国代表大会上的报告》，北京：人民出版社，1992年版，第19页。

意见》及股份制企业财会制度、人事管理制度等配套文件,确定企业股权分为国家股、法人股、个人股、外资股四种,对股份制的设置原则、组织形式、审批流程等做了规定,引导股份制试点走向规范化。国务院还成立了证券委员会和证券监督管理委员会,以加强对证券市场的统一协调和宏观管理工作。截至1992年底,全国股份制试点企业已达3700多家。[①]

1997年6月,国家体改委发布《关于发展城市股份合作制企业的指导意见》,指出股份合作制是社会主义市场经济中的一个新的组织形式,劳动合作和资本合作有机结合,利益共享,风险共担。股份合作制是能够促进生产力发展的公有制实现形式,是现阶段为劳动者创造就业机会、走向共同富裕的重要途径。[②]同年9月,党的十五大报告中对国有企业推行股份制,建立现代企业制度予以充分肯定:股份制是现代企业的一种资本组织形式,有利于所有权和经营权的分离,有利于提高企业和资本的运作效率,资本主义可以用,社会主义也可以用。不能笼统地说股份制是公有还是私有,关键看控股权掌握在谁手中。国家和集体控股,具有明显的公有性,有利于扩大公有资本的支配范围,增强公有制的主体作用。目前城乡大量出现的多种多样的股份合作制经济,是改革中的新事物,要支持和引导,不断总结经验,使之逐步完善。1999年,党的第十五届中央委员会第四次全体会议通过的《中共中央关于国有

[①] 国企改革历程编写组:《国企改革历程(1978—2018)》,北京:中国经济出版社,2019年版,第18页。
[②] 国家体改委生产体制司编:《股份合作制操作指南》,北京:同心出版社,1998年版,第165–171页。

企业改革和发展若干重大问题的决定》提出，国有资本通过股份制可以吸引和组织更多的社会资本，放大国有资本的功能，提高国有经济的控制力、影响力和带动力。国有大中型企业，尤其是优势企业，宜于实行股份制的，要通过规范上市、中外合资和企业互相参股等形式，改为股份制企业。[①] 该决定提出，对于关系国家经济命脉的行业和领域，除少数必须由国有资本垄断外，大多数可以吸收民间投资，国家控股。对于一些新兴产业、高新技术产业，国有资本可以参与投资，起到引导和带动作用。由此，国有资本的功能得以成倍放大。

2002年，党的十六大报告指出，要深化国有企业改革，进一步探索公有制特别是国有制的多种有效实现形式，大力推进企业的体制、技术和管理创新。除极少数必须由国家独资经营的企业外，积极推行股份制，发展混合所有制经济。2003年，党的十六届三中全会审议通过《中共中央关于完善社会主义市场经济体制若干问题的决定》，指出，要适应经济市场化不断发展的趋势，进一步增强公有制经济的活力，大力发展国有资本、集体资本和非公有资本等参股的混合所有制经济，实现投资主体多元化，使股份制成为公有制的主要实现形式。[②] 多数股份制企业初步形成了现代企业制度所要求的产权清晰、权责明确、政企分开和管理科学四个特征，政府不再以管理者的身份直接干预企业的生产经营活动，企业通过改

[①]《中共中央关于国有企业改革和发展若干重大问题的决定》，北京：人民出版社，1999年版，第19页。
[②]《中共中央关于完善社会主义市场经济体制若干问题的决定》，北京：人民出版社，2003年版，第14页。

组改制等措施，对资产结构、产品结构和组织结构进行调整重组，轻装上阵，成为市场竞争主体。此外，企业投资主体初步实现多元化、分散化，促使企业对内加强科学管理，对外主动开拓市场，由此增强了企业的激励机制与约束机制。

　　国企的股份制改革意义十分重大。国有企业与计划经济体制原本属于互相绑定的关系，改革开放初期，为了能够提高国企的生产效率，中央一方面不断提出新思路，如"计划经济为主、市场调节为辅"、"有计划的商品经济"，试图削弱改革的意识形态阻碍；另一方面倡导放权让利，管制松动，给予国企更多的经营主导权。但是，随着社会主义市场经济体制的逐步建立，政资不分、政企不分、所有权和经营权不分的问题，成为国企进一步发展的巨大障碍。要让企业成为独立的市场主体，必须要建立现代企业产权制度，使企业享有民事权利资质、承担民事责任能力。在这一组织框架之内，政府权力从原来直接管制的微观管理领域逐渐退出，转向宏观控制与间接管理，政府定位由支配型向服务型转变。股权多元化使得政府部门不再能够随意干预企业运作，迫使政府在经济领域遵守市场规则，股东的意愿和权利得以受到组织和制度的保证，为企业的科学决策提供组织基础，市场竞争力不断提高。而在劳动、人事及分配制度改革的推进方面，推动国有企业逐步转向更为市场化的经济组织。国有企业的股份制改革，还从组织形式上改变原来政府与企业之间行政上的隶属关系，有助于明晰企业产权制度，解决企业内部治理结构方面的一些基本问题。通过设立股东大会、董事会、监事会及经理人员，以股东大会制约董事会，董事会约束经理人员，监事会监察董事会及经理人员，通过这种相互制衡的制度格局，可以有效克服股份公司运营中可能存在的代理问题，从而完善企业产权结构和有效的公司治理。

二、艰难的改革之路：如何使国企"姓国"

当然，改革并非一帆风顺。股份制企业尽管试图在内部形成多元产权主体，更好地调动管理层与职工的积极性，但在这一时期，囿于对股份制改革的理论准备不足、管理人才匮乏及非国有部门的资本来源有限，试点企业的职工股份往往按照劳动力的工龄长短、贡献大小和岗位职务折股量化，这种"股份式分红"难以真正达到股份制改革的设计初衷。正如有学者指出，时至今日，仍有一些人，包括一些经济学家，对建立现代公司制度，对用股份制改组国有大中型企业表示怀疑和反对的态度，认为中国企业要现代化，只能靠经营管理，不能靠搞股份制和公司制。[①]

更为重要的是，上述新制度的实行，逐步引发国企属性与所有权的争议。一旦实现了产权结构的多元化，国有企业本质上也就背离了原有的体制属性，这就必然影响到现代企业制度的快速推进，甚至出现一定程度的扭曲和变形。其中最具代表性的事件当数"中策现象"。从1992年4月起，在两年多的时间里，印尼籍华裔企业家黄鸿年建立的香港中国策略投资公司（以下简称"中策"），通过控股51%以上合资企业的形式，把国内不同行业和地区的百余家国有企业成批改造成35家中外合资公司。中策收购国企的步骤如下：投入资金与现有国有企业整体合资，中策占股

---

① 张卓元：《协调认识 科学规划 多方试验 积极推进国有企业改革》，《经济管理》，1995年04期。

50%以上或以参股方式取得合资企业少数股权，在参股过程中或将被参股企业并入同行所收购的企业集团中，或再增资上项目，由参股变为绝对控股；取得被收购企业决策权后，任命新的管理层，转换企业经营机制，刺激员工争取利润的积极性；重组被收购企业，调整清理存量资产；引入资金和技术，上马新项目并推出新产品；将被收购企业股权纳于海外控股公司名下，海外上市集资，实现滚动收购。中策投资范围广泛，地域跨度大，涉及机械电子、化工、橡胶、饮料食品、医药、金融、基础设施等数十个行业。①

"中策现象"及同时出现的"诸城现象"*，短期之内有利于亏损企业的改造及经济体制的改革，但从长远来看，这种依托国际金融市场投资收购大中型国有企业的做法，存在着国有资产流失的隐忧。从客观上看，资产评估制度不完善、不规范，评估方法也不够科学。在资产评估过程中，一些无形资产如信誉、商标、技术诀窍等常常受到忽视，甚至有些企业尚未经过资产评估，便一卖了事。同时，主观原因也不容忽视。由于国家给合资企业的种种优惠政策十分有利于企业自身改造和发展，有些单位为了小集体的利益，明知被占了便宜也情愿合资。

一些学者指出，外资对国企的收购，不利于我国产业结构的科学化和合理化。外资在收购企业之后，必然首先将该企业视为其经济集团的一部分，并根据集团的利益决定该企业产品的品种和产量，而并不考虑我国工业体系的完善。如果任凭外资在我国的命脉

* "诸城现象"是指山东诸城从1992年底开始，对当地272家国有和集体企业进行了全面的产权改革。其中210家采取股份合作制的形式，将企业净资产卖给内部职工，国有资本全部退出。

---

① 邬名扬、王成栋主编：《中外现代企业制度与中国企业改造（理论实务卷）》，北京：企业管理出版社，1998年版，第868-869页。

产业和支柱产业中取得垄断地位,我国经济就易走上畸形发展的道路。因而,国有企业,特别是大中型企业是国家经济的主干,必须牢牢掌握在国家手中。在必要的领域和一部分企业可以对外合资,但不应当让外资掌握控股权,否则会损害国家的经济主权,并影响国有经济的主导地位。[①]还有一些学者提醒,国家和地方应当尽快制定合理的产业规划,明确哪些产业和企业确实属于国家必须独资经营的命脉和支柱;哪些产业和企业可以部分让出去,但仍需由国家控股;哪些产业和企业是可以由外方控股,甚至全部让出去的。中央政府宏观管理部门应当在这方面有个比较准确的计算和完整的规划,使今后在吸引和利用外资时更具主动性。[②]

总而言之,世纪之交的国企改革,主要重心是在推进建立现代企业制度试点方面,采取承包经营、股份合作、改组兼并等形式,进一步放开搞活国有企业。尤其是在党的十五大之后,即1998—2000年,国有企业通过债转股、技改贴息、政策性关闭破产等政策措施,实现了改革脱困,减轻企业负担,推动技术进步与产业升级,促进优胜劣汰,实现了国有企业的整体扭亏为盈,为接下来的持续健康快速发展打下了良好的基础。

[①] 周叔莲:《怎样发挥国有经济的主导作用》,《国有资产研究》,1995年03期。
[②] 张先治、张树宏等:《国有资本管理、监督与营运机制研究》,北京:中国财政经济出版社,2001年版,第152页。

第三章
以国资监管改革推进国企改革发展（2003—2012年）

▼

党的十六大提出建立管人管事管资产相结合的国有资产管理的体制，毫不动摇地巩固和发展公有制经济、毫不动摇地支持和引导非公有制经济，尤其强调继续调整国有经济布局和改革国有经济管理体制两项重大任务。这一时期的改革，是在我国经济体制转轨基本完成，社会主义市场经济体制基础已经确立，统一开放、竞争有序的现代市场体系初步形成，现代企业制度初步建立的背景下，在新的国有资产管理体制下，以中央企业和大企业为主体，以发展混合经济为主要内容的改革。

第一节 国资监管体制与国资委成立

随着国企产权制度的改革，国有资产流失的情况逐渐引起相关人士的关注。这一时期，部分国企经营者利用手中掌握的权力和信息，借国企改革、产权流动之机，采取搞场外交易、在产权交易中与中介机构联手、低值评估等各类手段侵吞国有资产。诸如刻意低估国有资产价值、将企业经营所得全部分给员工、将国有资产无偿或低价卖给个人、部分国有资产不入账、将国家所有制转变为集体所有制等，都是国有资产流失的"高速通道"。为此，中央通过设置机构的形式，将国有资产管理的相关职能从其他经济部门中相对独立出来，集中由专门机构来行使，试图遏制流失局面。

一、管住"钱包"：国资监管体制的初步建设

早在1988年4月，国务院设立国家国有资产管理局，代表国家统一行使国有资产所有者的代表权、监督管理权、投资和收益权以及国有资产处置权。国家国有资产管理局下设政策法规司、产权登记与资产统计司、企业司、行政事业资源司、地方司等部门，负责管理国内和境外的国有资产，拟定国有资产的各项管理制度，制定国有资产投资的利润分配办法，会同实行承包、租赁、联营和拍卖清理中有关国有资产的评估问题，监督检查国有资产的使用情况，推动国有资产的管理工作。随后，各地政府相继组建国有资产管理机构，尝试实现政府对国有资产的产权管理职能与政府的行政管理职能和一般经济管理职能的分离。

1990年7月，国务院下发《关于加强国有资产管理工作的通知》，要求在全国范围内有计划地开展清查资产、核实国家资金、摸清国有资产家底的工作，力求将所有应归国家所有的资产都纳入国有资产管理轨道。同时要求完善国有资产产权管理机制，继续深化企业改革，切实加强对国家固定资产投资的管理，按照统一领导、分级管理的原则，逐步建立健全国有资产管理机构。[1] 1992

---

[1] 《国务院关于加强国有资产管理工作的通知》，《中华人民共和国国务院公报》，1990年15期。

年，国有资产管理局、国家计委、国家体改委、国务院经贸办公室制定了《国家试点企业集团国有资产授权经营的实施办法（试行）》，授权大型企业和企业集团经营国有资产。1993年，党的十四届三中全会通过《中共中央关于建立社会主义市场经济体制若干问题的决定》，要求对国有资产实行"国家统一所有，政府分级监管，企业自主经营"的管理体制，着重实现政府的社会经济管理职能和国有资产所有者职能分离，政府行政管理部门和行使出资人职能的机构分设，政府的公共财政预算与国有资本的预算分列，目的在于实现"政资分开"。政府的职能包括宏观经济调控、制定产业政策、提供公共物品、确保市场公平竞争和保证社会稳定。政府只做裁判员，而不是既当裁判员又当运动员。

1998年前后，中央建立稽察特派员制度，检查企业领导人员贯彻执行党的路线方针政策情况和是否按照法律法规经营企业；查阅企业财务账目和有关资料，审查验证企业的财务状况是否真实，主要包括资产负债情况、还债能力、获利能力、利润分配、资产运作、国有资产保值增值等；对侵犯国有资产所有者权益的行为进行调查；对企业主要领导成员的经营业绩进行评价和记录，对企业主要领导成员的奖惩、任免提出建议。其目的在于健全监管制度，整顿和加强企业领导班子，并强化政府对企业的监督。1999年9月，党的十五届四中全会通过《关于国有企业改革和发展若干重大问题的决定》，明确政府职责今后要由"管理"企业变为"履行出资人职责"。

二、设立国资委：从"多龙治水"到"守门人"角色的确立

对于是否设立专门机构行使国有资产的管理职能，政策层面出现过一定程度的摇摆。1994年，国有资产管理局不再是国务院直属，而是降格为财政部下属局，形成以财政部为核心，国资局和税务局为辅助的"一体两翼"的国资监管格局。1998年，国务院推行新一轮机构改革，决定撤并国家国有资产管理局，将组织实施国有企业财产监管的职能交给国家经贸委承担；中央行政事业单位国有资产产权界定、清查登记等工作，交给国务院机关事务管理局承担；国有资源实行资产化管理的有关职能，交给国土资源部、国家林业局承担；企业国有资产的基础管理职能和制定政府公共财产管理规章制度的职能，划入财政部管理。此后数年，国有资产监管体制形成"多龙治水"的模式，原本由一个部门管理的职能，分别被不同部门承担。这一模式的问题显而易见。国有资产的出资人地位难以明确，职能无法有效行使，政企不分、政资不分的状况不可避免，反而导致职能交叉、政出多门，进而影响到国有经济的健康发展，限制国有企业的活力和国有资产的保值增值。

2003年，中央设立了国有资产管理委员会（以下简称"国资委"），首先迅速配合国务院法制办起草了《企业国有资产监督管理暂行条例》（以下简称《条例》），由国务院公布施行。接下来，国资委制定公布了《国有企业清产核资办法》《中央企业负责人经营业绩考核暂行办法》《企业国有产权转让管理暂行办法》《关于规范国有企业改制工作的意见》等与《条例》相配套的规章和规范性文件，保障了基础、紧要工作的正常开展。依照《条例》等法律法

第三章 以国资监管改革推进国企改革发展（2003—2012年）

规，国务院国资委代表国家履行出资人职责，指导推进国有企业改革和重组，对所监管企业国有资产的保值增值进行监督，加强国有资产的管理工作；推进国有企业的现代企业制度建设，完善公司治理结构，推动国有经济结构和布局的战略性调整，结束了国企管理中的"多龙治水"格局。

建立国务院国资委，最初的目标是推进国企的整体改制，由管企业转向管资本，强调国家的出资人职责和所有者权益，政府和企业之间的关系逐渐由行政隶属向产权纽带转变。国务院国资委的建立，将过去分散在各个政府部门的出资人职责集中起来，实现权责利的统一，管资产和管人、管事的结合。国务院国资委不得直接干预企业的生产经营活动，使企业真正成为自主经营、自负盈亏的市场主体和法人实体，实现国有资产的保值增值。此后，国务院国资委先后发布多份重要文件，如2003年11月，《国务院办公厅转发国务院国有资产监督管理委员会关于规范国有企业改制工作意见的通知》，提出国有企业改制的要求是"健全制度规范运作、严格监督追究责任、精心组织加强领导"[1]；2004年11月，《国务院办公厅转发国务院国有资产监督管理委员会关于设立市（地）级人民政府国有资产监督管理机构的指导意见的通知》，要求深化国有资产管理体制改革，明确市（地）级人民政府可设立国有资产监管机构。[2] 2005年12月，国务院办公厅转发国务院国资委《关于进一步

---

[1]《国务院办公厅转发国务院国有资产监督管理委员会关于规范国有企业改制工作意见的通知》，《中华人民共和国国务院公报》，2004年02期。
[2]《国务院办公厅转发国务院国有资产监督管理委员会关于设立市（地）级人民政府国有资产监督管理机构指导意见的通知》，《中华人民共和国国务院公报》，2005年02期。

规范国有企业改制工作的实施意见》，要求严格制订和审批企业改制方案，认真做好清产核资工作，加强对改制企业的财务审计和资产评估，切实维护职工的合法权益，严格控制企业管理层通过增资实现扩股持股等。

2008年10月28日，《中华人民共和国企业国有资产法》（以下简称《企业国有资产法》）在十一届全国人大常委会第五次会议正式通过。《企业国有资产法》对企业国有资产管理体制作出规定，明确政府履行出资人职责时应当遵循的原则。国务院和地方人民政府应当按照政企分开、社会公共管理职能与国有资产出资人职能分开、不干预企业依法自主经营的原则，依法履行出资人职责。[①]此外，法律还明确了国务院国有资产监督管理机构和地方人民政府按照国务院的规定设立的国有资产监督管理机构作为履行出资人职责的机构，依法享有资产收益、参与重大决策和选择管理者等出资人权利，有权依照法律法规制定或者参与制定国家出资企业的章程。以《企业国有资产法》为龙头，以国务院国资委21个规章和115件规范性文件、地方国资委1800件地方规章规范性文件为具体内容的企业国有资产监管法规体系基本形成。此后，国务院国资委及各地国资机构认真贯彻《企业国有资产法》，结合实际，根据《企业国有资产法》等法律法规要求，积极开展国资监管规章规范性文件立、改、废、释工作，完善国有资产法规体系建设。

国务院国资委成立伊始，就开始为规范建立地方国资监管机构、建立国资监管体系展开积极的筹备工作，先后到24个省（区、

---

① 《中华人民共和国企业国有资产法》，《中华人民共和国全国人民代表大会常务委员会公报》，2008年07期。

市）和 10 个省会城市进行了广泛调研，为指导各地组建国资监管机构打下了扎实的基础。到 2004 年底，全国 31 个省（区、市）和新疆生产建设兵团国资委全部组建完毕，203 个市（地）组建了国有资产监管机构，176 个市（地）单独成立了国资委，河北省、湖北省、广西壮族自治区、海南省、西藏自治区的市（地）全部单独设立了国资委。[①] 中央和省、市（地）三级国有资产监管组织体系基本建立。此外，国务院国资委还在短时间内完成资产清查，摸清家底，建立健全资产统计与财务监督和国有资本经营预算体系，并建立起中央企业负责人的经营业绩考核体系，初步形成新的国有资产监管体制。

这一时期国务院国资委的主要任务，转变为将国有企业"做大做强"，发展壮大国有经济，进一步增强国有经济的活力、控制力和影响力。这带来的一个后果是，在试行混合所有制的企业中，国有资本占据绝对的控股权，"一股独大"，难以制衡。或是部分表面开放的基础设施、公用事业及其他行业和领域，尽管允许非公有资本进入，但在实际情况中，诸如金融、能源、电信、交通、石油石化等领域，国有资本基本上持续占据垄断地位；在钢铁、煤炭、建筑、汽车等竞争性行业，国有资本也继续存在；战略性新兴产业与现代服务业，国有资本所占比重较低，布局结构还不尽合理。部分行业还存在着行业集中度低、资源配置效率不高、核心竞争力不强等问题，并以各种方式阻止民间资本的进入，设置隐性的行业保护门槛。总体而言，这一时期的国企改革主要集中在一般性领域，

---

① 张彦宁、孙树义主编：《中国企业发展报告 2005》，北京：企业管理出版社，2005 年版，第 21–22 页。

而在垄断行业、公共服务等领域的改革进展不大，公司治理结构仍有待完善，国有资产的管理体制还需要进一步探索与改进。

国务院国资委的成立，保证了国有资产的管理使用，做好了"守门人"的角色。但在政策实践过程中，"管人管事管资产"的国务院国资监管原则，混同了出资人职责、政府监管和行业管理等界线，使国资监管目标出现偏差，影响了国有资产监管效能的发挥。尽管在方案设计中明确指出，国务院国资委不能直接干预企业的生产经营活动，但国务院国资委还掌控着国企高管的人事任免权，且有权力对企业进行行政化体系约束与监督，《公司法》中规定的高管聘任等问题长期未能加以落实。此外，国有企业的法人财产权未能得到有效落实，企业时常受到行政干预，无法发挥独立的市场主体作用。不同级别的国资委、国资委的不同监管者对于如何管人、管事、管资产，在理解程度上有显著差异。直至2013年之后，通过出台权力清单与责任清单，大幅优化调整内设机构，完善制度体系，加强出资人监管责任，改进和加强外派监事会监督，形成监督闭环，为企业改革发展提供强有力的监督保障，国资委"管资本"的职能才逐步得以展现。

第二节　股份制改革的推进

只有真正实现"产权清晰"，才能够推导出"权责明确、政企分开、管理科学"，否则，即使进行股份制改革甚至包装上市，也很难真正建立起现代企业制度。产权制度的改革，被认为是解决国有企业改革向前推进的突破口。只有在产权制度上有所突破，才能从根本上解决发展痼疾。

一、进入"快车道"的企业股份制改革

2003年10月,党的十六届三中全会通过《中共中央关于完善社会主义市场经济体制若干问题的决定》,强调要"建立健全现代产权制度。产权是所有制的核心和主要内容,包括物权、债权、股权和知识产权等各类财产权。建立归属清晰、权责明确、保护严格、流转顺畅的现代产权制度。有利于维护公有财产权,巩固公有制经济的主体地位;有利于保护私有财产权,促进非公有制经济发展,有利于各类资本的流动和重组,推动混合所有制经济发展;有利于增强企业和公众创业创新的动力,形成良好的信用基础和市场秩序"[1]。这一理念在之后的中央重要会议的文件中被多次强调。如2007年,党的十七大报告指出,"加快建设国有资本经营预算制度。完善各类国有资产管理体制和制度。推进集体企业改革,发展多种形式的集体经济、合作经济。推进公平准入,改善融资条件,破除体制障碍,促进个体、私营经济和中小企业发展。以现代产权制度为基础,发展混合所有制经济"[2]。2013年,党的十八届三中全会通过《中共中央关于全面深化改革若干重大问题的决定》,再次强调产权作为所有制的核心地位,必须健全归属清晰、权责明

---

[1] 《中共中央关于完善社会主义市场经济体制若干问题的决定》,北京:人民出版社,2003年版,第15页。
[2] 胡锦涛:《高举中国特色社会主义伟大旗帜 为夺取全面建设小康社会新胜利而奋斗——在中国共产党第十七次全国代表大会上的报告》,北京:人民出版社,2007年版,第26页。

确、保护严格、流转顺畅的现代产权制度，完善产权保护制度。

党的十六届三中全会以后，企业股份制改革的速度大大加快。到2004年，全国2903家国有及国有控股大型骨干企业，已有1464家改制为多元股东持股的公司制企业，完成股份制改革的大型骨干国有企业已过半数，改制面为50.4%。① 2006年，国有控股上市公司股权分置改革基本完成。石油石化、冶金、发电、汽车、煤炭、电信、民航、海运等行业中的大型、特大型国有企业先后实现境内外上市，中石油、中石化、中海油、宝钢、武钢、中国铝业、中国中铁、东风汽车、神华、中国电信、中国网通、中国移动、中国联通、中国航空、东方航空、南方航空等特大型国有企业基本上实现了主营业务资产整体上市。国有控股的上市公司成为国有经济的骨干力量。2007年，中国远洋、中国神华、中国石油、中国铝业、中海油服、中海集装箱等6家企业H股回归A股，鞍钢股份、中国船舶等12家企业境内增发、配股。2003—2007年，中央企业在A股上市29家，H股16家，红筹股7家。2008年以来，全国各地国有企业通过引进战略投资者、规范改制和重组上市等多种方式，促进资本主体多元化，通过推动企业整体上市、增资扩股、资产注入等方式，提高了国有资本证券化率。2010年，全国各级国资委监管企业所控股的境内外上市公司达到1038家。②

股份制改革的推进，为企业的管理体制也带来新的元素，例如

---

① 国企改革历程编写组：《国企改革历程（1978—2018）》，北京：中国经济出版社，2019年版，第149页。
② 韩保江主编：《中国经济体制改革发展史》，石家庄：河北人民出版社，2018年版，第341-342页。

外部董事制度的建立。与独立董事不同，外部董事是指除了董事身份外，与公司没有任何其他契约关系的董事。2004年6月，国务院国资委向中央企业印发《关于中央企业建立和完善国有独资公司董事会试点工作的通知》和《关于国有独资公司董事会建设的指导意见（试行）》，要求逐步建立外部董事制度，在董事会中引入超过半数的外部董事，并授予外部董事包括重大投融资决策权、经理人员选聘考核等相应权利，实现决策权与执行权的有效分离，避免"内部人控制"，防止国有资产流失，充分发挥董事会在风险管控、重大战略等方面的作用。独立董事由股东大会投票产生，一般代表中小股东的利益；外部董事由国务院国资委直接任命，一般代表出资人的利益。上市公司的独立董事人数要求不得低于董事会总人数的三分之一，央企董事会一般要求外部董事的数量要过半。2007年，19家企业按照《公司法》开展董事会试点，其中17家外部董事达到或超过董事会成员的半数，3家企业进行外部董事担任董事长的探索，初步建立外部董事人才库。2008年，中组部、国务院国资委党委共同制定董事会选聘高级管理人员工作的指导意见和董事会、董事评价办法，将中央企业高管的选聘权交给了董事会。各地也积极推进企业董事会建设，上海制定《董事会试点企业治理指引》，依法授予董事会"选人用人、投资决策、预算审核、考核奖惩"等职权；深圳在市属国有独资公司全部建立董事会，并将企业高管经营业绩考核和薪酬分配权力交给董事会。

二、解决遗留问题：以股权分置改革为中心

为了推进股份制的实施，中央还采取各种方式进行制度性变

革,例如解决多年遗留的股权分置问题。从 20 世纪 80 年代开始,中央要求在国有企业中逐步推行股份制改造,以实现在证券市场筹集资金的目的。由于担心刚刚建立的股票市场难以承担全流通的市场压力,国有企业上市公司的股票通常分为流通股和非流通股两种类型,前者主要是社会公众股,后者主要是国家股、国有法人股,以及外资法人股、发起自然人股等非国有股,通常占到股票总额的三分之二左右,由此出现股权分置的现象。由于同股不同权、同股不同价,导致流通股和非流通股的股东利益追求存在显著差异,造成利益冲突和供需失衡问题。

为此,2004 年 1 月,国务院印发《关于推进资本市场改革开放和稳定发展的若干意见》,明确要求"积极稳妥解决股权分置问题",规范上市公司的股权结构,统一股权、统一价格、统一市场、统一利益。[①]同时,国务院国资委发布《关于国有控股上市公司股权分置改革的指导意见》,提出股权分置改革的目标是提高上市公司的竞争力,增加对投资者的回报,构建国有股股东和其他投资者的共同利益基础,切实保护各类投资者的合法权益。[②] 2005 年 4 月,经国务院批准,证监会发布《关于上市公司股权分置改革试点有关问题的通知》,正式启动股权分置改革试点工作,清华同方、三一重工、紫江企业、金牛能源等 4 家上市公司成为试点企业。证监会要求,将股权分置改革、维护市场稳定、促进资本市场

---

① 《国务院关于推进资本市场改革开放和稳定发展的若干意见》,《中华人民共和国国务院公报》,2004 年 09 期。
② 《关于印发〈国务院国资委关于国有控股上市公司股权分置改革的指导意见〉的通知》,国务院国资委网站,2005 年 6 月 17 日。

第三章 以国资监管改革推进国企改革发展（2003—2012年）

功能发挥等因素统筹考虑，改革要积极稳妥、循序渐进，实现各方利益关系的合理调整，形成资本市场良性循环、健康发展的新局面。另外，以股权分置改革为契机，完善国有企业法人治理结构，规范国有控股股东行为，提高上市公司质量，维护市场稳定。[①]

股权分置改革的实行，使资本市场的流动性得以加强。国有企业进入资本市场以后，产权成为可以交易的因素。国有产权中的一部分可以卖给新的主体，使得产权结构多元化，改变过去以国家所有为主体的产权结构，进而促使国有企业的交易利益主体相对独立。国有企业通过股份制改革进入证券市场募集资金，以独立的经济利益主体参加交易，推动国有企业真正成为自主经营、自负盈亏、自我约束、自我发展的独立的市场竞争主体。通过资本市场融资，国有企业走出了资金困境，企业债权资产的证券化为资本市场提供了新的投融资工具，而国有企业投融资机制的不断完善，又为资本市场增加新的机构投资者。

这一时期的股份制改革，取得了显著的正向效果，但也有一些未能解决的问题，影响了制度的推行。例如，一些国有企业在实行股份制改革之后，出现党委会、工会、职工代表大会和股东会、董事会、监事会并存的现象，多头领导，权责不清，内部制衡机制尚不完善。同时，多数国有独资或者国家控股的企业依然沿用计划经济条件下企业干部管理办法和报酬制度，管理人员的报酬与公司经营业绩不挂钩，导致企业管理人员缺乏改善经营管理、提高公司业绩的积极性。此外，企业资产评估困难，产权界定不清也是一大难

[①] 陈乃进主编：《突破坚冰股权分置改革试点全记录》，北京：新华出版社，2005年版，第362-365页。

题。由于国有资产监管法律法规尚未成熟，资产评估机构较少、资质较低，评估手段和方法有待完善，对股份制企业的资产无法客观、公正、科学、准确地加以评估，导致部分管理人员滥用职权牟取个人利益，国有资产流失严重。还有一些长期未能完全解决的痼疾，例如独立董事和外部董事的管理、考核和履职评价问题。部分国有企业出现独立董事、外部董事"内部化"的状况，制度流于形式，甚至"吃空饷"，监管部门对外部董事的追责力度也有待提高。

除此之外，一些较为激进的改革措施，在进行试点之后，也很快出现各类弊端，遭遇叫停。MBO*试验就是一例。有学者提出，MBO可以作为大型国有企业实现资产剥离、提高经济效益的一种方法。通过MBO的方式进行转让，"一方面原企业获得了企业发展所需要的资金，另一方面又有效地调整了资产结构，降低了代理成本，提高了经营效率；而转让出去的分支机构也由熟悉其经营状况的原管理层经营，有利于企业的稳定和发展，也便于同原企业开展业务往来"①。

2000年之后，不少国有企业开始试行MBO，因其转让成本较低，又能兼顾对管理层和员工的激励而盛极一时。但是，MBO产权交易不规范、暗箱操作时有发生、产权转让不公开不透明等问题始终难以解决，甚至出现内外勾结、侵占私吞国有资产的违法行为。2004年9月29日，国务院国资委研究室发表文章《坚持国企改革方向 规范推进国企改制》，认为目前我国社会主义市场经济体制还有待完善，国有资产价格缺乏合理有效的发现和形成机制；相关法

---

* MBO（Management-Buy Out），指企业管理层通过兼并交易直接参股，并占有一部分股权的做法。管理层收购在西方企业界是一种常见的产权变更手段，1990年之后逐渐被引入中国。

---

① 杨淦、邓聿文：《国有企业改革与国有资产管理》，北京：中国言实出版社，2003年版，第182页。

律法规体系还不健全，收购缺乏必要的法律依据和政策规范；合理的融资渠道还很欠缺，管理层承担的收购风险与其享有的收益不对称；企业的内外监控机制还不健全，实施管理层收购有可能加剧内部人控制的现象。因此提出"在我国目前情况下，国有及国有控股的大企业不宜实施管理层收购并控股"[①]，MBO试验就此停止。

第三节 管理层年薪制与股权激励改革

为了能够进一步刺激企业经营者，从1986年开始，有关部门开始着手制定企业管理人员的激励制度。该年11月，劳动人事部在无锡召开了工资改革会议，会上提出把企业经营者的收入与企业的生产效益挂钩。有的省市介绍了企业经营者收入分配的改革办法，如能达到国家级企业的标准，厂长（经理）的工资可以高于职工平均收入的2倍；还有省市表示，对任务完成好、经济效益较高的企业，由主管部门出面，按效益增长的情况对厂长（经理）给予相应的奖励。当然，这些省市也表示，如果厂长（经理）无法完成生产计划，要酌情扣减经营者的收入。[②] 1988年，国务院公布的《全民所有制工业企业承包经营责任制暂行条例》中，对企业厂长（经理）的工资收入作出了更为具体的规定，视其完成承包经营合同情况，允许拿到高于职工平均工资1—3倍的收入，贡献突出者

[①] 《坚持国企改革方向 规范推进国企改制》，国务院国资委网站，2004年9月29日。
[②] 谭中和等：《中国工资收入分配改革与发展（1978—2018）》，北京：社会科学文献出版社，2019年版，第50页。

还可以适当高一些,该条例也规定完不成承包经营合同时,应当扣减企业经营者的收入,直至只保留其基本工资的一半。

一、年薪制的设计:收入与业绩的挂钩

从20世纪90年代起,劳动部开始组织部分省市进行经营者年薪制的试点工作。1992年,上海市轻工业局选择英雄金笔厂、上海油墨厂和上海纸箱厂三家企业作为年薪制的试点单位,上海市劳动局还发布《企业经营者实行年薪制的试行意见》,规范年薪制的试点工作。深圳在1994年9月推出《试点企业董事长、总经理年薪制办法》,江苏、四川、河南等省份也随之跟上。到了1997年底,全国进行年薪制试点的企业超过10000家。

1999年9月,党的十五届四中全会通过《中共中央关于国有企业改革和发展若干重大问题的决定》(以下简称《决定》),为高素质的企业经营管理者进行"画像":思想政治素质好,认真执行党和国家的方针政策与法律法规,具有强烈的事业心和责任感;经营管理能力强,熟悉本行业务,系统掌握现代管理知识,具有金融、科技和法律等方面基本知识,善于根据市场变化作出科学决策;遵纪守法,廉洁自律,求真务实,联系群众。《决定》提出,要建立和健全国有企业经营管理者的激励和约束机制,"实行经营管理者收入与企业的经营业绩挂钩。把物质鼓励同精神鼓励结合起来,既要使经营管理者获得与其责任和贡献相符的报酬,又要提倡奉献精神,宣传和表彰有突出贡献者,保护经营管理者的合法权益。少数企业试行经理(厂长)年薪制、持有股权等分配方式,可以继续探索,及时总结经验,但不要刮风。要规范经营管理者的报酬,增加透明

度"①。这是年薪制和股票期权激励机制第一次正式出现在党中央的文件中。2001年公布的《中华人民共和国国民经济和社会发展第十个五年计划纲要》进一步提出，要提高国有企业高层管理人员、技术人员的工资报酬，充分体现他们的劳动价值，可以试行年薪制，对于国有上市公司负责人和技术骨干还可以试行期权制。②

这些改革的思路，都遵循了中央最新的分配制度改革精神，即确立劳动、资本、技术和管理等生产要素按贡献参与分配的原则，完善按劳分配为主体、多种分配方式并存的制度。生产要素是社会经济活动的必备条件，都参与了社会财富和新增价值的创造过程。在市场经济的条件下，生产要素的拥有者有权按照要素数量及在社会财富创造过程中所发挥的作用获得相应回报，如企业经营者从劳动中独立出来，通过分红、股权、期权溢价等形式获得报酬。

世纪之交在全国各地试点的年薪制，主要针对的是国有企业、国有独资公司及国有控股公司的厂长（经理），党委书记和董事长的年薪比照执行。年薪收入一般分为基本年薪和效益年薪两个部分。基本年薪按照企业和地区平均工资的一定倍数确定，效益年薪同经营者的管理业绩挂钩，考核的指标是国有资产保值增值率、资本收益率、利润实现情况等，同时还参考企业规模、职工人数、所在行业等各种因素。经营者除了获取年薪收入之外，不得再从本企业中取得其他津贴、奖金等报酬。年薪制的实施对经营者的经济

---

① 《中共中央关于国有企业改革和发展若干重大问题的决定》，北京：人民出版社，1999年版，第23-24页。
② 《中华人民共和国国民经济和社会发展第十个五年计划纲要》，北京：人民出版社，2001年版，第47页。

激励不言而喻，使经营者的收入不再局限于原有的统一工资标准，而是与企业经营效益直接挂钩，给经营者带来更符合市场价值的收入，调动了经营者的积极性和主动性。①

但是，也有一些地区出现"年薪制就是给厂长（经理）加工资"的情况，还有企业之间出现经营者收入攀比的现象，有的经营者甚至开始拿"天价薪水"。在年薪制试点之时，政策规定国有企业负责人年薪水平一般控制在本企业职工平均工资的3—5倍。但在1999年，36户中央企业董事长、总经理、党委（党组）书记平均年收入6.1万元，其中最高的经营者拿到21.3万元年薪，上海市国有企业经营者最高年薪达到99万元。②由于年薪制的试点还处于探索阶段，相关政策办法不规范、不系统，例如究竟哪些人可以采取年薪制没有统一规定，有的企业只允许厂长（经理）一人领取，有的企业则扩大至整个领导班子，甚至处长也可以拿年薪。

根据劳动和社会保障部所做的一项调查，2003年，国有和集体控股上市公司的经营者年平均收入已达到23.9万元与28.8万元。③2006年，123户中央企业负责人平均年薪37万元，是同期普通职工工资水平的6.4倍，年薪最高的企业负责人甚至达到职工收入的45.6倍。从1999年到2012年，中央非金融企业主要负责人年薪平均每年增长21.9%，比同期城镇单位在岗职工平均工资水平

---

① 廖永红：《我国企业年薪制的实施情况及若干亟待解决的问题》，《特区经济》，1998年07期。
② 张文魁、袁东明：《中国经济改革30年——国企改革卷（1978—2008）》，重庆：重庆大学出版社，2008年版，第106页。
③ 劳动和社会保障部劳动工资研究所：《我国企业薪酬热点问题剖析》，北京：中国劳动社会保障出版社，2007年版，第139页。

增长率高 7.6 个百分点。①

更重要的是，企业负责人薪酬并不能反映其真实业绩，所谓"业绩降、薪酬降"的情况基本未曾出现，一些亏损企业的负责人可以拿到一两百万元年薪。此外，多数企业的正职、副职之间没有拉开合理的收入差距，有的企业正副职之间只有不到10%的收入差距。企业高层之间收入分配的平均主义，使企业负责人的积极性没有被充分调动，企业为了能够负担高层的薪酬，在支出方面的压力可想而知。

为了进一步规范年薪制，2003年11月，国务院国资委发布《中央企业负责人经营业绩考核暂行办法》，将考核对象完整具体地表述出来。这一办法给出了薪酬管理考核的设计思路与基本原则，将管理层的薪酬收入与企业的业绩情况加以结合，并充分考虑管理层承担的风险责任，取得了较好的激励效果。

2009年，经国务院同意，人力资源和社会保障部等六部门联合发布《关于进一步规范中央企业负责人薪酬管理的指导意见》，要求国有企业负责人基本年薪依据企业经营难度、经营风险等因素，以上年度中央企业在岗职工平均工资的5倍为基数，结合薪酬调节系数确定，薪酬调节系数依据企业上年度总资产、净资产、主营业务收入、利润总额等，并参考从业人员规模、参与市场竞争程度、风险与成本控制等因素确定。②

---

① 杨黎明：《关于改革完善国企高管薪酬分配制度的再思考》，《中国党政干部论坛》，2014年06期。
② 项安波：《国企改革——理论、政策与实践》，北京：中国发展出版社，2019年版，第255–256页。

另外，由于国有企业的管理体制尚未进行彻底改革，而年薪制改革"一马当先"，出现了一系列后续问题，例如企业的经营效益究竟如何测量；怎样评判厂长（经理）完成生产任务；各项考核的评判标准之间如何设计基数；一旦厂长（经理）未能完成任务，怎样扣减其收入；等等。更何况职业经理人市场还没有建立，厂长（经理）仍属于任命性质，即使未能完成生产任务，也很难给予惩罚，或是由更称职的经营者来替代，而只能继续任用，导致监督机构的权责很不清晰。[1]

二、建立长效激励机制：股权激励制度的实施

进入 21 世纪，越来越多的企业尝试通过股权和期权溢价的形式，对企业经营者进行激励。推进股权激励制度在企业内实施，能够有效提高企业负责人和普通员工的积极性，提高企业的竞争力，实现国有资产的保值增值。而且，以往采取的各项激励制度，如利润留成、承包经营、奖金发放等，都属于短期激励，缺乏在中长期机制上进行激励。股权激励制度就是长效激励的重要组成部分。

2002 年起，有关部门相继制定了《中央企业负责人薪酬管理暂行办法》《中央企业负责人薪酬管理暂行办法实施细则》《关于国有高新技术企业开展股权激励试点工作指导意见的通知》等文件，规范企业负责人的薪酬结构，对国有上市公司股权激励方式做了较为详细的规定，鼓励高新技术企业积极探索对科技骨干进行股权激

---

[1] 陈守海：《实施企业经营者年薪制的难点及对策》，《劳动理论及实践》，1998 年 09 期。

励。奖励股权是指企业按照一定的净资产增值额，以股权的方式奖励给对企业的发展作出突出贡献的管理和技术人员；股权出售是指根据对企业的贡献大小，按一定的价格系数出售给有关人员；技术折股是指允许技术人员以个人拥有的专利技术或非专利技术作价折合为一定数量的股份。上述文件还提出，用于奖励股权和以价格系数体现的奖励总额之和，不得超过企业近三年税后利润形成的净资产增值额的35%。[①]而在2006年9月国务院国资委发布的《国有控股上市公司（境内）实施股权激励试行办法》和2008年10月国务院国资委、财政部发布的《关于规范国有控股上市公司实施股权激励制度有关问题的通知》中，则进一步提出国有控股上市公司实施股权激励的方式，具备的条件和遵循的原则，股权激励计划的拟订、申报、考核和管理等，并要求完善股权激励的业绩考核体系，合理控制股权激励的收益水平。

股权激励制度的正向效果在于有力地推进了国有企业股份制改革，进一步完善了国有企业的公司治理结构，健全了内部控制制度和绩效考核体系，制定了符合市场经济和现代企业制度要求的劳动用工与薪酬福利制度。同时，股权激励制度实现了激励对象与企业利益的统一，有效激励对象积极开展工作。但是，股权激励制度的实行仍然存在一些明显问题。最直接的一点是，对于股权激励获授者的绩效考核要求不够明确细致，造成只要是董事、监事、经理等高管，就能够凭借职务获得股权激励，未能充分体现按照管理要素和个人实际业绩获取股权激励的原则，容易出现高管套利自肥的现

---

① 谭中和等：《中国工资收入分配改革与发展（1978—2018）》，北京：社会科学文献出版社，2019年版，第117–120页。

象。尽管后续文件多次强调要对获授股权的激励者进行相应的绩效考核,细化了实施程序,并作出了对拟为激励对象的股东或与激励对象存在关联关系的股东应当回避表决的规定,但上述问题依然未能彻底解决。

2014年的《政府工作报告》中明确提出,要加强和改进国有企业负责人薪酬管理。国务院常务会议对中央管理企业负责人薪酬制度改革进行了专题研究。2014年11月,党中央、国务院深化中央管理企业负责人薪酬制度改革,制定相关意见。财政、国资及各有关企业主管部门先后出台一系列对国有企业负责人薪酬进行规范的政策文件。国务院、财政部、银监会、保监会等中央部门对所监管企业也出台了负责人薪酬管理办法或实施方案。至此,国有企业负责人薪酬过快增长势头得到进一步抑制,部分经营者偏高的薪酬得以降低,合理有序的收入分配格局逐步形成,有助于强化国有企业负责人的政治责任和社会责任,更好地发挥国有企业对其他各类企业乃至全社会的引领示范作用。

关于如何激发企业重点人群的积极性和创造性,当前政策的整体走向是完善国有企业经营管理人员激励方式,采取多种方式探索完善中长期激励机制,消除各种隐性壁垒,坚持依法平等保护,增加普惠性政策,促进公平竞争等。这些激励措施在理论上面临的最大问题是,企业经营者的性质究竟算什么,是"企业家"、"职业经理人"还是"政府官员"。有些学者明确表示,国有企业的经营者不能称为"企业家",理由是国有企业经营者多由政府行政任命,还与行政官员之间进行角色互换,并不具备企业家应有的知识结构和创新能力。①但需要指出的是，国有企业的企业属性决定了其必须以创造经济效益、资产保值增值、提高劳动生产率、降低人工成本、提升市场竞争力为主要目标，在这一点上，经营者也负有企业家的重要使命，需要具备资产管理的专业性。如何根据国有企业的多元化发展方向，为企业经营者设计合理的激励机制，进而从经营能力和政策执行力方面构建"国有企业的企业家"模型，这是相关理论研究者今后需要重点关注的问题。②

---

① 杨春学：《国有企业"企业家"选拔方式的经济学思考》，《中国工业经济》，2002年07期。
② 戴锦：《国有企业的性质》，北京：经济科学出版社，2016年版，第214页。

第四章
新时代的全面深化改革
（2012年迄今）

▼

2012年11月，党的十八大召开，中国进入全面深化改革的新时代，国企国资改革在分类改革的框架下，积极推进混合所有制改革、国有资本管理体制和国有经济战略性调整，非公经济随着营商环境的不断完善、垄断行业改革的深入以及混合所有制改革的步伐加快，也取得了快速发展。国家出台了一系列关于深化国有企业改革的政策文件，逐步形成"1+N"的全面深化国有企业改革的政策体系，全面深化改革的各项任务稳步推进。

第一节　分类改革的制度设计

国有企业的分类改革并非新鲜事物。1995年，当国企改革尚处于"抓大放小"阶段，就有学者提出，按照企业规模、功能定位、经营状况等标准，将国有企业进行分类管理。2013年11月，党的十八届三中全会通过《中共中央关于全面深化改革若干重大问题的决定》，指出"准确界定不同国有企业功能。国有资本加大对公益性企业的投入，在提供公共服务方面作出更大贡献。国有资本继续控股经营的自然垄断行业,实行以政企分开、政资分开、特许经营、政府监管为主要内容的改革,根据不同行业特点实行网运分开、放开竞争性业务,推进公共资源配置市场化,进一步破除各种形式的行政垄断"[1]。这既是对之前国企分类探索的肯定,也为之后的改革道路提供指引。

一、国有企业分类改革的主要目标

2013年11月,有学者具体表达了对国有企业分类改革的设想:"在新时期,国有企业改革的主要目标,绝不是通过国有企业私有化、民营化最终消灭国有企业,也不仅仅是围绕国有资产保值增值建立激励机制以追求国有资产自身发展壮大,而应是建立有效的制度基础,保证国有经济追求'国家使命导向'的发展。围绕这个目标,解决国有经济现在面临的'盈利性使命'和'公共性使命'冲突成为新时期国有企业改革的重要任务。这要求突破那种将国有经济看作'铁板一块'的认知观念,引入分类治理的工作思路。应将国有经济部门区分出公共政策性、特定功能性和一般商业性三类。为它们分别构造不同的治理机制"[2]。这一设想与之后中央文件关于国有企业分类的设计十分接近,可以说,在国企分类改革的问题上,各方达成共识。

---

[1]《中共中央关于全面深化改革若干重大问题的决定》,北京:人民出版社,2013年版,第10页。
[2] 黄群慧、余菁:《新时期的新思路:国有企业分类改革与治理》,《中国工业经济》,2013年11期。

2015年8月，中共中央、国务院《关于深化国有企业改革的指导意见》（以下简称《指导意见》）提出，到2020年，国企改革的主要目标是"在国有企业改革重要领域和关键环节取得决定性成果，形成更加符合我国基本经济制度和社会主义市场经济发展要求的国有资产管理体制、现代企业制度、市场化经营机制，国有资本布局结构更趋合理，造就一大批德才兼备、善于经营、充满活力的优秀企业家，培育一大批具有创新能力和国际竞争力的国有骨干企业，国有经济活力、控制力、影响力、抗风险能力明显增强"。[①]《指导意见》的核心内容是，根据国有资本的战略定位和发展目标，结合不同国有企业在经济社会发展中的作用、现状和发展需要，将国有企业分为商业类和公益类。通过界定功能、划分类别，实行分类改革、分类发展、分类监管、分类定责、分类考核，提高改革的针对性、监管的有效性、考核评价的科学性，推动国有企业同市场经济深度融合，促进国有企业经济效益和社会效益有机统一。

其中，商业类国有企业按照市场化要求实行商业化运作，以增强国有经济活力、放大国有资本功能、实现国有资产保值增值为主要目标，依法独立自主开展生产经营活动，实现优胜劣汰、有序进退。根据主业领域又可分为"主业处于充分竞争行业和领域的商业类国有企业"和"主业处于关系国家安全、国民经济命脉的重要行业和关键领域、主要承担重大专项任务的商业类国有企业"。前者原则上都要实行公司制股份制改革，积极引入其他国有资本或各

[①]《中共中央 国务院关于深化国有企业改革的指导意见》，《中华人民共和国国务院公报》，2015年27期。

类非国有资本，实现股权多元化。国有资本可以绝对控股、相对控股，也可以参股，并着力推进整体上市。对这些国有企业，重点考核经营业绩指标、国有资产保值增值和市场竞争能力；后者要保持国有资本控股地位，支持非国有资本参股。

公益类国有企业以保障民生、服务社会、提供公共产品和服务为主要目标，引入市场机制，提高公共服务效率和能力。这类企业可以采取国有独资形式，具备条件的也可以推行投资主体多元化，还可以通过购买服务、特许经营、委托代理等方式，鼓励非国有企业参与经营。由于国有企业类型的差异，考核方式也有显著不同。针对商业类国有企业，要在考核经营业绩指标和国有资产保值增值情况的同时，加强对服务国家战略、保障国家安全和国民经济运行、发展前瞻性战略性产业以及完成特殊任务的考核；针对公益类国有企业，重点考核成本控制、产品服务质量、营运效率和保障能力。根据企业不同特点有区别地考核经营业绩指标和国有资产保值增值情况，考核中要引入社会评价。

二、"1+N"政策体系建设：主体制度框架的确立

2015年之后，中央逐步下发22个配套文件，形成以《关于深化国有企业改革的指导意见》为中心、其他政策文件为配套的"1+N"政策体系，新时期全面深化国有企业改革的主体制度框架初步确立。为了能够更深层次、更大力度地推动国有企业深化改革，保证改革政策落地见效，国务院国有企业改革领导小组选取百余户中央企业子企业和百余家地方国有骨干企业，实施国企改革"双百行动"，利用2018—2020年的三年时间，全面落实"1+N"

政策要求。通过"双百行动","1+N"文件在政策取向上相互配合,在实施过程中相互促进,在实际成效上相得益彰,对推动基层的改革实践发挥了很好的引领、促进和指导作用,企业规模不断扩大、实力不断增强、经济效益大为改善。"N"文件包括:

1. 分类推进国有企业改革

《关于国有企业功能界定与分类的指导意见》

《关于完善中央企业功能分类考核的实施方案》

2. 完善现代企业制度

《关于进一步完善国有企业法人治理结构的指导意见》

《关于开展市场化选聘和管理国有企业经营管理者试点工作的意见》

《关于深化中央管理企业负责人薪酬制度改革的意见》

《关于合理确定并严格规范中央企业负责人履职待遇、业务支出的意见》

3. 完善国有资产管理体制

《关于改革和完善国有资产管理体制的若干意见》

《关于推动中央企业结构调整与重组的指导意见》

4. 发展混合所有制经济

《关于国有企业发展混合所有制经济的意见》

《关于鼓励和规范国有企业投资项目引入非国有资本的指导意见》

《关于国有控股混合所有制企业开展员工持股试点的意见》

5. 强化监督防止国有资产流失

《关于加强和改进企业国有资产监督 防止国有资产流失的意见》

《关于建立国有企业违规经营投资责任追究制度的意见》

《企业国有资产交易监督管理办法》

《上市公司国有股权监督管理办法》

《关于进一步加强和改进外派监事会工作的意见》

6．加强和改进党对国有企业的领导

《关于在深化国有企业改革中坚持党的领导加强党的建设的若干意见》

7．为国有企业改革创造良好环境

《关于支持国有企业改革政策措施的梳理及建议》

《关于印发加快剥离国有企业办社会职能和解决历史遗留问题工作方案的通知》

在上述文件中，《关于完善中央企业功能分类考核的实施方案》（以下简称《实施方案》）对国有企业分类改革的推动作用最为明显。《实施方案》根据国有资本的战略定位和发展目标，结合不同国有企业在经济社会发展中的作用现状，将中央企业划分为商业一类企业、商业二类企业、公益类企业。2018年，针对国有资本投资、运营公司和公益类企业的功能界定和分类工作全部完成。

在国有企业分类管理的基础上，中央逐步着手对国有资产管理机制进行调整。2018年7月，国务院印发《关于推进国有资本投资、运营公司改革试点的实施意见》，对国有资产的功能定位、组建方式、授权机制、治理结构、运行模式等内容加以说明，目的是通过改组组建国有资本投资、运营公司，构建国有资本投资、运营主体，改革国有资本授权经营体制，完善国有资产管理体制，实现国有资本所有权与企业经营权分离，实行国有资本市场化运作。

从功能结构定位上，经营性国有资产管理建立起一个有三层结构的完整框架。第一层是国有资产监管机构（国务院国资委及各省级国资委），第二层是国有资本投资运营公司，第三层是商业类和公益类企业。第一层的国有资产监管机构对经营性国有资产的管理从"管资产、管人和管事相结合"转变为"管资本为主、不管第三层"，对第二层行使股东会权力；第二层不设股东会，设董事会，执行董事和外部董事由监管机构委派，董事长由监管机构指定。国有资产监管机构作为政府部门，将和第三层的企业完全隔离，国资监管机构直接考核投资运营公司，投资运营公司通过股权以股东身份参加第三层公司治理。

具体而言，第二层国有资本投资运营公司作为国有资本市场化运作的专业平台，以资本为纽带、以产权为基础，依法自主开展国有资本运作，不从事具体生产经营活动。国有资本投资运营公司对所持股企业行使股东职责，维护股东合法权益，以出资额为限承担有限责任，按照责权对应原则切实承担优化国有资本布局、提升国有资本运营效率、实现国有资产保值增值等责任。国有资本投资运营公司主要以服务国家战略、优化国有资本布局、提升产业竞争力为目标，在关系国家安全、国民经济命脉的重要行业和关键领域，按照政府确定的国有资本布局和结构优化要求，以对战略性核心业务控股为主，通过开展投资融资、产业培育和资本运作等，发挥投资引导和结构调整作用，推动产业集聚、化解过剩产能和转型升级，培育核心竞争力和创新能力、积极参与国际竞争，着力提升国有资本控制力、影响力。国有资本投资运营公司主要以提升国有资本运营效率、提高国有资本回报为目标，以财务性持股为主，通过股权运作、基金投资、培育孵化、价值管理、有序进退等方式，盘活国有资产存量，引导和带动社会资本共同发展，实现国有资本合理流动和保值增值。

第二节　资本整合和国企重组

企业重组是国有经济布局和结构调整的重要载体和实施路径。关于企业之间的整合重组，最早的构想可以追溯到改革开放初期的"企业集团"。1986年3月，国务院印发《关于进一步推动横向经济联合若干问题的规定》，要求通过企业之间的横向经济联合逐步形成新型的经济联合组织，发展一批企业群体或企业集团。[①] 企业集团的模式得到了有关部门的肯定和支持，以一个大型企业为核心，逐步形成紧密层、半紧密层和松散层等多层次结构的企业集团。但是，由于企业集团缺乏产权联系，难以做到规范化管理，1990年之后，企业集团的试点进入低潮。

一、国有企业战略性重组的必要性

随着国企"三年脱困"行动的顺利推进，一些长期亏损的重点难点企业得以脱困，或通过破产重组的形式调整优化了经济结构，这使得国有企业战略性重组成为可能。1999年9月，党的十五届四中全会通过的《中共中央关于国有企业改革和发展若干重大问题的决定》提出，"坚持'抓大放小'。要着力培育实力雄厚、竞争力强的大型企业和企业集团，有的可以成为跨地区、跨行业、跨所

[①]《国务院关于进一步推动横向经济联合若干问题的规定》，北京：法律出版社，1986年版，第2页。

有制和跨国经营的大企业集团"[1]。2003年10月，党的十六届三中全会通过的《中共中央关于完善社会主义市场经济体制若干问题的决定》重申，"增强国有经济的控制力。其他行业和领域的国有企业，通过资产重组和结构调整，在市场公平竞争中优胜劣汰。发展具有国际竞争力的大公司大企业集团"[2]。

2001年，国务院办公厅印发《关于发展具有国际竞争力的大型企业集团的指导意见》，要求通过引导企业集团积极参与国内外市场竞争，努力发展一批具备以下特征的重点大型企业集团，即技术创新能力强，主业突出，拥有知名品牌和自主知识产权；市场开拓能力强，有健全的营销网络，拥有持续的市场占有率；经营管理能力强，有适应国际化经营的优秀管理人才队伍和现代化管理手段；劳动生产率、净资产收益率等主要经济指标达到国际同行业先进水平；规模经济效益好，具有持续的盈利能力和抗御风险能力。[3]随着这一指导意见的落实，能源、电力、电信等重点行业出现了一批具有较大规模和较强技术能力的大型企业集团。2006年12月，国务院国资委发布《关于推进国有资本调整和国有企业重组的指导意见》，提出推进国有资本向关系国家安全和国民经济命脉的重要行业和关键领域集中，改善国有资本分布过宽、过散的局面，推动企业内母子公司重组、企业突出主业的兼并重组、旨在做

---

[1]《中共中央关于国有企业改革和发展若干重大问题的决定》，北京：人民出版社，1999年版，第9页。
[2]《中共中央关于完善社会主义市场经济体制若干问题的决定》，北京：人民出版社，2003年版，第14页。
[3]《国务院办公厅转发国家经贸委等部门关于发展具有国际竞争力的大型企业集团指导意见的通知》，《中华人民共和国国务院公报》，2002年01期。

大做强的重组。①这一阶段，电信、电力、民航等行业企业立足于做强做大优势产业，陆续进行改革重组。各地通过与中央企业、外省市国有企业、外资民营企业等联合重组、整合本地产业等多种方式，拓宽合作的领域和范围，积极探索在全国范围内国有资本优化配置的新途径和新模式。这两个文件的提出，为国有资本调整和国有企业重组提供了路线图。

但是，从整体情况来看，国有经济的分布仍然过宽，企业大小参差不齐，效益利润差距悬殊。相当数量的国有资本并不处于关系国家安全和国民经济命脉的重要行业和关键领域，一些企业的主业不够突出，子企业层级数量过多，导致企业核心竞争力不强。实现国有资产保值增值的责任，要求国务院国资委从战略上考虑国有经济布局和结构的调整，推动国有企业特别是中央监管企业的改组重组。随后，国务院国资委规划发展局提交了研究报告《中央企业国有经济布局与结构调整的思考》，提出推动国有经济"四个集中、五个优化"央企布局和结构调整的思路。其中"四个集中"指的是推动国有经济向关系国家安全和国民经济命脉的重要行业和关键领域集中、向具有竞争优势的行业和未来可能会形成主导产业的领域集中、向具有较强国际竞争力的大公司和大企业集团集中、向企业主业集中；"五个优化"指的是优化国有资本在有关行业和领域的分布、优化国有资本在产业内部的分布、优化国有资本在区域间的分布、优化国有资本在企业间的分布、优化国有资本在企业内部的

---

① 《国务院办公厅转发国资委关于推进国有资本调整和国有企业重组指导意见的通知》，《中华人民共和国国务院公报》，2007 年 03 期。

分布。① 在"四个集中、五个优化"的思路引导下,国企的行业重组和结构布局进入了快车道,企业数量明显减少,规模实力显著提升。

二、强强联合:市场竞争力的全面提升

2013年11月,习近平总书记在全国国有企业党的建设工作会议上指出,"要坚持有利于国有资产保值增值、有利于提高国有经济竞争力、有利于放大国有资本功能的方针,推动国有企业深化改革、提高经营管理水平,加强国有资产监管,坚定不移把国有企业做强做优做大"②,由此进一步提高了国有企业的整合力度。至2018年1月,国务院国资委共完成了19组36家中央企业重组。中央企业由5年前的116家调整至97家,各省级国资委出资企业开展了171组重组整合。③ 这些重组整合既有集团方面的战略重组,也有专业化的重组,其目标是优化国有资本布局结构,使国有经济的分布领域更为合理,提升央企所从事专业的效率能力,为国有企业在供给侧结构性改革过程中发挥引领与带动作用打下良好的基础。

为加快实现以管资本为主加强国有资产监管,2014年起,国资委开始加大简政放权的力度,主动取消下放一批监管事项,探索出资人监管事项清单制度。2015年,国务院国资委全面梳理工作职能,围绕管好国有资本布局、规范国有资本运作、提高国有资本

---

① 王晓齐:《中央企业国有经济布局与结构调整的思考》,《国有资产管理》,2004年10期。
② 《习近平在全国国有企业党的建设工作会议上强调:坚持党对国企的领导不动摇》,新华网,2016年10月11日。
③ 韩保江主编:《中国经济体制改革发展史》,石家庄:河北人民出版社,2018年版,第542页。

回报、维护国有资本安全，全面清理规章规范性文件，宣布废止和失效33件。积极探索建立出资人监管权力清单和责任清单，简政放权力度进一步加大。根据《中共中央、国务院关于深化国有企业改革的指导意见》《国务院关于改革和完善国有资产管理体制的若干意见》有关要求，国务院国资委制定了《国务院国资委以管资本为主推进职能转变方案》，由国务院办公厅于2017年4月27日印发并实施，强化3项管资本职能，精简43项监管事项，其中取消26项，下放9项，授权8项，完成对现行28件规章、250件规范性文件的全面清理工作。修订发布《中央企业投资监督管理办法》《中央企业境外投资监督管理办法》，试行投资项目负面清单管理制度，天津、内蒙古等12个地方出台职能转变方案。

党的十八大以来，随着改革的不断深入，国企改革红利逐渐释放，成效日趋明显，国有企业的集团化管控能力不断提升，企业运行质量和效率、发展活力和动力不断提升，涌现出一大批具有很强市场竞争力的国有企业。截至2017年底，全国国资监管系统企业资产总额达到160.5万亿元，其中中央企业资产接近55万亿元。2018年7月，《财富》发布的世界500强榜单，有120家中国企业上榜，其中包括82户国有企业，国务院国资委监管的央企则有48户，并占据榜单前四名中的三席（国家电网公司、中国石油化工集团公司、中国石油天然气集团公司）。[1]不少国有企业已迈进或接近世界一流企业阵营，在载人航天、深海探测、高速铁路、智能电网等领域取得了不少具有世界水平的重大科技创新成果，掌握了一批

---

[1] 汪海波、刘立峰：《中国经济70年》，山西：山西经济出版社，2019年版，第531页。

关键核心技术。同时，央企公司制改制基本完成，治理结构更完善，资产负债率稳步下降。

对于强强联合、优势互补、吸收合并、共建共享的工作成效，中央多次表示认可。中共中央、国务院《关于深化国有企业改革的指导意见》中提到，"国有资本配置效率显著提高，国有经济布局结构不断优化、主导作用有效发挥，国有企业在提升自主创新能力、保护资源环境、加快转型升级、履行社会责任中的引领和表率作用充分发挥"，要"改组组建国有资本投资、运营公司，探索有效的运营模式，通过开展投资融资、产业培育、资本整合，推动产业集聚和转型升级，优化国有资本布局结构；通过股权运作、价值管理、有序进退，促进国有资本合理流动，实现保值增值"。[1] 党的十九大报告进一步强调，"完善各类国有资产管理体制，改革国有资本授权经营体制，加快国有经济布局优化、结构调整、战略性重组，促进国有资产保值增值，推动国有资本做强做优做大，有效防止国有资产流失"[2]。

第三节　混合所有制改革

混合所有制经济主要指在同一经济组织或经济体中，不同性质

---

[1] 《中共中央 国务院关于深化国有企业改革的指导意见》，《中华人民共和国国务院公报》，2015 年 27 期。
[2] 习近平：《决胜全面建成小康社会 夺取新时代中国特色社会主义伟大胜利——在中国共产党第十九次全国代表大会上的报告》，北京：人民出版社，2017 年版，第 33 页。

的产权主体通过控股、参股、并购重组、合资合作等不同方式进行整合，实现多元化投资、相互贯通、相互融合、相互渗透的新的多元化的产权配置结构和经济组织形式。混合所有制改革，从宏观上来说是公有制经济和非公有制经济的并存；在微观层面，就是各类所有制资本在企业内部的相互融合，即产权结构呈现多种资本相互交融的态势。

一、混合所有制的实践：突破"公"、"私"的界限

混合所有制的设计，也是从企业的实践开始的。改革开放初期的十年内，不少企业横向联合、构建集团，已经初步形成了混合所有制的雏形。多种经济成分并存于一个企业内部是可行的，这种以公有制为主体的混合经济符合社会主义的制度特性。1992年，党的十四大报告提到，鼓励不同经济成分之间可以"联合经营"。1997年，党的十五大报告中提到，"要全面认识公有制经济的含义。公有制经济不仅包括国有经济和集体经济，还包括混合所有制经济中的国有成分和集体成分"。"公有制实现形式可以而且应当多样化。一切反映社会化生产规律的经营方式和组织形式都可以大胆利用。要努力寻找能够极大促进生产力发展的公有制实现形式"[1]。这是中央文件首次提出"混合所有制"的概念。这一提法突破了"公"与"私"的框架，将社会主义初级阶段以公有制为主体、

---

[1] 江泽民：《高举邓小平理论伟大旗帜 把建设有中国特色社会主义事业全面推向二十一世纪——在中国共产党第十五次全国代表大会上的报告》，北京：人民出版社，1997年版，第23-24页。

多种所有制共同发展的所有制理论从宏观引入微观。

1999年9月,党的十五届四中全会通过《中共中央关于国有企业改革和发展若干重大问题的决定》,提出"积极探索公有制的多种有效实现形式。国有资本通过股份制可以吸引和组织更多的社会资本,放大国有资本的功能,提高国有经济的控制力、影响力和带动力。国有大中型企业尤其是优势企业,宜于实行股份制的,要通过规范上市、中外合资和企业互相参股等形式,改为股份制企业,发展混合所有制经济,重要的企业由国家控股"[1]。2005年,国务院印发的《关于鼓励支持和引导个体私营等非公有制经济发展的若干意见》提出,鼓励非公有制经济参与国有经济结构调整和国有企业重组,大力发展国有资本、集体资本和非公有资本等参股的混合所有制经济。[2]

混合所有制改革的推进,在2013年之后进入了快车道。2013年11月,党的十八届三中全会通过《中共中央关于全面深化改革若干重大问题的决定》,提出"积极发展混合所有制经济。国有资本、集体资本、非公有资本等交叉持股、相互融合的混合所有制经济,是基本经济制度的重要实现形式,有利于国有资本放大功能、保值增值、提高竞争力,有利于各种所有制资本取长补短、相互促进、共同发展"[3]。这是新形势下坚持公有制主体地位,增强

---

[1]《中共中央关于国有企业改革和发展若干重大问题的决定》,北京:人民出版社,1999年版,第8页。
[2]《国务院关于鼓励支持和引导个体私营等非公有制经济发展的若干意见》,《中华人民共和国国务院公报》,2005年10期。
[3]《中共中央关于全面深化改革若干重大问题的决定》,北京:人民出版社,2013年版,第8-9页。

国有经济活力、控制力、影响力的一个有效途径和必然选择。完善国有资产管理体制，以管资本为主加强国有资产监管，改革国有资本授权经营体制；国有资本投资运营要服务于国家战略目标，更多投向关系国家安全、国民经济命脉的重要行业和关键领域，重点提供公共服务、发展重要前瞻性战略性产业、保护生态环境、支持科技进步、保障国家安全；划转部分国有资本充实社会保障基金；提高国有资本收益上缴公共财政比例，更多用于保障和改善民生。

2015年，国务院印发《关于国有企业发展混合所有制经济的意见》（以下简称《意见》），提出了国有企业混合所有制改革要分类分层推进，具体内容包括稳定推进主业处于充分竞争行业和领域的商业类国有企业混合所有制改革，有效探索主业处于重要行业和关键领域的商业类国有企业混合所有制改革，引导公益类国有企业规范开展混合所有制改革。同时，《意见》还鼓励各类资本参与国有企业混合所有制改革，建立健全混合所有制企业治理机制。① 2016年2月，根据国务院国有企业改革领导小组的决定，国资委宣布在此前"四项改革"*的基础上，开展十项改革试点。除了落实董事会职权试点、市场化选聘经营管理者试点、推行职业经理人制度试点、关于企业薪酬分配差异化改革试点、关于国有资本投资、运营公司试点、关于中央企业兼并重组试点、关于国有企业信息公开工作试点、关于剥离国有企业办社会职能和解决历史遗留问题试点之外，有两项试点与混合所有制改革直接相关：1. 关于部分重要领域混合所有制改革试点，主要包括电力、石油、天然

* "四项改革"是指发展混合所有制经济试点，改组国有资本投资公司试点，董事会行使高级管理人员选聘、业绩考核和薪酬管理职权试点，派驻纪检组试点。

---

① 《国务院关于国有企业发展混合所有制经济的意见》，《中华人民共和国国务院公报》，2015年29期。

气、铁路、民航、电信、军工等领域引入非国有资本，形成多元化投资格局，形成有利于市场竞争的治理结构和运行机制；2. 关于混合所有制企业员工持股试点，探索员工持股的基础方式，以及员工该如何转股退股等问题，确保员工持股公开透明。持股员工应是在关键岗位工作并对公司经营业绩和持续发展有直接或较大影响的经营管理人员、科研人员和业务骨干。国务院国资委选择中央企业层面的 10 家子企业，并指导各省市分别选择 10 家企业开展试点。

2016 年，国有企业混合所有制改革启动实施第一批试点。2017 年，两批（19 家）中央企业混合所有制改革试点的重点任务逐步落地，国务院国企改革领导小组审议通过了第三批试点名单，涉及电力、石油、天然气、军工等重要行业和领域，且名单中首次出现了地方国有企业。截至 2017 年 9 月，全国国有企业公司制改制面达 90%以上，中央企业各级子企业公司制改制面达 92%，超过 2/3 的中央企业已经或者正在引入各类社会资本，推进股权多元化。各层级企业混改的数量占到全部中央企业的 68.9%，地方国有企业中混改的企业数量也达到 47%。[①]

这一时期混合所有制的改革，最大的特征是鼓励民营企业依法进入更多领域，引入非国有资本参与国有企业改革，实现产权多元化，更好激发非公有制经济活力和创造力。党的十八届三中、四中、五中全会推出了一系列扩大非公有制企业市场准入、平等发展的改革举措，包括鼓励发展非公有资本控股的混合所有制企业，各类市场主体可依法平等进入负面清单之外领域，允许更多国有经济

---

① 岳清唐：《中国国有企业改革发展史（1978—2018）》，北京：社会科学文献出版社，2018 年版，第 161 页。

和其他所有制经济发展成为混合所有制经济，国有资本投资项目允许非国有资本参股，允许具备条件的民间资本依法发起设立中小型银行等金融机构，允许社会资本通过特许经营等方式参与城市基础设施投资和运营，鼓励社会资本投向农村建设，允许企业和社会组织在农村兴办各类事业等。尤其是鼓励国有资本、集体资本、非公有资本等交叉持股、相互融合，成为这一阶段的改革亮点。截至 2017 年底，在电力、石油石化、电信、航空、军工等领域确定的 3 批 50 家试点企业中，已开展混合所有制改革的户数占比达 68.9%。[①] 超过 2/3 的中央企业已经或者正在引入各类社会资本、推进股权多元化。2020 年，中央企业各级企业新增混合所有制企业超过 1000 户，对外参股的企业已有 5000 余家。[②]

二、如何避免"为混而混"与"一股独大"

通过混合所有制的改革，国有企业的股权结构发生重大改变，外部资本的加入也给企业带来重要的推动力量，有助于企业升级设备、改善人才质量、获得更多的市场资源，还有利于解决长期以来困扰国企的管理体制僵化、产权不清晰等问题。不少学者的研究表明，混合所有制改革之后，民营企业的参股客观上为国企的管理体制带来活力，改善企业绩效，明晰产权所有，保障政策措施灵活高效，从而达到企业治理公开化、透明化的目的。同时，混合所有制改

---

① 本书编写组：《国企改革若干问题研究》，北京：中国经济出版社，2017 年版，第 154 页。
② 刘志强：《国企改革推向纵深活力大增》，《人民日报》，2020 年 1 月 8 日。

革也能够扩大民营经济的发展空间。民营企业有了公有制经济为依托和基础，更容易得到市场认可和银行授信，便于发挥产业结合的优势，博得资本的青睐，把握更多市场机会，打造创新商业模式，重塑企业价值。企业也更容易在风险低的前提下，全面优化企业内部结构，改善人员管理制度，实现战略协同、优势互补的全新格局。

混合所有制是国有企业改革真正触及产权层面的一种实践，对于完善我国基本经济制度意义非凡。这种改革有助于国企更好地融入市场经济体系。近年来，混合所有制经济综合国有企业技术、资金优势和私有资本的经营效率，发展迅速，在促进经济发展方面也发挥了越来越重要的作用，显示出旺盛的生命力。这一点在中央文件中也多次得到认可。党的十九大提出，要发展混合所有制经济，培育具有全球竞争力的世界一流企业，即以混合所有制改革为途径，达到培育世界一流企业的目标，可见中央对发展混合所有制经济寄予厚望。《中华人民共和国国民经济和社会发展第十四个五年规划和2035年远景目标纲要》更是强调，按照完善治理、强化激励、突出主业、提高效率的要求，深化国有企业混合所有制改革，深度转换经营机制，对混合所有制企业探索实行有别于国有独资、全资公司的治理机制和监管制度。[①] 对于此前近十年的混合所有制改革，应当进行针对性的经验总结，包括对国有独资、国有绝对控股和国有相对控股的规定加以细化，逐步打破民营资本的制度壁垒，弱化国有企业在融资、补贴、上市、利润分配等方面的优势地位，对国有资本和非国有资本实施更加平等的保护，切实保障产权

---

① 《中华人民共和国国民经济和社会发展第十四个五年规划和2035年远景目标纲要》，北京：人民出版社，2021年版，第57页。

人依法享有与其出资相对应的权益，使各类所有制经济公平竞争、共同发展的基础更加稳固，产权交易更为顺畅，体制机制更加完善。另外，国有企业在我国几乎涉及所有行业和领域，但并非所有国有企业都适合进行混改。原则上，只有具备充分竞争性的国有企业才能发展混合所有制，而公益类国有企业、自然垄断性国有企业和不可再生的稀缺自然资源开发类国有企业不适合引入民营资本进行混改。因此，应当明确适合引入非国有资本的国有企业类型和范围，使混改真正达到目的。

第四节　中国特色现代企业制度建设

改革开放之后，为了提升企业的经营活力，中央提出调整企业管理模式的设想，也就是将之前的"党委领导下的厂长负责制"改为"厂长负责制"。1982年，《国营工厂厂长工作暂行条例》指出，党委要把工厂的生产经营活动交给厂长统一指挥，全面负责，工厂党委要支持和保障以厂长为首的全厂统一的生产经营指挥系统行使职权。[1]《中国共产党全民所有制工业企业基层组织工作条例》指出，企业党组织主要是思想政治领导，起保证监督作用；企业生产经营决策、日常工作、人事任免均由厂长（经理）决定。[2] 党的十三大报告进一步指出，企业党组织的作用是保证监督，不再对本

---

[1] 《国营工厂厂长工作暂行条例》，北京：法律出版社，1982年版，第2页。
[2] 《中国共产党全民所有制工业企业基层组织工作条例》，《中华人民共和国国务院公报》，1987年01期。

单位实行"一元化"领导,而应支持厂长(经理)负起全面领导责任。厂长(经理)在企业中的权力得以提升。企业虽然设立了管理委员会,但主要就企业经营管理中的重大问题协助厂长(经理)决策,党委对厂长(经理)的监督制约十分有限。

一、现代企业制度与坚持党的领导的有机结合

对于在市场经济的环境下如何经营国有企业,学术界产生一定的分歧。有观点认为,既然要建立现代企业制度,那就应该以西方的国有企业管理模式为发展方向,后者是没有党组织存在的,甚至认为党组织和现代企业制度是对立或割裂的,认为党建弱化恰恰是适应市场经济的必然结果。这一观点对中国特色现代企业制度缺乏基础性的认识。中国国有企业的公司治理不能完全照搬西方企业市场化的做法,而是需要根据中国特有的国情展开,其中重要的特征就是坚持党的领导,探索将企业党组织内嵌到公司治理的有效方式,明确和落实党组织在公司法人治理结构中的法定地位,将党管干部原则与董事会依法选择经营者有机结合起来,做到组织落实、干部到位、职责明确、监督严格。有学者指出,中国特色的现代企业制度"是一种把公有制和市场经济有机结合的企业制度",因此"那种认为西方企业制度中没有党组织,因而我们所要建立的现代企业制度中也不必设立党的基层组织,更不必坚持党管干部原则的观点,脱离了中国国情,忽略了社会主义市场经济的特色"[1]。

---

[1] 曾宪章主编:《现代企业制度与企业人事管理》,济南:山东人民出版社,1996年版,第65页。

关于这一问题,中央从政策上逐步加以调整改进。1993年11月,党的十四届三中全会提出,实行公司制的企业,要按照有关法规建立内部组织机构。企业中党组织要发挥政治核心作用,保证监督党和国家方针政策的贯彻执行。2004年,党的十六届四中全会提出,国有企业党组织要充分发挥政治核心作用;2008年,党的十七届四中全会再度要求,国有企业党组织要保证党组织参与决策带头执行、有效监管、发挥政治核心作用。中央逐步明确了国有企业党组织发挥政治核心作用的着力点、目标任务和实现途径。

"双向进入、交叉任职"是完善现代公司治理结构与发挥党组织政治核心作用相结合的有效途径。所谓"双向进入、交叉任职",即党委会和董事会相互交叉、有机结合,党委(组)成员通过法定程序进入董事会和经营层,董事会、经理层的党员按照党章及有关规定和程序进入党委(组)。董事会讨论重大事项时,党员董事必须按照党委(组)形成的决议表决。国企党委会成员还要尽可能地进入纪委会和监事会,进一步提升党组织对国有企业的监督职责。2004年10月,中共中央办公厅转发中组部、国务院国资委党委《关于加强和改进中央企业党建工作的意见》,对"双向进入、交叉任职"做了阐述,积极探索党组织发挥政治核心作用的有效方式和途径。此后,多家企业开始试点"双向进入",加强和改进企业党建工作,使企业党组织在决策、执行、监督三个环节发挥政治核心作用。

2010年7月,中共中央办公厅、国务院办公厅印发《关于进一步推进国有企业贯彻落实"三重一大"决策制度的意见》(以下简称《意见》),提出以集体决策原则处理"三重一大"事项。"三重一大"事项包括:重大决策事项,即按照现有法律法规规定应当由股东会、董事会等决定的事项；重要人事任免事项，即对企业直接管理的领导人员以及其他经营管理人员的职务调整事项；重大项目安排事项，即对企业资产规模、资本结构、盈利能力以及生产装备、技术状况等产生重要影响的项目的设立和安排；大额度资金运作事项，即超过由企业或者履行国有资产出资人职责的机构所规定的企业领导人员有权调动、使用的资金限额的资金调动和使用。《意见》规定，董事会、未设董事会的经理班子研究"三重一大"事项时，应事先与党委（党组）沟通，听取党委（党组）的意见；进入董事会、未设董事会的经理班子的党委（党组）成员，应当贯彻党组织的意见或决定。[①] 此时，党组织的权力范围还主要是建议权的层面。

二、"两个一以贯之"的提出与完善

2016年10月，全国国有企业党的建设工作会议在北京举行，习近平总书记在会议上强调，"坚持党对国有企业的领导是重大政治原则，必须一以贯之；建立现代企业制度是国有企业改革的方向，也必须一以贯之。中国特色现代国有企业制度，'特'就特在把党的领导融入公司治理各环节，把企业党组织内嵌到公司治理结构之中，明确和落实党组织在公司法人治理结构中的法定地位，做到组织落实、干部到位、职责明确、监督严格。"习近平总书记指出，"党对国有企业的领导是政治领导、思想领导、组织领导的有

---

① 《中共中央办公厅 国务院办公厅印发〈关于进一步推进国有企业贯彻落实"三重一大"决策制度的意见〉》，中国政府网，2010年7月15日。

机统一。国有企业党组织发挥领导核心和政治核心作用，归结到一点，就是把方向、管大局、保落实。要明确党组织在决策、执行、监督各环节的权责和工作方式，使党组织发挥作用组织化、制度化、具体化。要处理好党组织和其他治理主体的关系，明确权责边界，做到无缝衔接，形成各司其职、各负其责、协调运转、有效制衡的公司治理机制。[①]"此后，《关于印发〈贯彻落实全国国有企业党的建设工作会议精神重点任务〉的通知》明确要求，完善"三重一大"决策的内容、规则和程序，落实党组织研究讨论是董事会、经理层决策重大问题前置程序的要求，将"讨论前置"主体从党组扩展至党委（党组），客体扩展至"三重一大"事项。

2017年10月，党的十九大审议通过了《中国共产党章程（修正案）》，将"国有企业党委（党组）发挥领导作用，把方向、管大局、保落实，依照规定讨论和决定企业重大事项"增写进党章第三十三条，将国有企业党委（党组）发挥领导作用以党的根本大法的形式固定下来。"把方向"，就是要自觉在思想上政治上行动上同党中央保持高度一致，坚决贯彻党的理论和路线方针政策，确保国有企业坚持改革发展正确方向；"管大局"，就是要坚持在大局下行动，议大事、抓重点，加强集体领导、推进科学决策，推动企业全面履行经济责任、政治责任、社会责任；"保落实"，就是要管干部聚人才、建班子带队伍、抓基层打基础，领导群众组织并发挥其作用，凝心聚力完成企业中心工作，把党中央精神和上级部署不折不扣落到实处；"依照规定讨论和决定企业重大事项"，就是

---

① 《习近平在全国国有企业党的建设工作会议上强调：坚持党对国企的领导不动摇》，新华网，2016年10月11日。

要从有利于国有企业科学决策、有效执行、强化监督的实际需要出发,党委要对涉及企业"三重一大"事项等进行集体讨论研究,在此基础上,根据不同类型企业关于企业决策的相关规定,有的由党委(党组)作出决定,有的由董事会或经理层决定。

中国共产党的领导,是中国特色社会主义最本质的特征。国有企业的党组织在公司的法人治理结构中有着法定地位,《公司法》规定:"在公司中,根据中国共产党章程的规定,设立中国共产党的组织,开展党的活动。公司应当为党组织的活动提供必要条件。"[1]《关于在深化国有企业改革中坚持党的领导加强党的建设的若干意见》中指出,党在国有企业中的领导地位,只能加强,不能削弱。充分发挥党组领导核心作用、党委政治核心作用、基层党组织战斗堡垒作用和党员先锋模范作用;把加强党的领导和完善公司治理统一起来,明确国有企业党组织在公司法人治理结构中的法定地位。[2]坚持党的领导、加强党的建设,是我国国有企业的光荣传统,是国有企业的"根"和"魂",是我国国有企业的独特优势。新形势下,更需要坚持党对国有企业的领导不动摇,发挥企业党组织的领导核心和政治核心作用,保证党和国家方针政策、重大部署在国有企业贯彻执行;坚持服务生产经营不偏离,把提高企业效益、增强企业竞争实力、实现国有资产保值增值作为国有企业党组织工作的出发点和落脚点,以企业改革发展成果检验党组织的工作

---

[1] 《中华人民共和国公司法》,《中华人民共和国全国人民代表大会常务委员会公报》,2018年06期。
[2] 《中共中央办公厅印发〈关于在深化国有企业改革中坚持党的领导加强党的建设的若干意见〉》,中国政府网,2015年9月20日。

和战斗力;坚持党组织对国有企业选人用人的领导和把关作用不能变,着力培养一支宏大的高素质企业领导人员队伍;坚持建强国有企业基层党组织不放松,确保企业发展到哪里、党的建设就跟进到哪里、党支部的战斗堡垒作用就体现在哪里,为做大做强做优国有企业提供坚强组织保证。

第五节 国企改革的三年行动与发展成就

2020年6月,《国有企业改革三年行动方案(2020—2022年)》(以下简称《三年行动方案》)出台,掀起了新一轮国有企业改革的热潮,进一步激发了国有企业改革发展的内生活力。《三年行动方案》提出着力完善中国特色现代企业制度、着力推进国有经济布局优化和结构调整、着力积极稳妥深化混合所有制改革、着力健全市场化经营机制、着力形成以管资本为主的国有资产监管体制、着力推动国有企业公平参与市场竞争、着力抓好国企改革专项工程和着力加强国有企业党的领导党的建设的"八个着力"和50条意见。[①]这具体可以归结为三个方面。

一是在制度改革上,着力形成更加成熟更加定型的中国特色现代企业制度和以管资本为主的国资监管体制。2022年,国有企业重要子公司在董事会规范运作的基础上全面依法落实董事会各项权利,国有企业全面建立董事会向经理层授权的管理制度;基本形成

---

① 黄群慧:《中国国有经济报告(2021)》,北京:社会科学文献出版社,2022年版,第6页。

科学系统、精简高效的以管资本为主的国资监管制度体系，基本形成国有资本投资、运营公司以及产业集团公司的功能鲜明、分工明确、协调发展的国家出资企业格局，实现国有企业信息公开全覆盖。

二是在发展战略上，围绕服务国家重大战略着力推进国有经济布局优化与结构调整。有效发挥国有经济在优化结构畅通循环稳增长中的作用、推进国有资本向重要行业和关键领域集中、提升国有企业自主创新能力、清退不具备优势的非主营业务和低能无效资产、完成剥离国有企业办社会职能解决历史遗留问题。

三是在企业机制上，着力深化国企混合所有制改革、健全国企市场化经营机制和推动国企公平参与市场竞争。推动混合所有制企业深度转换经营机制，支持混合所有制企业全面建立灵活高效的市场化经营机制，国资监管机构对持有股权的混合所有制企业、股权多元化的国有全资公司探索实施有别于国有独资公司的治理和监管机制；2022年在国有企业子企业全面推行经理层成员任期制和契约化管理，实施以劳动合同管理为基础、以岗位管理为核心的市场化用工制度；在电网、电信、铁路、石油、天然气等重点行业和领域，放开竞争性业务，进一步引入市场竞争机制，建立健全符合国际惯例的补贴体系，形成科学合理、稳定可靠、公开透明的补偿机制。

以上措施取得了一定成效。首先，国有企业数量和规模实力显著增强。从数量上看，截至2019年底，国资系统企业共1.3万家（包括中央企业97家，省级企业990家，地市及区县级企业12294家），各级子企业16.7万家，进入世界500强的国有企业数量增加到80家，其中49家为中央企业，国家电网、中国石油、中国石化已经连续多年稳居世界500强的前5位。①一大批具有核心竞争力的骨干企业相继涌现，为推动经济社会发展、保障和改善民生、增强综合国力作出了重要贡献。从规模上看，2020年全国国资系统监管企业资产总额达到218.3万亿元，2020年的营业收入为59.5万亿元，"十三五"时期的年均增速分别是12.7%、7.4%。中央企业资产总额连续突破50万亿元、60万亿元关口，2020年底是69万亿元，年均增速达到了7.7%。截止到2019年底，国资系统企业所有者权益66.8万亿元、国有资本权益47.9万亿元。其中，国务院国资委监管的中央企业所有者权益22.2万亿元、国有资本权益13万亿元。②

其次，经济效益和运行质量稳步提高。从经济效益看，2019年，国资系统企业实现营业总收入59.1万亿元、利润总额3.6万亿元，较2012年分别增长55.3%、78.8%，实现增加值12.6万亿元，占当年国内生产总值（GDP）的12.8%。其中，中央企业实现营业总收入31万亿元、利润总额1.9万亿元，较2012年分别增长38.8%、46.9%③。"十三五"期间，中央企业年平均增速达到9.4%。从运行质量上看，2019年，国资系统企业营业收入利润率5.9%，较2012年提高1.6个百分点；全员劳动生产率40.3万元/人，较2012年增长45.4%。其中，中央企业营业收入利润率6.1%，较

---

① 时杰：《从资产负债表扩张到全面风险管理——我国国有企业十年来发展的回顾与展望》，《现代国企研究》，2020年11期。
② 蒋莹：《国企改革三年行动：在创新中再深化》，《中国发展观察》，2021年02期。
③ 《国务院关于2019年度国资系统监管企业国有资产管理情况的专项报告——2020年10月15日在第十三届全国人民代表大会常务委员会第二十二次会议上》，《中华人民共和国全国人民代表大会常务委员会公报》，2020年05期。

2012年提高1.1个百分点;全员劳动生产率56.3万元/人,较2012年增长47.3%。2020年,中央企业营业收入利润率为6.1%,同比提升0.1个百分点;成本费用利润率6.5%,同比提升0.2个百分点。①整个"十三五"期间,中央企业的营业收入利润率提升1.9个百分点,全员劳动生产率年均增速达7.4%,资产负债率降低了2.4个百分点。②

再次,企业创新能力和水平得到实质性提升。"十三五"期间,加强对科技创新激励的制度保障,加大政策支持力度。按照能给尽给、应给尽给原则,对用于企业重大科技创新的支出,凡属研发费用一律视同利润加回,凡属创新奖励一律实行工资总额单列,凡属人才表彰奖励一律畅通绿色通道。中央企业的研发投入强度从2016年的2.26%提升到2020年的2.79%,中央工业企业研发投入强度达到3%,五年间累计投入的研发经费达到3.4万亿元,约占全国的1/4。③中央企业作为科技创新的国家队,在载人航天、深海探测、高速铁路、高端装备、能源化工、移动通信、北斗导航、国产航母、核电等领域取得了一大批世界先进水平的标志性重大成果。"十三五"以来,中央企业累计获得国家科技进步奖、技术发明奖364项,占全国同类获奖总数的38%。截至2019年底,中央企业拥有有效专利总量约77万项,较2012年底增长3倍。中央企

---

① 《2020年中央企业实现净利润1.4万亿元 同比增2.1%》,国务院国资委网站,2021年1月20日。
② 《资产接近70万亿元!"十三五"中央企业发展量质齐升》,中国政府网,2021年2月23日。
③ 王璐:《〈中央企业高质量发展报告(2021)〉:实现三个历史性突破央企高质量发展稳步前行》,《经济参考报》,2021年9月27日。

业打造了一批高水平科技平台，提高了企业创新能力。中央企业的国内外研发机构数量达到 4360 个，国家重点实验室 91 个，占企业国家重点实验室 50% 以上；牵头或参与 15 个国家科技重大专项。中央企业集聚了一批高层次创新人才，从事研发工作人员达到 97.6 万人，两院院士 229 人，其中工程院院士占全国 1/5。[1]

又次，基础保障和民生供给能力不断加强。国资系统企业提供了全国近 100% 的原油产量和上网电量、97.4% 的天然气供应量，搭建了覆盖全国的基础电信网络，在重大基础设施和民生工程建设运营方面发挥了重要作用。[2] 近年来一直积极落实提速降费、降电价等政策，带头降低社会经济运行成本。"十三五"期间，通信企业降费让利约 7000 亿元，电力企业降低全社会用电成本 4000 亿元。2020 年，中央企业降电价、降气价、降资费、降路费、降房租，全年降低社会运行成本 1965 亿元。[3] 2012—2019 年，国资系统企业上交税费 25.9 万亿元，约占同期全国税费收入的 1/4，中央企业上交国有资本收益 6618 亿元，向社保基金划转国有资本 1.1 万亿元，占中央层面划转总额的 80% 以上。[4] 国有企业在保障能源资源安全、节能减排等方面同样发挥重要作用。"十三五"期间中央企业万元产值综合能耗按照可比价下降了 17%，二氧化硫、氮氧

---

[1] 温源：《把科技创新作为头号任务——国务院国资委相关负责人谈"十四五"中央企业科技创新布局》，《光明日报》，2021 年 2 月 24 日。
[2] 《国务院关于 2019 年度国资系统监管企业国有资产管理情况的专项报告——2020 年 10 月 15 日在第十三届全国人民代表大会常务委员会第二十二次会议上》，《中华人民共和国全国人民代表大会常务委员会公报》，2020 年 05 期。
[3] 温源：《把科技创新作为头号任务——国务院国资委相关负责人谈"十四五"中央企业科技创新布局》，《光明日报》，2021 年 2 月 24 日。
[4] 黄群慧主编：《国有经济蓝皮书：中国国有经济报告（2021）》，北京：社会科学文献出版社，2022 年版，第 8—10 页。

第四章 新时代的全面深化改革（2012年迄今）

化物、化学需氧量、氨氮排放量四项污染物排放指标分别下降了30%、25%、35%和31%，均提前完成"十三五"目标任务。[①]

最后，为服务国家战略和防范重大风险作出巨大贡献。在促进区域发展、服务国家区域发展战略方面成效明显。围绕东北等老工业基地振兴、中部地区崛起、西部大开发，聚焦京津冀协同发展、粤港澳大湾区建设、长三角一体化发展等国家区域发展战略，先后与全国多个省、市、自治区开展了合作对接，合作共赢。仅2019年，中央企业与地方签署战略合作项目390个。在助力脱贫攻坚方面作出巨大贡献，积极改变贫困地区生产生活条件，发挥产业优势，切实提升贫困群众勤劳致富能力。中央企业积极做好援疆援藏援青对口帮扶工作，定点帮扶246个国家扶贫重点县（占全国42%），截至2019年底，已有219个宣布摘帽。承担1.2万个地方安排的结对帮扶任务，累计投入和引进帮扶资金超过千亿元，派出挂职扶贫干部3.7万人。在"一带一路"沿线国家和地区设立经营单位7180户，中央企业参与建设"一带一路"项目超过了3000项，有力促进了项目所在国经济社会发展。[②]在防范风险方面，统筹发展与安全，把风险防范摆在突出位置，系统构建风险防范体系，全面提升防范化解重大风险的能力和水平，强化依法合规经营，确保债务风险可控在控。

[①] 国务院国资委党委理论学习中心组：《为实现中华民族伟大复兴提供坚实物质基础》，《人民日报》，2021年10月26日。
[②] 《国务院关于2019年度国资系统监管企业国有资产管理情况的专项报告——2020年10月15日在第十三届全国人民代表大会常务委员会第二十二次会议上》，《中华人民共和国全国人民代表大会常务委员会公报》，2020年05期。

结语　改革发展使命重大

回顾改革开放至今 40 余年的历史，国有企业经历了放权让利、战略重组、国资监管、全面深化四个阶段，逐步从微观层面的企业管理制度改革，到建立现代企业制度，再到构建国有资产监管体制，推进国有经济布局优化和结构调整，体现出由点及面、层层深入的特征。在新的历史方位下，中国不断探索公有制多种实现形式，积极推进国有经济布局优化和结构调整，大力发展混合所有制经济，持续增强国有经济竞争力、创新力、控制力、影响力和抗风险能力，努力做强做优做大国有资本和国有企业，持续深化国有企业改革和完善中国特色现代企业制度，推进形成以管资本为主的国有资产监管体制，有效发挥国有资本投资公司、运营公司功能作用，在国有企业改革与国有经济发展等各个方面取得了巨大的成就。

随着《国有企业改革三年行动方案（2020—2022 年）》（以下简称《三年行动方案》）出台，新一轮国有企业改革热潮快速涌动，国有企业改革发展的内生活力进一步得到激发。《三年行动方案》提出着力完善中国特色现代企业制度、着力推进国有经济布局优化和结构调整、着力积极稳妥深化混合所有制改革、着力健全市场化经营机制、着力形成以管资本为主的国有资产监管体制、着力推动国有企业公平参与市场竞争、着力抓好国企改革专项工程和着力加强国有企业党的领导、党的建设的"八个着力"和 50 条意见，要求基本形成科学系统、精简高效的以管资本为主的国资监管制度体系，基本形成国有资本投资、运营公司以及产业集团公司的功能鲜明、分工明确、协调发展的国家出资企业格局，实现国有企业信息公开全覆盖。同时要求围绕服务国家重大战略着力推进国有经济布局优化与结构调整。有效发挥国有经济在优化结构畅通循环稳增长中的作用、推进国有资本向重要行业和关键领域集中、提升国有企业自主创新能力、清退不具备优势的非主营业务和低能无效资产、完成剥离国有企业办社会职能解决历史遗留问题。此外,《三年行动方案》还提出要着力深化国企混合所有制改革、健全国企市场化经营机制和推动国企公平参与市场竞争。推动混合所有制企业深度转换经营机制,支持混合所有制企业全面建立灵活高效的市场化经营机制,国资监管机构对持有股权的混合所有制企业、股权多元化的国有全资公司探索实施有别于国有独资公司的治理和监管机制。在《三年行动方案》的推动之下,国有企业稳健成长,国有资本和国有经济围绕着功能定位不断发展,拥有了开启新征程、实现新的更高目标的雄厚基础。

当前,我国进入新发展阶段,社会主义市场经济体制日益成熟。国有企业改革发展已经取得了巨大成就,具备了为中国人民强起来作出巨大贡献的充分条件。因此,国有企业自身需要有更加强烈的使命感。在使命上将国有企业与社会主义现代化国家建设紧密联系起来,是中国特色社会主义制度对国有企业的内在要求。国有企业除了作为国民经济的主导力量、根据市场规则和秩序从事经济活动、确保国有资产保值增值的经济功能外,还承担着提供公共产品、弥补市场缺陷、调节市场经济等社会职能。同时跨越经济目标和非经济目标两个价值领域,是国有企业的使命功能决定的。国有企业通过使命的制定和强化,引领、影响和指导企业组织和员工为实现既定目标而努力,这不仅有利于企业在制度和实施发展战略时能够与国家战略同频共振,还有利于企业在激烈的市场竞争中避

免短期化行为和培养全局意识,从而促进企业的长远发展。具体而言,国有企业的使命表现在以下方面:

一是提升产业链供应链治理能力。产业链供应链的安全稳定,是经济循环畅通的关键。而产业链供应链的维系又是高成本、高风险的。个别西方大国采取贸易保护主义和单边主义,以国家安全和意识形态为借口,压制我国工业体系在产业链供应链中的提升,试图缩短甚至封锁我国重点产业领域转型升级的战略窗口期。只有打造具有更强创新力、更高附加值、更安全可靠的产业链供应链,把核心技术牢牢掌握在我们自己手中,才能实现产业链供应链自主可控的安全目标。为此,国有企业需要坚定不移自主创新,不断加大研发投入力度,加快形成关键产业链领域的集群优势、规模优势和关键技术的创新能力,组织协调各方力量攻关克难,大力推进面向市场领域的交叉融合与原始创新,在生产组织创新、技术创新、市场创新上走在前列,提升系统集成能力和自主创新能力,与国际国内先进水平对标,充分调动创新资源,有力有序推进创新攻关的"揭榜挂帅"体制机制建设,形成诸多新技术的应用场景和市场化产品,推动企业向价值链的治理者和控制者转型,培育中国的"链主"企业和"隐形冠军"。

二是推进高水平的科技自立自强。坚持创新在我国现代化建设全局中的核心地位,把科技自立自强作为国家发展的战略支撑,面向世界科技前沿、面向经济主战场、面向国家重大需求、面向人民生命健康,深入实施科教兴国战略、人才强国战略、创新驱动发展战略,完善国家创新体系,加快建设科技强国。要强化国家战略科技力量,提升企业技术创新能力,激发人才创新活力,完善科技创新体制机制。国有企业聚集了全国最重要的科技创新资源,拥有强大的战略科技力量，需要继续发挥战略科技力量实现迅速突破。为此，国有企业应当围绕技术创新进行资本布局，强化基础研究投入，积极探索市场经济条件下的新型举国体制模式，特别是要着力打造科技创新的核心平台，组织协调各方力量攻关克难，大力推进面向市场领域中的交叉融合与原始创新，实现要素集成、流程优化、技术研发、人才培育等复合型战略目标，加快推动双循环背景下的产业转型升级，强化专业化协作和配套能力，集中力量攻关重大课题，增加微观活力，形成突破核心技术的强大体系支撑。[①]

三是促进全体人民的共同富裕。国有企业为社会主义公有制经济的发展提供了最重要的制度支撑，也为共同富裕的实现提供了最坚实的物质基础和政治保障，不仅主导着中国特色社会主义的发展程度，而且从根本上决定了共同富裕的实现程度。为此，国有企业要坚持做强做优做大，不断巩固完善社会主义基本经济制度，既要主动承担公共服务设施、全国性重大基础设施建设等涉及国家安全和国计民生的基础领域，又要积极参与战略竞争行业，发挥好技术创新的引领支撑作用，增强创新资源配置中的主导权，在技术创新决策、研发投入、科研组织和成果转化应用方面担当主体角色。同时，国有企业要优化顶层设计，实现对落后群体和地区的引领带动作用，参与乡村振兴战略，实现农业农村现代化发展，并充分激发民营企业活力，实现优势互补，不断做大资本总量。此外，国有企业还要发挥收入分配改革的榜样作用，完善经理层市场化薪酬机制、健全职工工资总额决定机制，不断提高职工收入待遇，推动上

---

① 林盼：《新型举国体制如何落地：打造以国企为主导的创新平台》，《华东理工大学学报（社会科学版）》，2021年04期。

缴利润更多进入公共财政,探索构建深度参与公益慈善的新机制。

四是在"双循环"中发挥作用,促进更高水平开放。"双循环"发展战略既是对以往经济发展结构的重构,也是对未来经济发展的规划与部署。新发展格局强调"国内国际双循环相互促进",要求国有企业有责任保障外贸产业链、供应链的畅通运转,稳定国际市场份额,推动与各国的分工合作、互利共赢,使国内市场和国际市场更好联通。以"一带一路"建设为纽带,塑造以中国制造、中国创造为关键技术谱系的国际生产体系,加快布局"以我为主"的区域产业链体系。同时围绕全球产业链,在国内主要经济圈打造一批空间上高度集聚、上下游紧密协同、供应链集约高效的战略新兴产业链集群,并加快建设以 5G、大数据、物联网为代表的新型基础设施。我国经济正处在转变发展方式、优化经济结构、转换增长动力的攻关期,迫切要求我们把经济增长动力从要素驱动转向创新驱动。从国有企业的角度而言,应当切实提升全球资源配置的能力,积极参与新形势下的国际经贸合作,不断完善自身产业链、价值链、创新链的全球化布局,推动技术、管理、金融等资源的全球化配置,把进行对外投资与国内设备、服务、技术、标准的全方位"走出去"结合起来,加快形成面向全球的生产服务网络,主动对接国际市场需求,实现企业发展水平的全方位跃升。

一部国有企业改革史,就是一部微观层面的改革开放发展史。中国的国有企业改革是一项全新的任务,没有任何国家的历史经验可供参考。整个改革历程也是"步步惊心",尽管有过顶层设计和事前论证,在落实过程中仍然会遇到许多意料之外的状况。前一阶段取得的成绩和遇到的问题,会成为后一阶段深入改革的基础和借鉴。对 40 余年国有企业的改革历程加以总结,有助于以史为鉴,为今后的深化改革提供线索、明确方向。从这些意义上讲，通过历程梳理、文献回顾、大事记录等方式，将国有企业改革过程进行全景式的呈现，具有极为重大的理论与实践价值。

国有企业改革仍然在路上。

主要参考文献

1. 刘国光. 苏联东欧几国的经济理论和经济体制[M]. 北京：中国展望出版社，1984年版.
2. 周太和主编. 当代中国的经济体制改革[M]. 北京：中国社会科学出版社，1984年版.
3. 魏杰主编. 资产重组与股份化：国有企业改革的两大突破点[M]. 石家庄：河北人民出版社，1988年版.
4. 陈光林. 搞好国营大中型企业[M]. 济南：山东人民出版社，1992年版.
5. 董辅礽. 改革与发展——论大转变中的中国经济[M]. 北京：中华工商联合出版社、华南经济新闻出版有限公司，1995年版.
6. 王珏、陈文通等. 国有企业改革新探[M]. 上海：上海远东出版社，1996年版.
7. 王洛林、陈佳贵. 现代企业制度的理论与实践[M]. 北京：经济管理出版社，1997年版.
8. 孙伯镂、童星等. 在反思和探索中前进：中国体制改革的历程、现状和前途[M]. 南京：南京大学出版社，1998年版.
9. 王珏主编. 辉煌二十年 1978—1998 中国改革开放二十周年大事总览[M]. 北京：中国经济出版社，1998年版.
10. 邬名扬、王成栋主编. 中外现代企业制度与中国企业改造（理论实务卷）[M]. 北京：企业管理出版社，1998年版.
11. 张维迎. 企业理论与中国企业改革[M]. 北京：北京大学出版社，1999年版.

12. 刘泓. 中国经济改革与发展若干问题研究[M]. 天津：天津社会科学院出版社，2000 年版.

13. 张先治、张树宏等. 国有资本管理、监督与营运机制研究[M]. 北京：中国财政经济出版社，2001 年版.

14. 经济研究编辑部. 中国经济理论问题争鸣（1990—1999）[M]. 北京：中国财政经济出版社，2002 年版.

15. 杨涂、邓聿文. 国有企业改革与国有资产管理[M]. 北京：中国言实出版社，2003 年版.

16. 章迪诚. 中国国有企业改革编年史（1978—2005）[M]. 北京：中国工人出版社，2006 年版.

17. 严伟. 思考国有企业[M]. 沈阳：辽宁人民出版社，2007 年版.

18. 劳动和社会保障部劳动工资研究所. 我国企业薪酬热点问题剖析[M]. 北京：中国劳动社会保障出版社，2007 年版.

19. 张文魁、袁东明. 中国经济改革 30 年——国有企业卷（1978—2008）[M]. 重庆：重庆大学出版社，2008 年版.

20. 崔钊. 政企分开研究[M]. 郑州：河南人民出版社，2013 年版.

21. 邵宁主编. 国有企业改革实录（1998—2008）[M]. 北京：经济科学出版社，2015 年版.

22. 渠敬东等. 组织变革和体制治理：企业中的劳动关系[M]. 北京：中国社会科学出版社，2015 年版.

23. 戴锦. 国有企业的性质[M]. 北京：经济科学出版社，2016 年版.

24. 程连升. 筚路蓝缕：计划经济在中国[M]. 北京：中共党史出版社，2016 年版.

25. 苏星. 新中国经济史（修订本）[M]. 北京：知识产权出版

社，2016年版.

26. 岳清唐. 中国国有企业改革发展史（1978—2018）[M]. 北京：社会科学文献出版社，2018年版.

27. 迟福林主编. 伟大的历程——中国改革开放40年实录[M]. 广州：广东经济出版社，2018年版.

28. 韩保江主编. 中国经济体制改革发展史[M]. 石家庄：河北人民出版社，2018年版.

29. 黄群慧、戚聿东. 中国国有企业改革40年研究[M]. 广州：广东人民出版社，2019年版.

30. 国企改革历程编写组. 国企改革历程（1978—2018）[M]. 北京：中国经济出版社，2019年版.

31. 贾康. 中国财政制度史[M]. 上海：立信会计出版社，2019年版.

32. 谭中和等. 中国工资收入分配改革与发展（1978—2018）[M]. 北京：社会科学文献出版社，2019年版.

33. 王文鸾. 中共党史经济解释研究[M]. 北京：首都经济贸易大学出版社，2019年版.

34. 张军. 改变中国：经济学家的改革记述[M]. 上海：上海人民出版社，2019年版.

35. 张慧君. 中国基本经济制度改革40年[M]. 石家庄：河北人民出版社，2019年版.

36. 黄群慧主编. 国有经济蓝皮书：中国国有经济报告（2021）[M]. 北京：社会科学文献出版社，2022年版.

37. 张卓元. 协调认识 科学规划 多方试验 积极推进国有企业改革[J]. 经济管理，1995年04期.

第二部分
史料篇

政策法规

▼

国家经济委员会关于扩大企业自主权试点工作情况和今后意见的报告[①]

（1980年8月9日）

党的十一届三中全会以后，国务院于一九七九年七月十三日下达了《关于扩大国营工业企业经营管理自主权的若干规定》等五个改革管理体制的文件，即国发〔1979〕175号文件。国家经委、财政部等六个部门先在京、津、沪选择首钢等八个企业进行了试点。接着又在成都召开的全国工交工作会议上，介绍了四川一百个企业试点的经验，扩大企业自主权的试点工作在全国逐步展开。一年来，在各省、市、自治区党委的领导下，试点工作进展很快，形势很好。

一、扩大企业自主权的基本情况

从一九七九年到今年六月底，据二十九个省、市、自治区和一

[①] 《国务院批转国家经济委员会关于扩大企业自主权试点工作情况和今后意见的报告》，《中华人民共和国国务院公报》，1980年14期。

些工交部（不包括军工）统计，试点企业总计为六千六百多个，这些试点企业约占全国预算内工业企业数的百分之十六左右，产值占百分之六十左右，利润占百分之七十左右。其中上海、天津试点企业利润已达到百分之八十以上，北京已达到百分之九十四。

一年来的实践说明，扩大企业自主权试点的方向是正确的，效果是显著的，对于调动企业和广大职工的积极性，搞好整顿，改善管理，发展生产，增加盈利，起了重要的推动作用。据各地上报的数字统计，一九七九年的试点企业完成工业总产值比一九七八年增长百分之十一点六；实现利润比一九七八年增长百分之十五点九；上缴利润比一九七八年增长百分之十二点六。一般试点企业的产量、产值、上缴利润增长幅度都超过试点前的水平，也高于非试点企业的水平。在增产增收的基础上，总的来看都实现了"三多"（即国家多收，企业多留，职工多得）。去年四千二百多个试点企业总的利润留成额为二十一亿三千万元，占全部实现利润的百分之八点五。按财政口径，即扣除试点前也应得的职工福利和奖励基金两项，企业所得为十四亿零四百万元，占增长利润的百分之四十点八。今年上半年，工业生产形势很好，试点企业的产值、利润继续大幅度增长。有些省、市试点企业利润增长幅度高于产值增长幅度。

随着试点工作深入发展，在利润留成的办法上，也创造了多种形式，绝大多数试点企业按国务院〔1980〕23号文件规定，实行基数利润留成加增长利润留成的办法，同时也有些地区和部门从实际情况出发，经过批准另订了一些试点办法。试点企业除了实行利润留成以外，在生产计划、产品销售、新产品试销、奖金分配、资金使用、机构设置和中层干部任免等方面，也不同程度地有了一些权利。扩大企业经营管理的自主权虽然只是初步的，但已经显示了党的政策威力，给企业带来了许多具有重要意义的变化。主要表现在：

第一，企业有了一定的经营管理自主权和独立的经济利益，开始成为一个具有内在动力的经济单位。扩大企业自主权，更好地把国家、企业、职工三者利益统一起来，把企业的经济责任、经济效果和经济利益结合起来，调动了企业的积极性。从领导干部到广大职工增强了责任感，提高了按经济规律办事的自觉性，促进了企业整顿和经营管理的改善。不少试点企业推行了全面质量管理和全面经济核算，使企业的经营管理水平有了显著的提高，促进了生产的发展。

第二，企业开始重视发挥市场调节作用，普遍增强了经营观念、市场观念、服务观念和竞争观念。广大干部和职工动脑筋想办法，广开生产门路，扩大财源，努力改变经营作风，进行市场调节。

第三，企业有了一定的发展生产的资金，可以用于挖、革、改，做到花钱少，收效快。如北京首钢、内燃机总厂、清河毛纺厂三个试点企业，去年利润留成总额中有百分之三十一点五，共八百零八万元，用于发展生产，他们把这笔钱同折旧费等合并使用，共有六千九百多万元，安排了一百二十六项重点措施，加快了企业改造。

第四，企业领导干部、管理人员和技术人员为四化建设发挥聪明才智，有了更宽广的用武之地。一批有经营管理才干的企业领导干部正在涌现，并得到锻炼。

第五，推动了企业的民主管理。许多试点企业建立和健全了职工代表大会制度，并开始行使了讨论企业规划、决定资金使用、选举基层干部等民主管理的权利。

第六，企业在发展生产的基础上，逐步地改善了职工生活。许多试点企业在职工宿舍、食堂、澡堂、幼儿园等集体福利设施方面，都有所改善。试点企业，去年一般都本着按劳分配原则，发了相当两个月左右标准工资的奖金。这些看得见、摸得着的职工福利和实际利益，调动了广大职工的积极性。

二、当前扩大企业自主权试点中存在的主要问题

（一）国务院《关于扩大国营工业企业经营管理自主权的若干规定》还没有全面落实。

一年来的试点，主要是试行了利润留成办法，其他方面的规定，总的说来还很不落实。根本原因是由于现行经济管理体制和上层建筑的某些环节还不能适应企业扩权的要求。试点企业反映比较突出的有以下几个问题：

第一，企业的产量、产值、利润、劳动、物资等计划指标仍然是分头下达，互不衔接，使企业领导干部要耗费大量时间和精力奔波于众多"婆婆"之间，求平衡，争发展。

第二，由于思想认识不统一，和受现行体制、制度上的限制，开展市场调节仍然有不少阻力。

第三，企业参与外贸和外汇分成的规定至今没有兑现。关于"四联合、两公开"（即联合办公、安排生产、对外洽谈及派小组出国考察；外贸出口商品价对工业部门公开，工业生产成本对外贸部门公开）、外汇分成、出口产品作价等有关规定都未落实。

第四，企业还没有支配利润留成资金的充分权利。不少企业反映，"自筹自筹，有了钱发愁"。搞挖、革、改的审批手续繁琐，所需物资设备不易解决。特别是建职工宿舍和必要的房屋更难。

第五，企业用人的权利也不落实。关于任免中层干部和招工择

优录取的规定，企业很难执行。不少企业反映，企业不仅不能按需要招工，相反还要接受当地硬性摊派的大量待业人员。

（二）现行的《利润留成试行办法》还不够完善。

一是普遍反映利润留成比例偏低，生产发展基金太少。现行办法规定的生产发展基金，实际上就是新产品试制费一项，新产品试制费又只按利润总额百分之二左右核定的；而且规定油田、电站、矿山、森林等企业还不提取这项费用。二是规定计算增长利润采取"环比"办法，当年的增长额到第二年就变成了新的基数，基数年年加大，增长越来越难。这对于原来经营管理较好、盈利水平较高的企业是不利的，形成"鞭打快牛"，"先进吃亏"。三是目前有些企业任务不足，产品结构发生变化，执行这个办法有一定困难。四是这个办法对当前存在的一批微利或亏损的企业基本上不适用，特别是矿山企业。

（三）物价不合理，是扩大企业自主权的一大障碍。

由于价格不合理，再加上税率等因素，造成企业之间利润悬殊。上海十一棉纺织厂和二十八棉纺织厂，两厂生产规模、职工人数基本相同，十一厂生产纯棉纺织品，每百米利润九元；二十八厂生产涤棉混纺织品，每百米利润五十六元六角，二者相差五倍多。这种情况在不同行业之间差别更大，如石油、化工行业的企业和煤炭、冶金的矿山企业利润悬殊，造成了企业之间的"苦乐不均"。

（四）企业的社会负担很重。

现在，企业社会负担很重，成本加大，利润减少，直接关系到企业的实际利益。实行利润留成后，矛盾更加突出了。特别是有的部门和单位，以各种名目向企业伸手，进一步加重了企业负担。北京市最近调查，企业负担有十几种之多，其中不少是很不合理的。

这是造成有些企业增产不能增收的一个重要原因。

（五）矿山企业的扩权试点办法还没有很好解决。

矿山企业和其他工交企业相比，有不同的特点：地质、资源等条件变化大，不稳定的客观因素多；开拓延深、提升、运输、排水、通风、管线等费用逐年提高，加大成本；老矿山的资源和生产能力逐年递减，采掘失调严重，新井接续不上；过去开采一般是先富后贫，原矿品位逐年下降；矿产品价格太低。因此矿山企业亏损的较多，即使有盈利的企业，利润也是下降的趋势。所以普遍认为《利润留成试行办法》对矿山不大适合，靠有限的利润留成资金，无法实现"以矿养矿"的要求。

三、对进一步搞好扩大企业自主权试点的意见

要加强对扩大企业自主权试点工作的领导，深入调查研究，认真总结经验，扩大试点内容，及时解决前进中的问题。在此基础上，明年要把扩大企业自主权的工作，在国营工业企业中全面推开，使企业在人财物、产供销等方面，拥有更大的自主权，推动经济管理体制的进一步改革。具体意见如下：

（一）要改进现行的利润留成办法。

要把利润留成的办法搞得比较完善合理，最根本的是要对价格、税制进行合理的调整和改革。但在价格、税制没有全面调整以前，要从实际情况出发，采取不同的形式把利润留成的办法搞得相对合理一些，不搞"一刀切"。国务院〔1980〕23号文件下达的利润留成办法，基本符合多数企业的情况，因此仍要继续贯彻执行这个办法。少数企业，由于情况特殊，经过批准，可因地制宜采取一些变通办法：（1）为了解决"鞭打快牛"的问题，对少数经营

管理好、盈利水平高、增长难度大、主要经济技术指标超过历史最好水平的企业，可采取利润留成基数一定几年不变，即"定比"的办法，也可以根据实际情况采取其他办法。（2）确因客观原因，生产任务不足、产品结构变化，造成利润大幅度下降的，可实行超计划利润分成办法，按下达的计划进行考核，超计划利润视同增长利润。（3）对微利和亏损企业，可采取利润包干或减亏分成的办法。（4）对矿山企业可本着"以矿养矿"的原则，采取全额利润留成的办法。根据矿山企业的开采程度和盈利水平，确定不同的留成比例，把利润大部分甚至全部留给企业，使矿山企业有一个稳定的资金来源，能够维持简单再生产和有计划地进行部分扩大再生产。（5）有条件的可按企业性公司进行扩权试点。主管部、局要适当放一部分权利给公司，公司必须注意以扩大基层企业的自主权为基础。在公司内可实行内部结算价格，适当解决企业之间"苦乐不均"的问题。

（二）积极进行企业独立核算、国家征税、自负盈亏的试点。

这是从利润留成向前发展的必然趋势。目前只有个别省市在这方面进行了试点，四川的办法是企业向国家缴纳三种税，即工商税、固定资产税和所得税；上海的办法是企业向国家缴纳"五税、两费"，即工商税、收入调节税、房地产税、车船牌照税、所得税和固定资产、流动资金占用费；财政部税务总局在柳州试行的办法是，企业向国家缴纳增值税、资源税、级差收入调节税、所得税和固定资产、流动资金占用费。企业在上缴各种税款和归还贷款以后，所得收入可以自行支配，自负盈亏。各省、市、自治区，在今年内都要选择一、两个企业进行这方面的试点，作好准备，以便明年在一批企业中进行试点。试点的单位都要经过国家经委、财政部批准方能进行。

（三）试点企业在计划上要有一定的自主权。

试点企业有权根据国家下达的指令性计划、参考性计划和市场需要，以及本企业的生产能力编制自己的生产计划，经过自下而上、上下结合的综合平衡后，按隶属关系由一个主管部门统一下达，并保证相应的物质条件。在企业制订计划之前，国家计划部门、各级主管部门有责任向企业提供指导性的方针原则和市场供需预测，以及年度控制数字。在执行计划过程中，发现计划与实际情况不相符合，企业有权进行调整，并报主管部门备案或批准。除国家计划外，企业可以根据市场需要和自己的燃料、动力、原材料等条件，制订补充计划，广开生产门路，努力增产增收。

（四）要进一步扩大试点企业产品销售权。

企业在保证完成国家下达的计划任务和供货合同的前提下，有权销售超产的产品和自己组织原材料生产的产品，以及试制的新产品。其中属于国家短缺的统购统销或统配产品，首先由国家收购，也应允许企业按一定的比例自销一部分。棉纺织品的销售，要严格按国务院〔1980〕170号文件规定执行。企业有权本着择优、竞争、联合的原则，打破地区和行业的限制，销售自销产品和择优购买生产所需的材料设备。

（五）试点企业在物价方面也要有一定的自主权。

试点企业有权根据国家的价格政策，对一些利润过高和供过于求的产品，以及超储积压物资，实行浮动价格，向下浮动。国家物价部门应当确定一批产品价格的浮动幅度，以便企业有所依据。为了保持市场物价的基本稳定，消费品的价格，一般不动。

企业自销的产品，国家有统一价格的要按照统一价格销售；没有统一价格的，可以按照优质优价、薄利多销、有利竞争的原则实行浮动价格。新产品的试销价格，由企业参照同类产品的市场价格自定。

对某些出厂价格突出不合理，造成工商利润悬殊的产品，国家物价部门可按照"工大于商"的原则，适当进行调整。

（六）要进一步落实企业出口产品和外汇分成的权利。

工贸双方要认真贯彻"四联合、两公开"的原则，密切协作，统一对外。

试点企业可以申请出口自己的产品，有权参与外贸部门同外商的谈判并附签合同。有条件的试点企业，经过国家有关部门批准，也可以直接经营出口业务，在财务上自负盈亏；可以委托有关外贸公司办理出口业务；当地外贸部门不收购的出口产品，企业可以按照国家统一的外贸价格政策到其他口岸洽商出口事宜。

工贸利润分配要合理。有些出口产品，国内出厂价格偏低，出口越多企业盈利越少，甚至发生亏损，严重影响企业生产出口产品的积极性。对这部分产品，有关部门应该按照生产企业有适当利润的原则，给予价外补贴或者适当提高出厂价格。

有出口任务的试点企业，有权按国家规定取得外汇分成。用外汇贷款所上项目，能够用国内材料、设备把所需进口的材料、设备顶替下来的，提供材料、设备的企业有权取得应得的外汇。

企业有权根据国家有关外汇管理的政策条令，使用自己的外汇。批准权限要适当下放，手续要力求简化。

（七）企业对留成资金的使用，要有充分自主权。

这部分资金，企业有权根据国家政策法令自行安排使用，有关部门不得平调和过多干预。企业主管部门和银行要加强指导和监督，引导企业把这部分资金用好，避免乱花滥用、盲目生产。企业可以把这部分资金同折旧基金、大修理基金等结合一起使用，搞挖、革、改，节约能源，降低消耗，扩大生产能力，搞"三废"治理和综合利用。为消除污染，治理"三废"、开展综合利用所产产品实现的利润，按照国家规定，五年内不上缴，留给企业继续用于这方面的开支。企业暂时不用的留成资金，可以存入银行，由银行付息。企业也可以把这部分资金按自愿互利的原则和协商的办法，由主管部门组织起来有偿调剂使用，或者采取合营、联营、"国内补偿贸易"等经济联合的形式，使这些资金充分发挥作用。

（八）实行固定资产和流动资金有偿占用。

实行固定资产和流动资金有偿占用，要按照财政部的具体办法执行。

企业缴纳固定资产和流动资金占用费，影响利润下降，可相应调整基数利润留成比例。

企业封存的设备不缴占用费，也不提折旧费。企业对多余、闲置的固定资产，有权出租或有偿转让，所得的收入，用于设备的更新、改造。

由于多年来固定资产折旧率偏低，许多企业厂房、设备陈旧，欠账太多，影响了生产的发展。因此，要坚持在生产发展、降低成本的基础上，逐步提高固定资产折旧率的方针。

（九）试点企业有权决定自己的机构设置和人员配备。

企业可以根据生产需要和精简、效能的原则，有权决定自己的机构设置和各类人员配备，任免中层和中层以下的干部，有权根据国家下达的劳动计划指标，将招工改为招生。企业与学徒工要订立培训合同，学徒期间，可以发一些生活费，学业期满，经考试合格才能成为企业的工人，不合格的可以延长学习期限以至淘汰。企业要严格定员定额，对多余的职工，要组织学习培训。企业今后有权拒绝本单位并不需要而硬塞给的待业人员，有权对成绩优异、贡献突出的职工给予奖励，有权对严重违反劳动纪律，屡教不改的职工，根据情节轻重，给予处分，直至辞退。

（十）要减轻企业的额外负担。

除国家和省、市、自治区人民政府明文规定者外，企业有权拒绝任何单位和个人向企业摊派各种不合理费用，平调和索取各种产品、物资、设备和人员。今后要研究采取企业向当地政府缴纳地方税办法，加强城市建设，逐步减轻企业的负担。

（十一）要认真搞好民主管理。

试点企业要把职工代表大会制度建立健全起来，职工代表大会是企业实行政治民主、经济民主和生产民主的基本形式，是广大职工参加管理企业、监督各级干部的权力机构。

厂长要定期向职工代表大会作工作报告，接受职工代表大会的检查和监督。企业的重大问题，如重要规章制度的制定和修改，企业的长远发展规划、年度计划、生产技术改造规划，要经过职工代表大会讨论和审议；有关职工切身利益的问题，如职工福利基金和奖励基金的分配使用，调整工资的方案等，都必须经过职工代表大会讨论作出决定。

职工代表大会，有权监督企业各级干部贯彻执行党的路线、方针和政策，支持各级领导干部的工作；有权对领导干部提出表扬奖励和处分罢免的建议，提请上级领导机关审定。

企业车间、班组的主要领导干部要实行民主选举，有条件的试点企业，厂级领导干部也可以通过民主选举产生，报上级主管部门批准任命。

（十二）要改进各级领导机关的工作，推动扩权工作的深入发展。

扩大企业自主权是改革经济管理体制的基础。现在试点企业已具有相当规模，抓得好坏，对整个经济体制的改革和发展生产关系极大。试点工作涉及面广，政策性强，又有不少新课题需要在实践中摸索解决。为了保证试点工作顺利进行，希望各级领导机关，特别是各级计委、经委和物资、商业、外贸、物价、财政、银行、劳动等部门要加强领导，大力协同，密切配合，把扩大企业自主权的工作当作自己的责任，改进工作，转变作风，把工作逐步地转到"服务、协调、统筹、监督"方面来，深入试点企业，研究新情况，解决新问题，总结新经验，积极主动地改革本部门不能适应扩权要求的某些规章制度，保证试点工作健康发展，推动经济管理体制的进一步改革。

以上报告如无不妥，请批转各地区、各部门研究贯彻执行。

政策法规

中共中央、国务院关于国营工业企业进行全面整顿的决定[①]

（1982年1月2日）

一

为了进一步贯彻执行党的国民经济调整、改革、整顿、提高的方针，充分发挥现有国营工业企业的潜力、提高经济效益，促进我国国民经济状况的根本好转，中共中央、国务院决定：从一九八二年起，用两三年时间，有计划有步骤地、点面结合地、分期分批地对所有国营工业企业进行全面的整顿工作。

国营工业企业是国民经济的命脉。职工队伍精神面貌的好坏，生产经营经济效益的高低，对我国社会主义现代化建设关系极大。党的十一届三中全会以来，各地区、各部门贯彻执行党的国民经济调整、改革、整顿、提高的方针，在整顿企业领导班子、扩大企业自主权、实行职工民主管理、建立经济责任制、改善经营管理、培训职工队伍等方面，做了大量工作，并且在真正从我国实际情况出发，走发展国民经济新路子方面有了一个良好的开端。但是，企业整顿工作的进展是不平衡的，整顿得好的是少数，处于中间状态的是多数，没有认真进行整顿、管理混乱、存在严重问题的也是少数。即使整顿工作搞得好的企业，距离社会主义现代化企业管理的要求，也还有很大差距。目前相当多的企业，程度不同地存在着领导班子软弱涣散，精神不振，思想政治工作薄弱，机构臃肿，人浮

[①] 《中共中央、国务院关于国营工业企业进行全面整顿的决定》，《中华人民共和国国务院公报》，1982年15期。

于事，劳动纪律松弛，产品质量低，浪费严重，经济效益很差等现象。少数企业领导班子不纯，受资本主义思想侵蚀，搞不正之风，违反财经纪律，甚至弄虚作假，偷税抗税，截留上缴利润，营私舞弊，贪污受贿，等等。不认真解决这些问题，就不可能争取国民经济状况的根本好转，更不可能把我们的企业真正建设成为社会主义现代化企业。因此，根据企业的具体情况，采取分类指导的原则进行全面整顿，是今后两三年内党和政府的一项重要任务。要加强领导，充分发挥企业领导干部和广大职工的积极性、主动性，扎扎实实地进行这项工作，圆满地完成任务。

二

企业的全面整顿，是对企业工作进行综合治理，包括整顿领导班子、职工队伍、管理制度、劳动纪律、财经纪律、党的作风和加强思想政治工作第一系列的工作。通过整顿，把这些工作互相结合起来，根据各个企业的具体情况，分别轻重缓急，有步骤地加以解决，使企业各项工作得到落实，真正走上发展国民经济的新路子。当前要围绕提高经济效益，着重做好以下五项工作：

第一，整顿和完善经济责任制，改善企业经营管理，搞好全面计划管理、质量管理和经济核算工作。

实行经济责任制的目的，是要在国家计划指导下，搞好企业经营管理，把企业和职工的经济利益同承担的经济责任和实现的经济效果联系起来，使广大职工以主人翁的态度，在生产经营活动中取得最好的经济效益。它是调动企业与职工的积极性，解决企业与企业之间、企业内部职工之间吃大锅饭问题的有效途径，是整顿企业的关键的一环。要在企业的全面整顿中进一步总结经验，不断地完善经济责任制，明确企业对国家的经济责任，并赋予企业一定的经济权限，使企业的经济利益与企业生产经营成果好坏直接联系，把责、权、利三者统一起来。

不能把经济责任制仅仅看成是一个利益分配问题。企业的责任首先是要按照国家计划要求和市场需要，生产出适销对路、价廉物美的产品，满足社会需要，提高经济效益。企业创造的经济收益，首先要为国家作贡献，使国家增收；其次才是企业多留、职工多得。为此企业必须在国家计划指导下，实行企业内部的全面计划管理，把生产、技术、供销、财务等各方面工作，落实到每一个岗位、每一个人。在实行全面计划管理的同时，要继续推行全面质量管理和全面经济核算，以保证品种增加、质量提高、成本降低、利润增长，实现全面的经济效益。

在企业内部实行经济责任制，同样要按照责、权、利相结合的原则，从科室、车间到班组、个人，建立和健全岗位责任制，使个人的经济利益与集体成果、个人劳动贡献相联系，贯彻按劳分配原则。要健全原始记录、计量、统计、核算等基础工作，制定生产与消耗的平均先进定额，加强定额管理；总结现行的按劳分配经验，探索更加合理的分配办法；结合生动的思想政治工作，把职工群众的积极性引导到改进生产技术、不断创新、改善经营管理、提高全面经济效益的正确轨道上来。

第二，整顿和加强劳动纪律，严格执行奖惩制度。

现代社会化的大生产，不能没有严明的劳动纪律。十年内乱期间无政府主义盛行，流毒至今尚未完全肃清。要大力加强对职工群众的主人翁思想教育，建立自觉遵守劳动纪律的风尚。为了加强劳动纪律，必须建立严格的奖惩制度。对劳动态度好、遵纪守法、成绩卓著的职工要给予表扬和奖励；对严重违反劳动纪律的，企业有权按照有关规定给予经济或行政的处分，屡教不改的，要加重处分，直到辞退和开除。

一些企业的经验证明，制定《职工守则》是教育职工加强劳动纪律的有效措施。为此，中华全国总工会要会同有关方面，认真总结这方面的经验，起草一个全国通行的《职工守则》，报国务院审批后颁布执行。在《守则》颁布之前，各企业可以制定本企业的《职工守则暂行规定》，经职工代表大会审议通过施行。各企业还应该根据《守则》的要求，制定相应的奖惩制度，以保证《守则》的贯彻执行。

第三，整顿财经纪律，健全财务会计制度。

国营工业企业的全部固定资产和流动资金都是国家的财产，任何人不得侵占。企业的盈利要按规定进行分配，不允许化大公为小公，更不允许化公为私。一切违法和违反财经纪律的行为，必须坚决制止和予以制裁。

要对执行财经制度的情况进行一次认真的清查，健全财务会计制度，严格执行财经纪律，对犯有一般错误的人员，要进行批评教育；对犯有营私舞弊、贪污盗窃等罪行的人员，要分别予以惩处。企业领导干部和财务人员要以身作则，模范地遵守财经纪律。如果违犯，要加重处罚，追究经济责任直至法律责任。全体职工都要敢于同损害国家财产、侵占国家利益的坏人坏事作斗争。对于模范遵守财经纪律和保护国家资财有功的人员，要给予表彰和奖励。

第四，整顿劳动组织，按定员定额组织生产，有计划地进行全员培训，坚决克服人浮于事、工作散漫的现象。

整顿劳动组织要同建立岗位责任制结合起来进行。岗位责任制的核心是工作责任心，要在提高职工思想觉悟的基础上，明确每一生产岗位和工作岗位的职责,并根据生产技术和业务工作的要求,规定配备人员的质量和数量标准,逐步做到严格按标准配备合格的人员。努力做到人尽其才,各尽所能。要有计划地、分期分批地对职工进行轮训,不断提高职工的思想政治和技术业务水平。这要成为一个长期坚持不懈的制度。

凡由于技术、年龄、健康等条件,不适于本岗位工作的人员,可以改任其他工作,或经过其他专业训练后,转到其他岗位工作。凡符合退休、离休条件的,要妥善安置。今后凡是新入厂的或改变工种、工作的职工,都必须经过训练和考核合格,才能上岗工作。

全员培训要同人事考核、晋升、提拔和工资调整等相结合,建立和健全一套全面的人事管理制度。

抽调轮训的职工,在轮训期间发给基本工资,不发奖金。对于学习态度好、学习成绩优良的,可以发给奖学金。

为了认真做好全员培训工作,大企业要建立培训中心,中小企业单独建立有困难的,可以联合建立或由上级主管部门统一建立。要抽调得力干部负责培训中心的领导工作。可以脱产或半脱产培训,也可以业余培训,凡是完成了规定的学业,考试合格的,发给结业证书。

企业按定员、定额整顿劳动组织和管理机构,有富余的人员,除了组织轮训外,一部分可以充实生活服务机构,一部分可以参加劳动服务机构,开辟和发展新的生产门路。

为了逐步实行生产经营与生活服务的分工,有条件的企业,可以设生活服务公司,统一管理宿舍、食堂、托儿所、医务室、澡堂等生活福利设施,做好为职工的生活服务工作。生活福利工作要逐步实行企业化、社会化。

为了安排暂时富余的职工和待业青年就业,企业可以单独或联合举办劳动服务公司，从事社会所需要的生产或劳动服务。劳动服务公司作为企业附属的集体所有制单位，可以为本企业服务，也可以为社会服务。但必须独立经营、独立核算、自负盈亏，不允许和企业混在一起，吃大锅饭。

企业要选派工作积极负责、任劳任怨、作风正派的同志到生活服务公司和劳动服务公司担任领导职务。由企业调到劳动服务公司工作的职工，保留全民企业职工的身份。

第五，整顿和建设领导班子，加强对职工的思想政治教育。

围绕以上各项整顿工作，要进一步整顿和建设企业的领导班子，克服某些领导班子存在的涣散、软弱、臃肿、老化以及官僚主义等现象，要把优秀的、懂技术业务的中青年干部选拔到领导岗位上来。

所有的企业都要遵循党委集体领导、职工民主管理、厂长行政指挥的根本原则。要认真贯彻执行《国营工业企业职工代表大会暂行条例》和即将颁发的《国营工厂厂长工作暂行条例》、《中国共产党工业企业基层组织工作条例》，在党委领导下，建立和健全厂长负责制和职工代表大会制，使企业逐步建设起一个既有民主、又有集中的领导体制。少数经过批准进行改革领导制度试点的企业，要继续进行试点，以便探索能够更好地体现党的领导，体现民主管理和加强厂长统一指挥的新的领导制度。

为了提高工作效率，企业生产行政的领导班子要精干。厂级领导干部要逐步实现革命化、年轻化、知识化、专业化。厂长（经理）要由能够坚持四项基本原则，坚决实行党的方针政策，懂得生产技术和有关的经济法规，善于经营管理，为人正派，联系群众，身体健康，能胜任繁重的领导工作的同志担任。主要领导干部年轻化暂时有困难的企业，要选拔四十五岁以下，思想品德好，年富力强，具有专业知识，能联系群众的干部，担任副厂长（副经理）或其他副职，加以培养。

在调整企业领导班子的时候，一部分厂级干部，可以根据专长，安排到研究室、顾问室、监察室、职工培训中心，担任领导工作或顾问，政治与生活待遇不变。体弱多病不能担任工作的，可以安排退休、离休，在政治和生活待遇上要妥善照顾。一切对革命有过贡献的年老体弱的同志都应该懂得，积极地推荐、提拔、支持对党忠诚、年轻有为的同志来接班，是自己义不容辞的光荣任务。

整顿企业必须加强和改善党对企业的领导。企业党组织与企业行政组织要逐步实行分工，除重大方针和决策要由党委讨论决定外，企业的日常生产行政工作由厂长（经理）负责，党委的主要精力要用到抓思想政治工作和党的建设上，通过党的组织工作和宣传教育工作，通过党员的模范带头作用，切实加强党对企业的思想政治领导，监督和保证企业坚持社会主义方向，严格执行党和政府的各项方针、政策、计划，遵守国家的制度、法令，保护国家和人民的利益，保证企业各项政治任务和经济任务的完成，正确处理国家、企业和职工个人三者的利益关系。

经过整顿的企业，要把企业党委建设成为一个能够团结企业全体职工，贯彻执行党的方针、政策，坚持民主集中制原则的，坚强有力的领导核心。党委书记应当由党性强，作风正派，坚决并善于执行党的路线、方针、政策，有一定的生产和管理知识，能密切联系群众和掌握全面工作的党员担任；另外，配备一名德才兼备、年富力强的副书记，作为书记的助手。

企业党组织要大力加强职工代表大会的工作，要充分发挥工会、共青团组织的作用。

企业党组织要经常联系实际，对职工进行坚持四项基本原则的教育、形势教育和爱国主义教育。特别要加强对青年职工的教育，提高职工的政治素质。对职工进行脱产或不脱产的培训，除了上文化课、技术或业务课外，也要上政治课，并严格考核学习成绩。

三

企业的整顿工作，要在企业党组织的领导下依靠现有的领导班子和职工群众进行。对那些存在严重问题，不能胜任工作的领导班子，要采取调动工作的办法，适当调整。至于领导班子的进一步加强和充实，应该在企业整顿过程中逐步解决。企业主要领导干部的人选，要采取上级调配与民主选举相结合的办法，认真选定。党委书记要在党内充分酝酿，并广泛征求党外群众的意见，经党的委员会选举产生，报上级党委审批。厂长除在必要时由上级调配以外，要在实行经济责任制和整顿企业的基础上，积极创造条件，逐步实行民主选举，并按照干部管理权限，报请上级机关批准任命。

四

企业全面整顿是建设性的整顿，除了当前首先要做好前述围绕提高经济效益的五项工作外，还要有一个系统的、全面的建设规划。要认真总结和吸取过去建设"五好"企业、"大庆式"企业等一切行之有效的经验，把企业的整顿和建设紧密结合进行。企业在整顿中进行建设的基本要求，可以概括为：搞好三项建设，达到六好要求。"三项建设"即通过全面整顿，逐步地建设起一种又有民主、又有集中的领导体制，逐步地建设起一支又红又专的职工队伍，逐步地建设起一套科学文明的管理制度；"六好要求"即通过"三项建设"使企业能够正确地处理国家、企业、职工个人三者的经济关系，出色地完成国家计划，达到三者兼顾好、产品质量好、经济效益好、劳动纪律好、文明生产好、政治工作好，成为"六好企业"。

有关"三项建设"的具体内容、"六好要求"的具体标准，各工业部门和各地区可以根据自己的特点和具体情况，参照最近经委提出的整顿企业的要求，分别作出规定。

五

企业的全面整顿，要点面结合进行。各工业部门要根据当前围绕提高经济效益的五项工作和"三建"、"六好"目标，制定一个适合本部门特点的全面整顿规划，对不同类别和不同水平的企业，规定不同的要求和整顿的步骤，进行分类指导。所有企业都要结合自己的具体情况，制定本企业的整顿规划。

面上企业的整顿工作，必须抓紧。各企业首先要按照中央转发国家经委党组《关于工业学大庆问题的报告》的通知精神，进行深入细致的思想教育工作，讲清中国工人阶级的优秀品质、光荣革命传统和伟大历史使命，使广大职工以国家主人翁的态度，积极参加和做好企业的整顿工作。要引导大家向先进地区、先进行业、先进单位、先进人物学习，向先进科学技术和经营管理学习，向科学要本领，拜行家做老师，把广大职工充分发动起来，在每个企业中形成比先进、学先进、赶先进、帮后进、创造"六好企业"的热烈气氛，以推动企业的整顿工作和其它各项工作。

为了使整顿企业的工作做得更好，国务院各主管部、委要会同各省、市、自治区派出负责干部，并配备一些熟悉生产、技术、经营管理、劳动工资、财务会计等业务干部和党群工作干部，组成蹲点调查组，在地方党委和政府的统一领导下，分期分批到骨干企业调查研究，进行必要的指导，帮助解决问题，及时总结经验，指导面上的整顿工作。同时，吸取实践经验，不断提高领导水平。每个行业首先要挑选几个对国计民生有重大作用的骨干企业，作为第一批蹲点调查单位。这些重点企业可以是基础好的先进单位，也可以是问题较多的后进单位，以便取得先进更先进和后进赶先进的两种经验，并及时宣传推广。

中央要求，在两三年内，全国两千个骨干企业，能够在国务院各主管部、委和省、市、自治区直接帮助下，扎扎实实地、分批地完成整顿任务。地区和县市也要根据实际情况，在所属企业中选择重点，组织蹲点调查组去进行帮助，以点带面，做好整顿工作。

凡是上级主管部门未派蹲点调查组协助整顿的企业，都要按本决定的精神，自行整顿，不要等待；凡能解决的问题，要主动地、及时地解决。有关主管部门在第一批重点企业整顿工作结束以后，要从取得整顿工作经验的蹲点调查组中，选拔精干力量，组织巡回检查组，到上述企业进行检查，凡达到整顿标准的，即可验收；不符合标准的，要派蹲点调查组予以协助，继续进行整顿。

所有企业，在整顿完毕之后，都要由上级主管部门检查验收。衡量企业整顿成功与否的主要标志，是看产品质量的优劣，产量的多少，经济效益的高低，对国家贡献的大小。

党中央、国务院充分相信，我们的企业经过全面整顿以后，必将出现一个崭新的面貌。希望工业战线上的全体干部和职工奋发努力，完成企业整顿的各项任务，搞好"三项建设"，达到"六好要求"，为建设具有高度物质文明和精神文明的、具有中国特色的社会主义现代化企业的伟大目标而奋斗。

政策法规

国家经济体制改革委员会、国家经济委员会、财政部关于当前完善工业经济责任制几个问题的报告[①]

（1982年10月30日）

党的十一届三中全会以来，我国经济管理体制进行了初步的改革。工业方面的改革是从扩大企业自主权试点开始的。经济责任制是扩权的继续和发展。一九八一年，在国营工业企业中普遍推行了各种形式的经济责任制。今年，各地区、各部门，按照中央关于整顿企业的要求，把实行经济责任制作为企业全面整顿的关键环节来抓，同时总结推广了首钢实行经济责任制的经验，使经济责任制又有了新的发展。主要表现在：对经济责任制的认识有了提高；经济责任制的内容和形式有了发展；特别是工作重点转到了建立和健全企业内部的经济责任制上来；从单纯抓生产，转向重视经营和经济效益，并且开始重视新产品开发和技术改造。

经济责任制是在国家计划指导下，以提高社会经济效益为目的，实行责、权、利紧密结合的生产经营管理制度。实践证明，这一改革方向是正确的，效果是显著的。实行经济责任制，使长期以来管理体制过分集中、统得过死的状况有所改变，企业有了一定的经营管理自主权。贯彻物质利益原则，调整了国家、企业、职工三者的利益关系，在一定程度上克服了吃"大锅饭"、平均主义的弊病，调动了企业的积极性，增强了职工的主人翁责任感。许多企业职工的精神面貌和生产技术状况发生了较大的变化，改善了经营管

[①]《国务院批转国家经济体制改革委员会、国家经济委员会、财政部关于当前完善工业经济责任制几个问题的报告的通知》，《中华人民共和国国务院公报》，1982年19期。

理，提高了经济效益。对于促进国民经济的调整、争取实现财政状况的好转起了积极作用，同时，为工业管理体制的改革探索到一条途径。

工业是社会化的大生产，企业与企业、部门与部门之间互相依存，问题比较复杂，实行经济责任制工作难度比较大。由于时间短，经验不足，改革不配套，在工作中还存在不少问题：实行经济责任制与计划管理还没有结合好；多数企业内部经济责任制还落实得不好；企业应有的经营管理自主权还没有完全实现；分配上的平均主义问题还比较严重；对国家、企业、职工三者利益关系的处理还需要进一步改善，等等。我们必须实事求是地估价成绩和问题，按照党的十二大的精神进一步统一思想和行动，认真总结经验，研究新情况，解决新问题，使经济责任制得到进一步完善和提高。

为了完善工业经济责任制，当前，要着重研究解决下列几个主要问题。

一、认真贯彻计划经济为主、市场调节为辅的原则

党的十二大报告指出：正确贯彻计划经济为主、市场调节为辅的原则，是经济体制改革中的一个根本性问题。并且指出，在计划管理上需要根据不同情况，采取指令性计划、指导性计划和允许企业根据市场的供求变化灵活地自行安排生产等不同形式。完善经济责任制必须在上述原则指导下进行。

实行经济责任制，首先要明确企业对国家的经济责任，并赋予企业一定的自主权限，使企业的经济利益与企业生产经营成果直接联系，把责、权、利三者统一起来。其中责是第一位的。企业的责任，首先是全面完成国家计划。企业要顾全大局，勇于承担任务，

不仅要完成国家利润指标,而且要完成产量、质量、品种、消耗、成本等各项技术经济指标。对短线产品要积极增产,对限产产品不准超产。计划管理部门要努力提高计划的科学性,搞好综合平衡,逐步做到各项计划指标互相衔接,由一个部门下达。

根据不同的计划管理形式,企业应有不同程度的计划管理方面的自主权限。对指令性计划要严格执行,发现计划与实际情况不完全符合,或者由于主要原材料、能源供应不足,企业经过努力仍然解决不了时,可以向上级计划部门提出修改计划的建议,经过批准,进行调整。企业在完成国家计划的前提下,有权根据市场需要和能源、原材料的可能,挖掘生产潜力,增产适销对路的产品,弥补计划的不足。在执行指导性计划时,企业有权根据市场的供需情况,制订具体计划,报计划主管部门备案,组织生产。对国家规定市场调节的商品,允许企业根据市场供求变化自行安排生产,但必须遵守国家的政策法令。不论实行哪一种计划管理形式,供产销各部门之间,都要逐步建立合同制,严格按合同办事。

为了把经济搞活,必须给企业一定比例的产品自销权,以利于企业了解市场,及时调整产品结构,主动按照市场需要,生产紧缺产品,开发新产品,更好地满足社会需要。除国家特殊规定不准自销的产品外,包括统配、统购包销和紧缺产品,都要允许企业有一定比例的自销权。自销产品的比例,由有关主管部门按照不同产品,分别研究确定。自销产品的价格,要严格执行国务院关于发布《物价管理暂行条例》的通知(国发〔1982〕106号文)的规定。

各有关领导部门一定要注意研究实践经验,总结出一套既坚持计划经济为主,又能充分调动企业和职工的积极性,提高社会经济效益的办法来。

二、努力搞好企业内部的经济责任制

当前完善经济责任制，要把工作重点放在落实企业内部经济责任制上面。根据一些先进单位的经验，要抓好下列工作：

（一）企业要根据国家宏观计划的要求和对国家承担的经济责任，制定一个以提高经济效益为中心的奋斗目标。按照责、权、利相结合，责字当头的原则，逐项分解，层层落实到科室、车间、班组直到个人。建立起一套纵横配套、上下结合的比较完整的岗位经济责任制。

（二）切实加强企业的各项基础工作和专业管理工作，特别要健全定额管理、计量检验、原始记录和考核制度。各项定额指标要先进合理，考核要严格认真，坚持按照标准和用数据进行考核。

（三）整顿奖励制度，在严格考核的基础上，克服奖金分配上的平均主义，真正使奖金起到鼓励先进、鞭策落后的作用。要做到限额不突破，单位不拉平，个人能升降。

（四）认真整顿劳动组织。现在不少企业超员太多，要逐步把岗位上多余人员抽出来。从岗位上下来的人，有的可以组织轮训，有的可以通过生活服务公司或劳动服务公司进行安排。各级领导部门和企业要作出计划，逐步实施。

（五）加强民主管理。要依靠广大职工当家作主办好企业。对企业的重大生产经营决策、自有资金的分配和使用、管理体制和规章制度的改革、职工的福利事业等，要发动广大职工讨论，提交职工代表大会审议，由职代会监督执行。

（六）坚持思想领先的原则，做好深入细致的思想政治工作，把严格的经济责任制同高度的政治责任心结合起来。

（七）按照"四化"要求调整好领导班子。这个班子要有革命事业心，有为国家多作贡献，努力提高经济效益的指导思想，能够认真执行党的政策，年富力强，有知识、懂业务、会管理、善经营。这是搞好企业整顿和完善经济责任制的决定性条件。

三、正确处理国家、企业、职工三者利益的关系

在分配上，一定要做到国家多收，保证国家适当集中财力，进行重点建设。企业和职工所得的增长，要通过改善经营管理，挖掘企业内部潜力来实现。

实现利润留成办法已经三年，明年大部分企业原定试点办法已经到期。为了保持政策的稳定性和连续性，一九八三年要继续执行国务院批转国家经委、国务院体制改革办公室关于实行工业生产经济责任制若干问题意见的通知（国发〔1981〕159号文）和国务院批转关于实行工业生产经济责任制若干问题的暂行规定的通知（国发〔1981〕166号文）规定的利润留成原则和办法。各地区、各部门要在总结经验的基础上，对企业目前实行的利润留成办法、留成比例、包干基数进行一次整顿。凡是不符合国务院规定，包干基数偏低，留成比例过高，重复提取，拿双份钱的，都应加以调整；对于违反财政纪律、截留利润、偷税漏税、乱摊成本，采取不正当手段挤占国家财政收入的，必须加以纠正。未经国家或省、市、自治区批准，任何单位不得向企业摊派费用。通过整顿，既要保证国家财政收入有较多的增加，支持重点建设；又要保护企业正当的利益，使之有条件进行技术改造和改善职工生活，以进一步调动企业的积极性。

利润留成形式，必须从实际出发，不搞一刀切。各地区、各部门根据所属企业的实际情况，可以按照国发〔1981〕159号和国发

〔1981〕166号文件规定的七种利润留成形式和原则，选择一种办法实行。从各地的初步实践情况看，实行全行业利润留成，有利于明确企业主管部门的责任，调整企业之间的苦乐不均，推动行业内部的技术改造；经过机构改革、取消了工业局的县，也可采取以县经委为单位实行统一利润留成或利润包干的办法，以利于减少管理层次，调剂企业之间盈利的多寡；对于那些生产任务稳定，领导班子强，工作基础好，技术改造符合国家发展需要并纳入国家计划的大型企业，按照国务院文件规定的原则，部分省、市、自治区和主管部门可以选择两三个企业，报请国家经委和财政部批准，试行上交利润递增包干，一定几年不变。但不论采取什么形式，一个单位只能实行一种办法，并且必须保证国家多收。

对企业实行利润留成，要进一步贯彻奖勤罚懒的原则。在国家规定的总的留成水平范围内，各主管部门对那些特别努力、各项主要技术经济指标达到同行业先进水平、经营好、对国家贡献大的企业，利润留成比例可以适当高一些；经营差的企业，留成比例就应低一些。

根据当前财政经济状况，各省、市、自治区要做好工作，使职工的奖金明年继续维持在一九八一年的总水平上，总额不要突破。各级领导部门和企业要努力改进奖金的分配，克服平均主义。

四、把完善经济责任制和企业技术改造结合起来

开创社会主义现代化建设的新局面，实现本世纪末的战略目标，主要应依靠技术进步，依靠对现有企业的设备更新和技术改造。企业实行经济责任制以后，要完成对国家承担的经济责任并实现自己的经济利益，必须积极进行技术改造，提高经济效益。

企业生产发展基金、更新改造资金的使用，应当坚持正确方向，主要用于技术进步、技术改造和新产品试制。财政、银行要加强对企业资金使用的检查监督。防止盲目扩建和新建，避免重复建设。

在奖励基金中，应有一定份额，专门用于奖励对技术进步作出贡献的职工。

企业主管部门要制订行业技术改造的规划，指导企业合理使用资金，有计划、有重点、分期分批地搞好行业和企业的技术改造。企业要重视开展群众性的合理化建议和发明创造活动。要简化技术改造项目的审批手续，有关主管部门可采取定期联合办公等办法，加快对技术改造项目的审批。在保证国家计划统一领导下，要给主管局和企业一定的灵活机动权。

要实行产品的优质优价，鼓励企业提高产品质量，发展新产品，加快技术进步。

对分散在企业的结余资金，要研究采取适当的方式调剂使用，促进行业内部重点项目的改造。可以由银行设立信托部门，负责这项工作。银行贷款也应优先安排用于技术革新和技术改造。

五、统筹规划，加强领导

实行经济责任制是一项新的工作，我们要充分认识它的艰巨性和复杂性。还要看到，在国民经济调整时期，实行经济责任制受到许多外部条件的制约，工作上的困难会更多一些。我们应当知难而进，采取积极的态度，坚定不移地把工业经济责任制推向前进。

由于工业的门类多，不同行业、不同企业的情况千差万别，各地区、各部门在完善经济责任制工作中要统筹规划，分类指导。按照各类企业在国民经济中的地位和作用，正确地确定它们在生产、流通、分配等环节上的自主权限，提出不同的要求。首先要重点抓好大型企业完善经济责任制的工作，一个一个地研究落实，制定规划，使它们努力改善经营管理，加速技术革新、技术改造，尽快地把潜力发挥出来。同时，对一部分小型企业，可以实行上交所得税、自负盈亏，逐步放开，具体办法由财政部另行规定。

要总结经验，抓好典型。结合本地区本单位的情况，继续学习首钢的经验，同时也要总结推广本地区的经验，以点带面，推动经济责任制向前发展。

形势的发展，要求经济管理部门必须改进自己的工作。各级领导部门要结合行政机构改革，逐步建立管理部门的责任制。要认真帮助企业解决完善经济责任制中的实际问题和困难，各有关部门要互相配合，通力合作，根据实际情况为企业创造必要的外部条件，力争在今后两三年内，使工业经济责任制逐步健全和完善起来。

财政部关于在国营企业推行利改税第二步改革的报告[①]

（1984 年 8 月 10 日）

按照国务院的决定，利改税第二步改革将于今年十月一日起在全国试行。在六月底召开的全国第二步利改税工作会议上，详细讨论和修改了《国营企业第二步利改税试行办法》和产品税、增值税、盐税、营业税、资源税、国营企业所得税等六个税收条例（草案），以及国营企业调节税征收办法。现将试行办法报请审批，并就几个主要问题报告如下：

一、暂缓开征地方税。根据国务院领导同志指示精神，确定对城市维护建设税、房产税、土地使用税、车船使用税等四个地方税，保留税种，暂缓开征。何时开征，另行报批。在未经正式颁发以前，除了个别地区在一九八三年已经试行开征的以外，各地都不得开征，也不得以收费等形式变相征收。

二、对已经实行利润递增包干等办法的企业，要区别情况进行处理。国务院办公厅已于今年七月十三日发出了《关于今后不再批准企业实行利润递增包干等办法的通知》，各地区、各部门应当严格按照通知的各项规定办理。

三、要加强对这项改革的领导。利改税第二步改革，涉及面广，政策性强，各地区、各部门要加强领导，建议各级政府要有一位领导同志负责抓这项工作。要广泛宣传利改税第二步改革的重大

---

① 《财政部关于在国营企业推行利改税第二步改革的报告》，《中华人民共和国国务院公报》，1984 年 23 期。

意义，进一步统一思想，提高认识。各地区、各部门要从财政、税务机关抽调精干人员组成利改税办公室，负责办理日常工作。要及早制定本地区、本部门的具体实施方案。企业的调节税税率，要在今年十一月底以前，汇总上报财政部核批。

四、要严格执行国家的价格政策，防止物价波动。这次利改税第二步改革，调整了部分产品的税率，并开征了一些新税，是为了解决国家与企业的分配关系。要向企业讲清楚，这是税、利之间的转移，不牵涉到价格的变动。任何企业都不准以国家增税为由，自行提高物价，降低产品质量，缺斤少两，变相涨价，损害群众利益。

五、要帮助企业推行内部经济责任制。利改税第二步改革，能不能达到预期目的，还要看国家与企业之间的分配关系问题解决之后，企业能不能在内部认真实行经济责任制，调动广大职工的积极性，解决职工吃企业"大锅饭"的问题。希望各级经委、企业主管部门和财政部门，结合企业整顿，督促企业实行不同形式的经济责任制，在提高经济效益上下功夫。要鼓励企业挖掘内部潜力，增产增收，为企业求发展，为国家作贡献。

六、要严格财政、税务监督。通过这次改革，进一步扩大了企业自主权，国家对企业不必要的行政干预可以大大减少。企业依法纳税后，利润归企业支配。但是，不能认为实行利改税以后，国家就可以不再进行财政监督了。各级财政、税务机关应当根据《国营企业成本管理条例》和国营企业财务会计制度，对企业成本列支范围和成本、利润的计算，进行严格检查监督，防止偷税、漏税等损害国家利益的行为。

以上报告，请审议。如无不妥，请连同《国营企业第二步利改税试行办法》批转各地区、各部门，从一九八四年十月一日起试行。

国营企业第二步利改税试行办法[1]

（1984 年 8 月 10 日）

为了促进城市经济体制改革，进一步搞活经济，调整和完善国家与企业之间的分配关系，保证国家财政收入的稳定增长，并使企业在经营管理和发展上有一定的财力保证和自主权，调动企业和职工的积极性，特制定本办法。

一、第二步利改税，将现行的工商税按照纳税对象，划分为产品税、增值税、盐税和营业税；将第一步利改税设置的所得税和调节税加以改进；增加资源税、城市维护建设税、房产税、土地使用税和车船使用税。国营企业应按照国务院颁布的有关税收条例（草案）和征收办法执行。

（一）产品税。对生产应纳产品税产品的国营企业，在应税产品销售后，应按照规定计算缴纳产品税。

从一九八四年十月一日起，卷烟提价收入部分，也按规定缴纳产品税。原由预算拨补的烟叶提价补贴和名牌烟价外补贴，同时取消。

（二）增值税。对生产应纳增值税产品的国营企业，在应税产品销售后，应按照规定计算缴纳增值税。通过实行增值税，避免重复纳税，促进专业化协作生产的发展，适应调整生产结构的需要。

计算缴纳增值税时应扣除的项目，应按照国家统一规定办理，不得任意扩大或缩小范围。

（三）盐税。对生产、经营和进口盐的国营企业，在销售或进

---

[1] 《国营企业第二步利改税试行办法》，《中华人民共和国国务院公报》，1984 年 10 期。

口盐时，应按照规定计算缴纳盐税。

（四）营业税。对从事商业、物资供销、交通运输、建筑安装、金融保险、邮政电讯、公用事业、出版业、娱乐业、加工修理业和其他各种服务业的国营企业，在商品销售或取得营业收入后，应按照规定计算缴纳营业税。

国营商业批发环节的营业税，先在石油和五金、交电、化工行业征收；国营商业其他行业以及物资、供销、医药、文教和县以上供销社等批发环节的营业税，暂缓征收。

国营建筑安装企业承包工程的收入，暂缓征收营业税。

（五）资源税。对从事原油、天然气、煤炭、金属矿产品和其他非金属矿产品资源开发的国营企业，在应税产品销售后，应按照规定计算缴纳资源税。

目前先对原油、天然气、煤炭征收资源税，其余的暂缓开征。

对合理开发资源的矿产企业（包括小煤窑），国家需要扶植发展的，可以给予减税照顾。

（六）城市维护建设税。凡缴纳产品税、增值税、营业税的国营企业，应按照规定计算缴纳城市维护建设税。

（七）房产税。对拥有房产的国营企业，应按照规定计算缴纳房产税。

（八）土地使用税。对使用属于国家所有土地的国营企业，应按照规定计算缴纳土地使用税。

（九）车船使用税。对拥有行驶车船的国营企业，应按照规定计算缴纳车船使用税。

（十）所得税。对盈利的国营大中型企业，应按照55%的固定比例税率计算缴纳所得税；对盈利的国营小型企业，应按照新的八级超额累进税率计算缴纳所得税。

（十一）调节税。盈利的国营大中型企业在缴纳所得税后，应按照核定的调节税税率，计算缴纳调节税。

上述城市维护建设税、房产税、土地使用税和车船使用税，保留税种，暂缓开征。另外，国营企业缴纳的屠宰税、烧油特别税、农（牧）业税、建筑税以及奖金税等，仍按原有规定征收。

二、核定调节税税率时，以企业一九八三年实现的利润为基数，在调整由于变动产品税、增值税、营业税税率以及开征资源税而增减的利润之后，作为核定的基期利润。基期利润扣除按55%计算的所得税和一九八三年合理留利后的部分，占基期利润的比例，为核定的调节税税率。

在核定国营卷烟企业的调节税税率时，企业一九八三年实现的利润还应加上卷烟提价收入，再扣除卷烟提价收入应纳产品税、烟叶提价补贴、名牌烟价外补贴后的余额，作为核定的基期利润。

凡与其他单位联营的企业，在核定调节税税率时，还要加上按规定从联营单位分得的利润，或减掉分给联营单位的利润，作为核定的基期利润。

核定的基期利润扣除按55%计算的所得税后，余利达不到一九八三年合理留利的大中型企业，不征调节税，并在一定期限内，经过批准，减征一定数额的所得税。

企业的调节税税率和上述减征的所得税，由财税部门商企业主管部门核定。各省、自治区、直辖市财税部门核定的企业调节税税率和减征的所得税，要汇总报财政部批准。

企业当年利润比核定的基期利润增长部分，减征70%调节税。利润增长部分按定比计算，一定七年不变。对物资、供销、金融、保险企业、不实行减征70%调节税的办法。

核定的调节税税率，自一九八五年起执行。

三、国营小型盈利企业，按新的八级超额累进税率缴纳所得税以后，一般由企业自负盈亏，国家不再拨款。但在核定基数时，对税后利润较多的企业，国家可以收取一定数额的承包费，具体办法由各省、自治区、直辖市人民政府确定。税后不足一九八三年合理留利的，经过批准，可在一定期限内减征一定数额的所得税。

京、津、沪三市，固定资产原值不超过四百万元，年利润不超过四十万元，两个条件同时具备的，为国营小型工交企业；其他地区，固定资产原值不超过三百万元，年利润不超过三十万元，两个条件同时具备的，为国营小型工交企业（包括城市公用企业和商办工业、粮办工业、饲料工业、储运企业）。

以独立核算的自然门店为单位，京、津、沪三市，年利润不超过二十万元，职工人数不超过六十人；各省省会、自治区首府所在城市和重庆市，年利润不超过十五万元，职工人数不超过六十人；其他城市，年利润不超过八万元，职工人数不超过三十人的，均为国营小型商业零售企业。小型商业零售企业的标准，利润额的条件必须具备，是否要同时具备职工人数的条件，由各省、自治区、直辖市人民政府自行确定。

各省、自治区、直辖市人民政府可根据本地实际情况，在上述标准范围内，作适当调整。个别城市需要放宽标准的，要报财政部批准。

物资部门所属生产资料服务公司或门市部、煤建公司、废金属回收公司和县物资企业，可比照其他城市小型商业零售企业的标准，划分小型物资企业。

商办农牧企业，一律视为小型企业。

商业批发企业、贸易中心、贸易货栈、侨汇商店、友谊商店、石油商店（包括加油站）、外轮供应公司、自选商店、食品购销站、物资企业（不包括上述划为小型企业的物资企业）和供销企业，不论利润、固定资产和职工人数多少，一律视为大中型企业。

对文教企业，可分别比照小型工交企业和小型商业零售企业的标准，划分小型企业。

小型企业一律按一九八三年的有关数据划分。但对一九八三年实现的利润，应相应调整由于变动税率和开征新税而增减的利润。上述小型企业划分标准和新的八级超额累进所得税税率，均从一九八五年起执行。小型企业划定后，一定七年不变。

四、营业性的宾馆、饭店、招待所和饮食服务企业，都按新的八级超额累进税率缴纳所得税。企业缴纳的所得税，比第一步利改税办法多缴的部分，由同级财政列作预算支出，拨给主管部门用于网点建设、技术改造和重点扶持。

五、军工企业、邮电企业、民航企业、外贸企业、农牧企业和劳改企业，以及少数经批准试行上交利润递增包干等办法的企业，暂不按本办法缴纳所得税和调节税，但应按有关规定缴纳其他各税。其利润和资金占用费的上缴以及职工福利基金、奖金的列支办法，仍按原规定执行。

六、对亏损企业的微利企业的补贴或减税、免税，按以下办法处理：

（一）凡属国家政策允许的亏损，实行计划补贴办法，超亏不补，减亏分成。补贴数额和减亏分成比例，可一年一定，也可以一定三年不变。

（二）凡属经营管理不善造成的亏损，由企业主管部门责成企业限期扭亏。在规定限期内，由财政部门适当核定亏损补贴，超亏不补，减亏分成；超过限期的，一律不再补贴。到期扭亏为盈的，按本办法实行利改税。

凡在规定扭亏期限内提前扭亏为盈的，当年的亏损补贴照拨，盈利留用；第二年实现的利润，视同减亏，按规定分成。

（三）一九八三年的盈利企业，由于调增税率和开征新税使一九八三年由盈变亏的或利润不足一九八三年合理留利的，可在三年内减征产品税、增值税和营业税。这些企业可视为微利企业，不缴所得税和调节税。在实际执行中，实现利润超过合理留利的，可由国家与企业分成，分成比例一定三年不变。

上述企业一九八三年合理留利和减征各税数额，由财税部门商企业主管部门核定。各省、自治区、直辖市财税部门核定企业的减税数额，要汇总报财政部批准。

七、国营企业的职工福利基金和奖金的列支办法，按照《国营企业成本管理条例》及其实施细则执行。建筑工人、煤矿井下采掘工人和铁路、港口码头装卸工人的计件超额工资，应计入成本。

八、国营企业在申请技措性借款时，借款项目所需资金的10—30%，要用企业专用基金自行解决。在归还技措性借款和基建改扩建项目借款时，经过财政部门批准后，可在缴纳所得税之前，用借款项目投产后新增利润归还。

企业用利润归还上述借款的，可提取职工福利基金和职工奖励基金。

在计算增长利润时，为使口径一致，原则上基期利润可扣除一九八三年归还上述借款的利润和企业单项留利。具体扣除数额，由财政部门批准。

九、实行第二步利改税以后,遇有价格、税率调整,除变动较大,并经国务院专案批准允许适当调整基期利润和调节税税率的以外,一律不作调整。调整基期利润和调节税税率,要按本办法第二条规定报经批准。

企业新建车间投产或全厂性技术改造完成,生产能力扩大,必须报主管部门和同级财政部门,相应调整核定的基期利润。如是借款项目,可在还清借款时进行调整。

十、企业留用利润应合理分配使用。要建立新产品试制基金、生产发展基金、后备期金、职工福利基金和职工奖励基金。职工奖励基金占企业留利的比例,由财政部与各省、自治区,直辖市和企业主管部门商定,并由各地区、各部门层层核定到所属企业。企业从增长利润中留用的利润,一般应将50%用于生产发展,20%用于职工集体福利,30%用于职工奖励。

十一、在本办法颁发以前,已经实行利润递增包干等办法的企业,应区别情况,按下列规定进行处理:

(一)经国务院或财政部、国家经委批准试行利润递增包干等办法的企业,凡是已经到期的,应改按本办法执行;尚未到期的,继续试行原办法,但到期后必须改过来。

(二)各省、自治区、直辖市人民政府批准试行利润递增包干等办法的企业,各地要进行一次清理。已经到期的,应改按本办法执行。尚未到期的,如果搞得比较好,国家与企业的分配关系比较合理,到期后再改过来,但要补报财政部、国家经委批准;如果分配不合理,各方面看法又不一致的,应当尽快改过来,按本办法执行。

(三)行署和市、县人民政府自行批准搞利润增递包干等办法的，应当坚决改过来，按本办法实行利改税。

（四）凡是经过批准继续实行利润递增包干等办法的企业，从今年第四季度起，都应按照新的税收条例（草案），缴纳产品税、增值税、营业税和资源税。

十二、实行第二步利改税以后，企业主管部门仍可适当集中一部分留利，用于重点技术改造和商业网点、设施的建设，但不得用于主管部门本身的支出。企业主管部门集中的留利，可自行从企业集中，也可采用退库办法解决。

十三、按照《中华人民共和国民族区域自治法》第三十五条的规定，民族自治地方在执行国家税法时，除应由国家统一审批的减免税收项目以外，对某些属于地方财政收入，需要从税收上加以照顾和鼓励的，经省、自治区人民政府批准，可以实行减税、免税。

西藏自治区对本办法如何执行，由自治区人民政府决定。

十四、试行本办法的具体规定，由财政部制定。

十五、本办法自一九八四年十月一日起试行。过去颁布的有关规定与本办法有抵触的，一律以本办法为准。

政策法规

国务院关于国营企业工资改革问题的通知[①]

（1985年1月5日）

各省、自治区、直辖市人民政府，国务院各部委、各直属机构：

根据《中共中央关于经济体制改革的决定》精神，为了增强企业的活力，充分发挥企业和职工的主动性、积极性和创造性，克服企业工资分配中的平均主义、吃大锅饭的弊病，必须对企业的工资制度进行改革，使企业职工的工资同企业经济效益挂起钩来，更好地贯彻按劳分配的原则，以促进生产的发展和职工生活水平的提高，加速社会主义现代化建设。

现对国营企业工资改革的有关问题通知如下：

一、企业工资总额同经济效益挂钩。从一九八五年开始，在国营大中型企业中，实行职工工资总额同企业经济效益按比例浮动的办法。

二、国家对企业的工资，实行分级管理的体制。国家负责核定省、自治区、直辖市（包括计划单列城市，下同）和国务院有关部门所属企业的全部工资总额，及其随同经济效益浮动的比例。每个企业的工资总额和浮动比例，由省、自治区、直辖市和国务院有关部门在国家核定给本地区、本部门所属企业的工资总额和浮动比例的范围内逐级核定。

三、省、自治区、直辖市和国务院有关部门所属企业的全部工资总额，原则上按照国家统计局关于工资总额组成的现行规定，以

[①]《国务院关于国营企业工资改革问题的通知》，中国政府网，2015年6月13日。

一九八四年的工资总额为基数进行核定。各省、自治区、直辖市和国务院有关部门在核定所属企业的工资总额时，应剔除其中不合理的部分。

按照国务院国发〔1983〕65号文件规定，一九八三年企业调整工资增加的工资总额，由自有资金负担的部分，从一九八五年一月一日起列入企业成本，允许核定在一九八四年工资总额之内。

四、工资总额同经济效益挂钩的指标，国家对省、自治区、直辖市和国务院有关部门，一般应以一九八四年的实际上缴税利作为工资总额的挂钩指标。一九八四年上缴税利低于前三年实际平均数的，按照前三年上缴税利的实际完成情况酌情核定。

省、自治区、直辖市和国务院有关部门在核定所属企业工资总额和经济效益挂钩指标时，应从实际出发，选择能够反映企业经济效益和社会效益的指标，作为挂钩指标，其他经济指标可以作为考核指标，并相应规定工资总额增减的比例。工业企业一般可以实行工资总额同上缴税利挂钩，产品单一的企业可以同最终产品的销量挂钩。交通运输企业可以同周转量或运距运量挂钩。商业服务业可以同销售额或营业额、上缴税利挂钩，还要考核执行政策、服务质量等指标。对于违反政策和服务质量差的，要相应扣减工资总额的增长比例。鉴于商业服务业情况比较复杂，各地应从实际情况出发，制定具体实施办法。

政策性亏损企业，可以按减亏幅度作为主要经济指标与工资总额挂钩。经营性亏损企业，在扭亏为盈以后，工资总额才可以随经济效益按比例浮动。

建筑、煤矿企业可以继续实行百元产值工资含量包干和吨煤工资含量包干，但要逐步完善包干办法。

不论实行何种挂钩办法，都必须以保证完成国家下达的计划任务和正确执行国家的经济政策作为前提。

五、企业工资总额同经济效益挂钩浮动的比例，国家对省、自治区、直辖市和国务院有关部门，以人均上缴税利为主，同时考虑国家投资比例、百元工资税利率、劳动生产率的高低等情况分别确定。一般上缴税利总额增长 1%，工资总额增长 0.3%至 0.7%，某些特殊行业和地区，可以超过 0.7%，但最多不得超过 1%。上缴税利下降时，工资总额要相应下浮。为了保证职工的基本生活，下浮工资总额的比例可以作适当限制。

省、自治区、直辖市和国务院有关部门在核定企业的工资总额浮动比例时，要在国家核定给本地区、本部门工资浮动比例的范围内，按照企业的具体情况，根据兼顾国家、企业、个人三者利益的原则确定。

国家核定给省、自治区、直辖市和国务院有关部门所属企业的工资总额和同经济效益挂钩的比例，一九八五年先试行一年，从一九八六年开始一定三年或五年不变。省、自治区、直辖市和国务院有关部门，对企业要定期核定工资总额和工资浮动比例。为了使企业工资总额同经济效益挂钩浮动的办法做到切实可行，可以先试行一年，再进一步审定挂钩指标和浮动比例，一定几年不变。

企业工资总额随同经济效益按比例相应增长的部分，允许计入成本，但企业不再从留利中提取奖励基金，并相应降低企业的留利水平。

六、企业与国家机关、事业单位的工资改革和工资调整脱钩。企业实行工资总额随同本企业经济效益浮动办法以后，企业职工工资的增长应依靠本企业经济效益的提高，国家不再统一安排企业职工的工资改革和工资调整。企业之间因经济效益不同，工资水平也可以不同。允许具有相同学历、资历的人，随所在企业经济效益的不同，和本人贡献大小，工资收入出现差距。

七、企业的工资改革，要贯彻执行按劳分配的原则，以体现奖勤罚懒、奖优罚劣，体现多劳多得、少劳少得，体现脑力劳动和体力劳动、复杂劳动和简单劳动、熟练劳动和非熟练劳动、繁重劳动和非繁重劳动之间的合理差别。至于具体工资分配形式，是实行计件工资还是计时工资，工资制度是实行等级制，还是实行岗位（职务）工资制、结构工资制，是否建立津贴、补贴制度，以及浮动工资、浮动升级等，均由企业根据实际情况，自行研究确定。企业主管部门和劳动人事部门，要帮助企业及时总结经验，择优推广。企业可以把工资总额随同经济效益提高增加的工资，连同现行奖金的大部分用来改革工资制度，留下的少量奖金，主要用于奖励少数在生产、工作中有技术革新、发明创造和突出贡献的职工。

不论实行什么分配形式和工资制度，都必须同建立健全以承包为主的多种形式的经济责任制紧密结合起来，层层落实，明确每个岗位、每个职工的工作要求，使职工的劳动报酬同其劳动贡献密切挂起钩来。

八、各专业银行系统和保险公司系统的工资改革，由专业银行总行和保险总公司拟订方案，经劳动人事部会同有关部门审查后报国务院批准。全国性公司及其直属公司的工资改革，由总公司拟订方案，经劳动人事部审查后报国务院批准。

九、建立企业工资增长基金。企业随同经济效益提高而提取的工资增长基金，归企业所有，不得平调。可以在银行设立工资增长基金专户，允许跨年度使用。但企业每年增加的工资超过工资总额的一定限额时，国家要征收工资调节税；如果留作企业内部工资基金，以丰补歉，在年度之间调剂使用时，国家免征工资调节税。

十、企业实行工资总额随同经济效益浮动办法以后,国家对省、自治区、直辖市和国务院有关部门,除新建、扩建项目和国家政策规定必须安排的复员退伍军人、转业干部和大中专毕业生所需增加的工资总额外,原则上实行增人不增工资总额,减人不减工资总额。省、自治区、直辖市和国务院有关部门对所属企业,可以按照增人不增工资总额,定员内减人不减或少减工资总额的办法办理。企业的富余人员,由企业通过广开生产、服务门路,发展第三产业,妥善加以安置。

十一、各省、自治区、直辖市和国务院有关部门要积极做好各项准备工作,使多数大中型国营企业,在一九八五年实行工资总额随同企业经济效益按比例浮动的办法。未实行这一办法的企业,仍应按照国务院国发〔1984〕55号、67号和国办发〔1984〕35号等有关文件的规定执行。这些企业用企业奖励基金改革工资制度的,超限额奖金税的起征点可以适当提高(办法另订)。

国营小型企业,按照国家的有关规定,继续实行全民所有、集体经营、照章纳税、自负盈亏的办法,在交足国家税收、留够企业发展基金以后,由企业自主进行分配。

由全民所有制改为集体所有制的供销合作社的工资改革问题,由省、自治区、直辖市参照本通知的精神,自行制定具体办法。

十二、实行工资总额随同经济效益浮动办法,是企业工资制度的一项重大改革,涉及面大,政策性强,关系到发展生产力和每个职工的切身利益,必须认真搞好。各地区、各有关部门一定要加强领导,做好职工思想政治工作和各项准备工作,经过试点,总结经验,逐步推行。各级劳动人事部门和计委、经委、财政等部门,要深入调查研究,及时发现和解决改革中的问题,把企业工资改革工作搞好。

关于深化大型企业集团试点工作的意见（节选）[1]
（国家计委、国家经贸委、国家体改委）
（1997年4月8日）

为适应建立社会主义市场经济体制的要求，根据党的十四届五中全会提出的"国家必须重点抓好一批在国民经济中起骨干作用的大型企业和企业集团"的精神和国务院关于选择第二批大型企业集团参加试点的要求，现就试点工作和选择第二批试点企业集团名单的有关问题提出如下意见：

一、深化企业集团试点工作的必要性和目的

《国务院批转国家计委、国家体改委、国务院生产办公室关于选择一批大型企业集团进行试点请示的通知》下发以来，第一批57家企业集团试点工作取得了积极进展，基本达到了试点的目的。主要表现在：进行了以资本为联结纽带、理顺企业集团内部关系的探索；扩展了企业集团功能，壮大了集团实力，初步形成了一批在市场上具有一定竞争力的企业集团，对促进结构调整和提高规模效益起到了一定的积极作用；深化了企业集团内部改革，促进了企业经营机制的转变，提高了企业经营管理水平；通过试点，对全国企业集团的建设、发展起到了一定的示范作用。

当前，我国国民经济和社会发展进入了新的阶段。经济体制从传统的计划经济体制向社会主义市场经济体制转变，经济增长方式

---

[1]《关于深化大型企业集团试点工作的意见》，《中华人民共和国国务院公报》，1997年15期。

由粗放型向集约型转变。在建立社会主义市场经济体制中，确定了国有企业改革的方向是建立现代企业制度，颁布实施了《中华人民共和国公司法》（以下简称《公司法》）。随着对外开放的进一步扩大，企业面临的国内外市场竞争也将愈加激烈。因此，在国民经济发展进入实现两个根本性转变的关键时期，按照建立现代企业制度和搞好整个国有经济的要求，深化大型企业集团试点工作很有必要。

深化大型企业集团试点工作要达到以下主要目的：

（一）在国民经济的关键领域和关键行业中形成一批大型企业集团，积极发挥大型企业集团在国民经济中的骨干作用。

（二）本世纪末，大型企业集团母、子公司初步建立现代企业制度，成为自主经营、自负盈亏、自我发展、自我约束的法人实体和市场竞争主体。建立以资本为主要联结纽带的母子公司体制。

（三）推动生产要素的合理流动和资源的优化配置，连结和带动一批企业的改组和发展，形成规模经济，增强在国内外市场上的竞争力。

（四）提高国有资产的营运效率和效益，确保国有资产的保值增值。

（五）转变政府职能，逐步实现政企分开。促进跨地区、跨行业的经济联合，增强国家宏观调控的能力。

二、建立以资本为主要联结纽带的母子公司体制

（一）试点企业集团母公司及其成员企业在清产核资、界定产权的基础上，要按照《公司法》的有关规定进行规范或改建，逐步理顺集团内部产权关系，形成以资本为主要联结纽带的母子公司体制。试点企业集团母公司一般可改建为国有独资公司或两个股东以

上的有限责任公司；试点企业集团子公司一般应改建为两个股东以上的有限责任公司或股份有限公司。

（二）明确试点企业集团母公司的出资人，建立出资人制度。试点集团母公司是国有独资公司的，其出资人应是国家授权投资的机构或国家授权的部门。

少数具备条件的试点企业集团母公司，经国务院批准，可以作为国家授权投资的机构。

（三）建立科学、民主的领导体制和决策体制。试点企业集团母公司、子公司要按照《公司法》建立法人治理结构，形成权力机构、经营机构和监督机构相互分离和制衡的机制。试点企业集团母公司、子公司的董事会和监事会成员，按照《公司法》和公司章程产生。

董事会聘任总经理，董事长一般不兼任总经理。经国务院批准的国有独资公司可暂不设董事会。

（四）试点企业集团要根据建立现代企业制度的要求和国家有关规定，进行劳动、人事、工资制度的改革，加强内部管理；按照国家规定实行职工养老、医疗、失业、工伤保险；逐步分离目前承担的非生产经营性职能，并采取措施妥善安置分离后的人员。

三、进一步增强试点企业集团母公司的功能

试点企业集团母公司要在制定集团发展战略、调整结构、协调利益等方面发挥主导作用，逐步成为集团的投融资、科技开发、对外贸易和经济技术交流等重大经营活动的决策中心。试点企业集团母公司要根据行业发展和产品的市场特征，合理确定企业集团的经营管理体制，健全集团规章制度，规范试点企业集团母公司与成员

企业之间的权利义务关系，增强试点企业集团的整体优势和竞争力。

（一）增强试点企业集团母公司的投资功能。固定资产投资小型和限额以下项目，符合国家产业政策、布局政策的，由试点企业集团母公司决策，报有关行业主管部门备案。

吸收外商直接投资项目，凡符合国家《指导外商投资方向暂行规定》，属于《外商投资产业指导目录》鼓励类、允许类项目，中方投资和建设、生产经营条件以及外汇需求可自行平衡解决，投资规模在3000万美元以下的生产性项目，由试点企业集团母公司决策；并根据项目建设性质分别报国家计委、国家经贸委备案，企业合同、章程报外经贸部备案。国家计委、国家经贸委在收到文件1个月之内，可提出否决或修改意见。

大中型和限额以上项目，按国家有关规定办理。

受国务院委托，经国家计委、国家经贸委、国家体改委批准，并报国务院备案，试点企业集团母公司根据需要向其他有限责任公司、股份有限公司投资的累计投资额，可超过自身净资产的百分之五十。

（二）增强试点企业集团母公司的融资功能。试点企业集团母公司经国务院有关主管部门批准，可以在国内外金融、证券市场进行融资。在发行企业债券、选择上市公司时，优先安排试点企业集团中符合条件的企业。

经国务院有关主管部门批准，少数具备条件的试点企业集团母公司可享有对外融资权。

经国务院主管部门批准，从事国际工程承包等国际经济合作业务的试点企业集团母公司，根据《中国人民银行关于印发〈境内机构对外担保管理办法〉的通知》（银发〔1996〕302号）规定，可享有对外担保权。

（三）经国务院主管部门批准，试点企业集团母公司享有自营进出口权，可从事与本集团相关同类产品、配套产品的进出口业务。具备条件的试点企业集团子公司或成员企业可单独申请自营进出口权。鼓励组织以本集团产品为主的成套设备的出口。

具备条件的试点企业集团母公司，经国务院主管部门批准，可从事本行业对外工程承包和对外劳务合作。

（四）有条件的试点企业集团都要建立技术中心，提高技术创新、消化吸收引进技术及新产品开发能力，以提高在国际市场上的竞争力。

四、多渠道增补试点企业集团资本金，发挥其在结构调整中的作用

试点企业集团母公司要按专业化分工的要求，进行集团内部组织结构、产业结构和产品结构的调整，提高结构效益和规模效益。

（一）合理调整试点国有企业集团负债结构。关于试点国有企业集团"拨改贷"资金转为国家资本金问题，按照《国务院批转国家计委、财政部、国家经贸委关于将部分企业"拨改贷"资金本息余额转为国家资本金意见的通知》（国发〔1995〕20号）的规定执行。

国务院有关部门要研究多渠道增补试点国有企业集团母公司的国有资本金的办法，使国有资本金逐步达到规定的比例。

（二）建立资本金注入制度。试点企业集团母、子公司无资本金或资本金未达到有关规定的，应由其出资人注入资本金。

（三）积极支持试点企业集团对国有资产存量进行重组。在国务院确定的企业"优化资本结构"试点城市的试点国有企业集团母公司及其子公司可执行《国务院关于在若干城市试行国有企业兼并破产和职工再就业有关问题的补充通知》（国发〔1997〕10号）中有关企业兼并破产和职工再就业的规定；非试点城市中的试点国有企业集团，也可执行国发〔1997〕10号文件的有关政策规定，但须由所在地省、自治区企业兼并破产和职工再就业工作协调小组报经全国企业兼并破产和职工再就业工作领导小组批准，并纳入全国企业兼并破产和职工再就业工作计划。

五、加强对试点企业集团的监督、考核

（一）试点企业集团母公司是国有独资公司的，应按照《国有企业财产监督管理条例》规定，由有关授权监督机构派出监事，组成监事会。

（二）授权的监督机构或具有出资人职能的有关部门要定期对试点企业集团母公司的财产经营管理和国有资本营运情况进行监督或考核，依据考核指标的完成情况决定奖惩。

（三）试点企业集团要按国家规定，建立集团合并会计报表制度。健全集团内部的财会制度及资本营运的审计和监督制度，提高资本营运效率，并定期向其出资人或监督机构如实报告资本营运情况。

（四）汇总纳税的试点企业集团及成员企业应按国家税务总局的有关规定，接受所在地税务机关的监督管理。

六、扩大大型企业集团试点的范围和条件

选择第二批试点企业集团的范围是：（1）适合集团发展，属于国家产业政策重点支持的行业，（2）市场竞争能力较强的企业集团或实力较强的外向型企业集团，（3）企业集团的母公司以国有企业为主，同时考虑具备条件的其他所有制企业。

选择第二批试点企业集团的主要条件是：（1）已经国家或省级有关部门批准成立的企业集团，或根据国家产业结构调整的需要，正在筹备组建的企业集团。（2）企业集团在资产规模、生产经营、出口创汇和对国家的贡献等方面具有举足轻重的地位，在行业中名列前茅。母公司是工业企业的，一般应为特大型企业。（3）企业集团有较好的经营业绩和发展前景，经营管理制度比较健全，领导班子素质较高。（4）母公司不承担政府的行政管理职能。

根据上述原则和条件，经国务院批准，确定了六十三家大型企业集团参加第二批试点。

七、做好企业集团试点的组织和领导工作

国家计委、国家经贸委和国家体改委要按照《国务院批转国家计委、国家体改委、国务院生产办公室关于选择一批大型企业集团进行试点请示的通知》的分工和要求，继续做好对试点工作的组织、指导和协调工作，各有关地方人民政府和国务院有关部门要继续积极配合。

试点企业集团要根据本文件提出的深化试点工作的要求，制定试点方案，报送国家计委、国家经贸委、国家体改委及国务院有关部门或地方政府。试点方案制定的协调、指导工作由国家经贸委牵头。试点方案的制定工作于 1998 年 6 月底以前完成。为更好地做好企业集团试点工作，根据试点的实际进展情况，国家计委、国家经贸委和国家体改委可会同有关方面对试点企业集团名单提出必要的调整意见，提交国务院国有企业改革工作联席会议审定。

关于试点企业集团设立财务公司和申请外事审批权问题，继续按照国发〔1991〕71号文件的规定执行；汇总缴纳企业所得税按现行办法办理；试点企业集团母公司主要领导人员的管理办法，按现行管理体制和《公司法》的有关规定执行；原则上不再新增实行国家计划单列和享受相应级别政治待遇的试点企业集团。国发〔1991〕71号文件的其他内容与本文件不一致的，以本文件为准。国务院有关部门要根据本文件的精神，对过去为企业集团试点制定的配套文件进行修订完善或制定新的文件，并须会同国家计委、国家经贸委、国家体改委发布执行，为推进企业集团试点工作创造条件。

以上意见如无不妥，建议批转各地区、各部门遵照执行。

（下略）

国家经贸委、中国人民银行关于实施债权转股权若干问题的意见[①]

（1999年7月30日）

国务院决定，国有商业银行组建金融资产管理公司，依法处置银行原有的不良信贷资产。同时，为支持国有大中型企业实现三年改革与脱困的目标，金融资产管理公司作为投资主体实行债权转股权，企业相应增资减债，优化资产负债结构。为此，经国务院同意，特提出关于实施债权转股权若干问题的意见。

一、目的和原则

1. 盘活商业银行不良资产，加快不良资产的回收，增加资产流动性，防范和化解金融风险。
2. 加快实现债权转股权的国有大中型亏损企业转亏为盈。
3. 促进企业转换经营机制，加快建立现代企业制度。

实施债权转股权要与贯彻国家产业政策、优化经济结构相结合，促进企业技术进步和产品升级，增强企业竞争力，提高经济增长质量和效益。

二、选择企业的范围与条件

按照高标准、严要求的精神，目前选择债权转股权企业的范围和条件如下：

[①]《国家经贸委、中国人民银行关于实施债权转股权若干问题的意见》，中国政府网，2014年1月28日。

（一）选择企业的范围

1．"七五"、"八五"期间和"九五"前两年主要依靠商业银行贷款（包括外币贷款）建成投产，因缺乏资本金和汇率变动等因素，负债过高导致亏损，难以归还贷款本息，通过债权转股权后可转亏为盈的工业企业。

2．国家确定的521户重点企业中因改建、扩建致使负债过重，造成亏损或虚盈实亏，通过优化资产负债结构可转亏为盈的工业企业。

3．被选企业同时应是1995年及以前年度向商业银行贷款形成不良债务的工业企业。有些地位重要、困难很大的企业，时限可以延至1996、1997、1998年。

4．工业企业直接负债方，作为债权转股权的企业，必须具有独立企业法人资格。

5．选择个别商贸企业，进行债权转股权企业的试点。

（二）被选企业必须具备的条件

1．产品品种适销对路（国内有需求、可替代进口、可批量出口），质量符合要求，有市场竞争力。

2．工艺装备为国内、国际先进水平，生产符合环保要求。

3．企业管理水平较高，债权债务清楚，财务行为规范，符合"两则"要求。

4．企业领导班子强，董事长、总经理善于经营管理。

5．转换经营机制的方案符合现代企业制度的要求，各项改革措施有力，减员增效、下岗分流的任务落实并得到地方政府确认。

被选企业必须具备上述条件。凡不具备条件的企业应先行整顿，特别是领导班子达不到要求的，必须进行调整。

三、选择企业的操作程序

1. 国家经贸委按照选择范围和条件，严格把关，防止一哄而起。要在征求有关部门意见的基础上，通过双向选择，初步提出企业名单；组织国家有关部门和商业银行到企业调查了解生产经营、资产负债、市场销售、企业管理和内部改革等情况，向金融资产管理公司提出符合条件的企业的建议名单。商业银行及金融资产管理公司也要向国家经贸委提供被剥离的不良信贷资产企业的情况，并就债权转股权问题交换意见。

2. 金融资产管理公司对建议名单中的企业经过独立评审，确认实施债权转股权的企业名单。评审中，要防止行政干预。必要时，可委托国内外中介机构评估、论证。

3. 国家经贸委、财政部、中国人民银行对金融管理公司确认的企业债权转股权的条件、方案，联合进行严格审核后，报国务院批准实施。

四、金融资产管理公司与企业的关系

1. 金融资产管理公司在债权转股权后，即成为企业的股东，对企业持股或控股，派员参加企业董事会、监事会，参与企业重大决策，但不参与企业的日常生产经营活动。

2. 企业按照《中华人民共和国公司法》规定进行改制，并认真建立规范的法人治理结构，重新进行工商注册登记。

3. 金融资产管理公司持有的股权，可按有关规定向境内外投资者转让，也可由债权转股权企业依法回购；符合上市条件的企业，可以上市。关系国计民生且国家必须控股的企业，在转让或上市时，要保证国家控股。

五、职责分工

1. 国家经贸委综合协调债权转股权的各项工作，组织指导企业制定债权转股权方案和建立现代企业制度。

2. 中国人民银行会同财政部对各债权银行及其金融资产管理公司剥离和处置不良资产实施监管。当债权转股权企业在多家商业银行同时贷款时，由最大债权人负责牵头，采取集体工作方式，有效进行债权转股权的工作。

3. 财政部会同中国人民银行制定金融资产管理公司不良资产处置考核办法；各级财政部门按企业隶属关系办理债权转股权企业的产权变更登记手续。

各级财政部门要加强对债权转股权企业和社会中介机构的财政监督。企业和社会审计机构必须保证会计财务报表的真实性和完整性。

4. 中国证监会依法受理实施债权转股权企业的上市申请，加快审批。

5. 各省、自治区、直辖市人民政府要积极支持企业债权转股权工作，涉及企业资产重组过程中分离非经营性资产、职工下岗分流等企业改革事项，要采取措施，确保提供必要的条件。

债权转股权是一项新的政策性很强的工作，没有现成的经验，需要在实践中探索。实施过程中，拟按先易后难、由点到面的原则，集中力量首先抓好几个企业，通过试点取得经验，而后推广，并对本意见加以补充、修改，同时尽快制定和完善有关法规。

国家开发银行不组建金融资产管理公司，其实施债权转股权工作参照本意见办理。

中共中央关于国有企业改革和发展若干重大问题的决定（节选）[①]

（1999年9月22日）

为实现党的十五大提出的我国改革开放和现代化建设跨世纪发展的宏伟目标，中国共产党第十五届中央委员会第四次全体会议讨论了国有企业改革和发展的若干重大问题，并作如下决定。

（中略）

二、国有企业改革和发展的主要目标与指导方针

党的十五大和十五届一中全会提出，用三年左右的时间，使大多数国有大中型亏损企业摆脱困境，力争到本世纪末大多数国有大中型骨干企业初步建立现代企业制度。推进国有企业改革和发展，首先要尽最大努力实现这一目标。要从不同行业和地区的实际出发，根据不平衡发展的客观进程，着力抓好重点行业、重点企业和老工业基地，把解决当前的突出问题与长远发展结合起来，为国有企业跨世纪发展创造有利条件。

到2010年，国有企业改革和发展的目标是：适应经济体制与经济增长方式两个根本性转变和扩大对外开放的要求，基本完成战略性调整和改组，形成比较合理的国有经济布局和结构，建立比较完善的现代企业制度，经济效益明显提高，科技开发能力、市场竞争能力和抗御风险能力明显增强，使国有经济在国民经济中更好地

[①]《中共中央关于国有企业改革和发展若干重大问题的决定》，《中华人民共和国国务院公报》，1999年34期。

发挥主导作用。

推进国有企业改革和发展，必须坚持以下指导方针：

（一）以公有制为主体，多种所有制经济共同发展。调整和完善所有制结构，积极探索公有制多种实现形式，增强国有经济在国民经济中的控制力，促进各种所有制经济公平竞争和共同发展。

（二）从战略上调整国有经济布局和改组国有企业。着眼于搞好整个国有经济，推进国有资产合理流动和重组，调整国有经济布局和结构，积极发展大型企业和企业集团，放开搞活中小企业。

（三）改革同改组、改造、加强管理相结合。适应市场经济的要求，着力转换企业经营机制，提高企业整体素质，构造产业结构优化和经济高效运行的微观基础。

（四）建立现代企业制度。实现产权清晰、权责明确、政企分开、管理科学，健全决策、执行和监督体系，使企业成为自主经营、自负盈亏的法人实体和市场主体。

（五）推动企业科技进步。加强企业的科研开发和技术改造，重视科技人才，促进产学研结合，形成技术创新机制，走集约型和可持续发展道路。

（六）全面加强企业管理。推行科学管理，强化基础工作，改善经营，提高效益，实行以按劳分配为主体的多种分配方式，形成有效的激励和约束机制。

（七）建立企业优胜劣汰的竞争机制。实行鼓励兼并、规范破产、下岗分流、减员增效和再就业工程。依靠各方面力量，扩大就业门路，确保国有企业下岗职工基本生活。

（八）协调推进各项配套改革。转变政府职能，建立权责明确的国有资产管理、监督和营运体系，保证国有资产保值增值。加强法制建设，维护市场经济秩序。健全社会保障体系。帮助企业增资减债、减轻负担。

（九）全心全意依靠工人阶级，发挥企业党组织的政治核心作用。加强企业党组织建设和思想政治工作，提高企业经营管理者队伍素质，坚持和完善以职工代表大会为基本形式的企业民主管理，切实维护职工合法权益。

（十）推进企业精神文明建设。加强思想道德教育和技术业务培训，全面提高职工队伍素质，培育积极向上的企业文化，推动物质文明和精神文明建设协调发展。

三、从战略上调整国有经济布局

在社会主义市场经济条件下，国有经济在国民经济中的主导作用主要体现在控制力上。（一）国有经济的作用既要通过国有独资企业来实现，更要大力发展股份制，探索通过国有控股和参股企业来实现。（二）国有经济在关系国民经济命脉的重要行业和关键领域占支配地位，支撑、引导和带动整个社会经济的发展，在实现国家宏观调控目标中发挥重要作用。（三）国有经济应保持必要的数量，更要有分布的优化和质的提高；在经济发展的不同阶段，国有经济在不同产业和地区的比重可以有所差别，其布局要相应调整。

从战略上调整国有经济布局，要同产业结构的优化升级和所有制结构的调整完善结合起来，坚持有进有退，有所为有所不为。目前，国有经济分布过宽，整体素质不高，资源配置不尽合理，必须着力加以解决。国有经济需要控制的行业和领域主要包括：涉及国家安全的行业，自然垄断的行业，提供重要公共产品和服务的行业，以及支柱产业和高新技术产业中的重要骨干企业。其他行业和领域，可以通过资产重组和结构调整，集中力量，加强重点，提高国有经济的整体素质。在坚持国有、集体等公有制经济为主体的前提下，鼓励和引导个体、私营等非公有制经济的发展。随着国民经济的不断发展，国有经济有着广阔的发展空间，总量将会继续增加，整体素质进一步提高，分布更加合理，但在整个国民经济中的比重还会有所减少。只要坚持公有制为主体，国家控制国民经济命脉，国有经济的控制力和竞争力得到增强，这种减少不会影响我国的社会主义性质。

积极探索公有制的多种有效实现形式。国有资本通过股份制可以吸引和组织更多的社会资本，放大国有资本的功能，提高国有经济的控制力、影响力和带动力。国有大中型企业尤其是优势企业，宜于实行股份制的，要通过规范上市、中外合资和企业互相参股等形式，改为股份制企业，发展混合所有制经济，重要的企业由国家控股。

统筹规划，采取有效的政策措施，加快老工业基地和中西部地区国有经济布局的调整。对困难较大的老工业基地，国家要在技术改造、资产重组、结构调整以及国有企业下岗职工安置和社会保障资金等方面，加大支持力度。国家要通过优先安排基础设施建设、增加财政转移支付等措施，支持中西部地区和少数民族地区加快发展。国家要实施西部大开发战略。中西部地区要从自身条件出发，发展有比较优势的产业和技术先进的企业，促进产业结构的优化升级。东部地区要在加快改革和发展的同时，本着互惠互利、优势互补、共同发展的原则，通过产业转移、技术转让、对口支援、联合开发等方式，支持和促进中西部地区的经济发展。

四、推进国有企业战略性改组

改革开放以来，国有企业组织结构发生了积极的变化，但目前仍不合理。主要是重复建设严重，企业大而全、小而全，没有形成专业化生产、社会化协作体系和规模经济，缺乏市场竞争能力。要区别不同情况，继续对国有企业实施战略性改组。极少数必须由国家垄断经营的企业，在努力适应市场经济要求的同时，国家给予必要支持，使其更好地发挥应有的功能；竞争性领域中具有一定实力的企业，要吸引多方投资加快发展；对产品有市场但负担过重、经营困难的企业，通过兼并、联合等形式进行资产重组和结构调整，盘活存量资产；产品没有市场、长期亏损、扭亏无望和资源枯竭的企业，以及浪费资源、技术落后、质量低劣、污染严重的小煤矿、小炼油、小水泥、小玻璃、小火电等，要实行破产、关闭。

坚持"抓大放小"。要着力培育实力雄厚、竞争力强的大型企业和企业集团，有的可以成为跨地区、跨行业、跨所有制和跨国经营的大企业集团。要发挥这些企业在资本营运、技术创新、市场开拓等方面的优势，使之成为国民经济的支柱和参与国际竞争的主要力量。发展企业集团，要遵循客观经济规律，以企业为主体，以资本为纽带，通过市场来形成，不能靠行政手段勉强撮合，不能盲目求大求全。要在突出主业、增强竞争优势上下功夫。

放开搞活国有中小企业。要积极扶持中小企业特别是科技型企业，使它们向"专、精、特、新"的方向发展，同大企业建立密切的协作关系，提高生产的社会化水平。要从实际出发，继续采取改组、联合、兼并、租赁、承包经营和股份合作制、出售等多种形式，放开搞活国有小企业，不搞一个模式。对这几年大量涌现的股份合作制企业，要支持和引导，不断总结经验，使之逐步完善。出售要严格按照国家有关规定进行。无论采取哪种放开搞活的形式，都必须听取职工意见，规范操作，注重实效。重视发挥各种所有制中小企业在活跃城乡经济、满足社会多方面需要、吸收劳动力就业、开发新产品、促进国民经济发展等方面的重要作用。培育中小企业服务体系，为中小企业提供信息咨询、市场开拓、筹资融资、贷款担保、技术支持、人才培训等服务。

在国有企业战略性改组过程中，要充分发挥市场机制作用，综合运用经济、法律和必要的行政手段。在涉及产权变动的企业并购中要规范资产评估，防止国有资产流失，防止逃废银行债务及国家税款，妥善安置职工，保护职工合法权益。

五、建立和完善现代企业制度

建立现代企业制度，是发展社会化大生产和市场经济的必然要求，是公有制与市场经济相结合的有效途径，是国有企业改革的方向。要从我国国情出发，总结实践经验，按照十四届三中全会决定和十五大报告关于建立现代企业制度的论述，全面理解和把握产权清晰、权责明确、政企分开、管理科学的要求，突出抓好以下几个环节。

（一）继续推进政企分开。政府对国家出资兴办和拥有股份的企业，通过出资人代表行使所有者职能，按出资额享有资产受益、重大决策和选择经营管理者等权利，对企业的债务承担有限责任，不干预企业日常经营活动。企业依法自主经营，照章纳税，对所有者的净资产承担保值增值责任，不得损害所有者权益。各级党政机关都要同所办的经济实体和直接管理的企业在人财物等方面彻底脱钩。

（二）积极探索国有资产管理的有效形式。要按照国家所有、分级管理、授权经营、分工监督的原则，逐步建立国有资产管理、监督、营运体系和机制，建立与健全严格的责任制度。国务院代表国家统一行使国有资产所有权，中央和地方政府分级管理国有资产，授权大型企业、企业集团和控股公司经营国有资产。要确保出资人到位。允许和鼓励地方试点，探索建立国有资产管理的具体方式。继续试行稽察特派员制度，同时要积极贯彻十五大精神，健全和规范监事会制度，过渡到从体制上、机制上加强对国有企业的监督，确保国有资产及其权益不受侵犯。

（三）对国有大中型企业实行规范的公司制改革。公司制是现代企业制度的一种有效组织形式。公司法人治理结构是公司制的核心。要明确股东会、董事会、监事会和经理层的职责，形成各负其责、协调运转、有效制衡的公司法人治理结构。所有者对企业拥有最终控制权。董事会要维护出资人权益，对股东会负责。董事会对公司的发展目标和重大经营活动作出决策，聘任经营者，并对经营者的业绩进行考核和评价。发挥监事会对企业财务和董事、经营者行为的监督作用。国有独资和国有控股公司的党委负责人可以通过法定程序进入董事会、监事会，董事会和监事会都要有职工代表参加；董事会、监事会、经理层及工会中的党员负责人，可依照党章及有关规定进入党委会；党委书记和董事长可由一人担任，董事长、总经理原则上分设。充分发挥董事会对重大问题统一决策、监事会有效监督的作用。党组织按照党章、工会和职代会按照有关法律法规履行职责。股权多元化有利于形成规范的公司法人治理结构，除极少数必须由国家垄断经营的企业外，要积极发展多元投资主体的公司。

（四）面向市场着力转换企业经营机制。要逐步形成企业优胜劣汰、经营者能上能下、人员能进能出、收入能增能减、技术不断创新、国有资产保值增值等机制。建立与现代企业制度相适应的收入分配制度，在国家政策指导下，实行董事会、经理层等成员按照各自职责和贡献取得报酬的办法；企业职工工资水平，由企业根据当地社会平均工资和本企业经济效益决定；企业内部实行按劳分配原则，适当拉开差距，允许和鼓励资本、技术等生产要素参与收益分配。要采取切实措施，解决目前某些垄断行业个人收入过高的问题。

六、加强和改善企业管理

强化企业管理，提高科学管理水平，是建立现代企业制度的内在要求，也是国有企业扭亏增盈、提高竞争能力的重要途径。必须高度重视和切实加强企业管理工作，从严管理企业，实现管理创新，尽快改变相当一部分企业决策随意、制度不严、纪律松弛、管理水平低下的状况。

加强企业发展战略研究。企业要适应市场，制定和实施明确的发展战略、技术创新战略和市场营销战略，并根据市场变化适时调整。实行科学决策、民主决策，提高决策水平。搞好风险管理，避免出现大的失误。

健全和完善各项规章制度。强化基础工作，彻底改变无章可循、有章不循、违章不究的现象。建立各级、各个环节的严格责任制度，加强考核和督促检查，确保各项工作有人负责。完善劳动合同制，推行职工全员竞争上岗，严格劳动纪律，严明奖惩，充分发挥职工的积极性和创造性。增强法制意识，依法经营管理。

狠抓管理薄弱环节。重点搞好成本管理、资金管理、质量管理。建立健全全国统一的会计制度。要及时编制资产负债表、损益表和现金流量表，真实反映企业经营状况。切实改进和加强经济核算，堵塞各种漏洞。坚持质量第一，采用先进标准，搞好全员全过程的质量管理。坚持预防为主，落实安全措施，确保安全生产。重视企业无形资产的管理、保护和合理利用。要把加强管理和反腐倡廉结合起来，加强对企业经济活动的审计和监督，坚决制止和严肃查处做假账、违反财经纪律、营私舞弊、挥霍浪费等行为。

广泛采用现代管理技术、方法和手段。总结过去行之有效的管理经验，不断赋予新的内涵。推广先进企业的管理经验，引进国外智力，借鉴国外企业现代管理方法。发挥管理专家的作用，为企业改进经营管理提供咨询服务。加强现代信息技术的运用，建立灵敏、准确的信息系统。合理设置企业内部机构，改变管理机构庞大、管理人员过多的状况。

七、改善国有企业资产负债结构和减轻企业社会负担

逐步解决国有企业负债率过高、资本金不足、社会负担重等问题，对于实现国有企业改革发展目标至关重要。要根据宏观经济环境和国家财力，区别不同情况，有步骤地分类加以解决。

（一）增加银行核销呆坏账准备金，主要用于国有大中型企业的兼并破产和资源枯竭矿山的关闭，并向重点行业倾斜。国有和集体企业兼并国有企业可以享受有关鼓励政策。所有兼并破产和关闭的企业，都要按国家有关规定，妥善安置职工。

（二）结合国有银行集中处理不良资产的改革，通过金融资产管理公司等方式，对一部分产品有市场、发展有前景，由于负债过重而陷入困境的重点国有企业实行债转股，解决企业负债率过高的问题。实行债转股的企业，必须转换经营机制，实行规范的公司制改革，并经过金融资产管理公司独立评审。要按照市场经济的原则和有关规定规范操作，防止一哄而起和国有资产流失。

（三）提高直接融资比重。符合股票上市条件的国有企业，可通过境内外资本市场筹集资本金，并适当提高公众流通股的比重。有些企业可以通过债务重组，具备条件后上市。允许国有及国有控股企业按规定参与股票配售。选择一些信誉好、发展潜力大的国有控股上市公司，在不影响国家控股的前提下，适当减持部分国有股，所得资金由国家用于国有企业的改革和发展。要完善股票发行、上市制度，进一步推动证券市场健康发展。

（四）非上市企业经批准，可将国家划拨给企业的土地使用权有偿转让及企业资产变现，其所得用于增资减债或结构调整。要严格按照国家的法律法规操作，坚持公开、公平、公正的原则，维护国家所有者权益和银行及其他债权人权益。

（五）严格执行国家利率政策，切实减轻企业利息负担。银行要合理确定贷款期限，支持企业合理的资金需求，对不合理的贷款期限，要及时纠正；不得超过规定擅自提高或以各种名义变相提高贷款利率；对信用等级较高、符合国家产业政策、贷款风险较低的企业，贷款利率可适当下浮。

（六）具备偿债能力的国有大型企业，经过符合资质的中介机构评估，可在国家批准的额度内发行企业债券，有的经批准可在境外发债。严格禁止各种形式的非法集资。

（七）分离企业办社会的职能，切实减轻国有企业的社会负担。位于城市的企业，要逐步把所办的学校、医院和其他社会服务机构移交地方政府统筹管理，所需费用可在一定期限内由企业和政府共同承担，并逐步过渡到由政府承担，有些可以转为企业化经营。独立工矿区也要努力创造条件，实现社会服务机构与企业分离。各级政府要采取措施积极推进这项工作。

改善国有企业资产负债结构和减轻企业社会负担，一定要同防范和化解金融风险相结合，一定要同深化企业内部改革、建立新机制和加强科学管理相结合，防止卸了原有包袱，又重复出现老的问题。

八、做好减员增效、再就业和社会保障工作

下岗分流、减员增效和再就业，是国有企业改革的重要内容。要把减员与增效有机结合起来，达到降低企业成本、提高效率和效益的目的。鼓励有条件的国有企业实行主辅分离、转岗分流，创办独立核算、自负盈亏的经济实体，安置企业富余人员，减轻社会就业压力。要规范职工下岗程序，认真办好企业再就业服务中心，切实做好下岗职工基本生活保障工作，维护社会稳定。下岗分流要同国家财力和社会承受能力相适应。要调整财政支出结构，坚持实行企业、社会、政府各方负担的办法落实资金，亏损企业和社会筹集费用不足的部分，财政要给予保证。地方财政确有困难的，中央财政通过转移支付给予一定的支持。要进一步完善下岗职工基本生活保障、失业保险和城市居民最低生活保障制度，搞好这三条保障线的相互衔接，把保障下岗职工和失业人员基本生活的政策措施落到实处。

大力做好再就业工作。采取有效的政策措施，广开就业门路，增加就业岗位。积极发展第三产业，吸纳更多的下岗职工。引导职工转变择业观念，下大力气搞好下岗职工培训，提高他们的再就业能力。进一步完善促进下岗职工再就业的优惠政策，鼓励下岗职工到非公有制经济单位就业、自己组织起来就业或从事个体经营，使需要再就业的下岗职工尽快走上新的岗位。对自谋职业的，要在工商登记、场地安排、税费减免、资金信贷等方面，给予更多的扶持。要积极发展和规范劳动力市场，形成市场导向的就业机制。

加快社会保障体系建设，是顺利推进国有企业改革的重要条件。要依法扩大养老、失业、医疗等社会保险的覆盖范围，城镇国有、集体、外商投资、私营等各类企业及其职工都要参加社会保险，缴纳社会保险费。强化社会保险费的征缴，提高收缴率，清理追缴企业拖欠的社会保险费，确保养老金的按时足额支付。进一步完善基本养老保险省级统筹制度，增强基金调剂能力。要采取多种措施，包括变现部分国有资产、合理调整财政支出结构等，开拓社会保障新的筹资渠道，充实社会保障基金。严格管理各项社会保障基金，加强监督，严禁挤占挪用，确保基金的安全和增值。逐步推进社会保障的社会化管理，实行退休人员与原企业相分离，养老金由社会服务机构发放，人员由社区管理。认真落实企业离休干部的政治、生活待遇，做好管理和服务工作。

九、加快国有企业技术进步和产业升级

要实现国民经济持续快速健康发展，必须适应全球产业结构调整的大趋势和国内外市场需求的变化，加快技术进步和产业升级。国有经济在国民经济中的重要地位，决定了国有企业必须在技术进步和产业升级中走在前列，积极拓展新的发展空间，发挥关键性作用。

国有企业技术进步和产业升级的方向与重点是：以市场为导向，用先进技术改造传统产业，围绕增加品种、改进质量、提高效益和扩大出口，加强现有企业的技术改造；在电子信息、生物工程、新能源、新材料、航空航天、环境保护等新兴产业和高技术产业占据重要地位，掌握核心技术，占领技术制高点，发挥先导作用。处理好提高质量和增加产量、发展技术密集型产业和劳动密集型产业、自主创新和引进技术、经济发展和环境保护的关系。

通过技术进步和产业升级，少数大型企业和企业集团要在产品质量、工艺技术、生产装备、劳动生产率等方面达到或接近世界先进水平，在国际市场上占有一定的份额；一批企业和企业集团要具有较高技术水平，能够生产高附加值产品，在国内外市场有较强竞争力；多数企业要不断进行技术改造和产品更新，并充分发挥我国劳动力充裕的优势，积极参与国内外市场竞争。

采取积极有效的政策措施，支持企业技术进步和产业升级。特别要利用当前国家实行积极财政政策、扩大内需的有利时机，集中必要力量，对重点行业、重点企业、重点产品和重大先进装备制造加大技术改造投入，并向老工业基地倾斜，在企业技术进步和产业升级方面取得明显成效。对于有市场、有效益、符合国家产业政策的技术改造项目，给予贷款贴息支持；对这类技术改造项目的国产设备投资，实行税收鼓励政策。培育和发展产业投资基金和风险投资基金。充分利用国内外资本市场筹集资金，支持企业技术改造、结构调整和高新技术产业发展。实施促进科技成果转化的鼓励政策，积极发展技术市场。继续采取加速折旧、加大新产品开发费提取、减免进口先进技术与设备的关税和进口环节税等政策措施，鼓励企业进行技术改造。

技术进步和产业升级的主体是企业，要形成以企业为中心的技术创新体系。企业要加强技术开发力量和加大资金投入，大型企业都要建立技术开发中心，研究开发有自主知识产权的主导产品，增加技术储备,搞好技术人才培训。推进产学研结合,鼓励科研机构和大专院校的科研力量进入企业和企业集团,强化应用技术的开发和推广,增加中间试验投入,促进科技成果向现实生产力的转化。对重大技术难题组织联合攻关,重视发挥科技专家的作用。要形成吸引人才和调动科技人员积极性的激励机制,保护知识产权。

十、为国有企业改革和发展创造良好的外部环境

国有企业改革和发展是一个复杂的社会系统工程,需要搞好宏观调控和相关的配套改革。

(一)保持经济总量基本平衡。扩大内需,开拓城乡市场,增加就业,促进国民经济持续快速健康发展,防止经济增长的大幅度波动,为国有企业发展创造有利的宏观经济环境。

(二)继续扩大对外开放。推进和完善全方位、多层次、宽领域的对外开放格局。鼓励国有企业合理利用国内外两个市场、两种资源,提高国际竞争力。积极引进先进技术,注重消化、吸收和创新。优化进出口商品结构,实施市场多元化,拓展对外贸易。改善投资环境,扩大利用外资,提高利用外资水平。确有条件的国有企业发挥比较优势到国外设立企业,开拓国际市场,国家要给予必要的政策支持,并加强监管。

(三)制止不合理的重复建设。加快投融资体制改革,建立投资风险约束机制,严格执行项目资本金制度和项目法人责任制,做到谁决策谁承担责任和风险。政府要通过制定产业政策和发布信息等方式进行引导,鼓励资金投向提高技术水平、产品有市场有效益的项目,对国内生产能力已经明显超过市场需求的新上项目必须严格控制。

（四）发展各类市场，维护正常经济秩序。继续完善商品市场，培育和发展要素市场，建立有利于商品、资金、技术、劳动力合理流动的全国统一的市场体系。健全市场规则，规范市场行为，加强市场监管，清除分割、封锁市场的行政性壁垒，营造公平竞争的市场环境。采取有力措施，抓紧解决企业互相拖欠款项的问题，强化信用观念，严格结算纪律。依法严厉打击走私贩私、制售假冒伪劣商品以及其他经济违法犯罪行为。推进税费改革，清理整治乱收费、乱罚款和各种摊派，切实减轻企业负担。

（五）健全中介服务体系。社会中介服务机构要与政府部门彻底脱钩。规范会计、律师、公证、资产评估、咨询等社会中介机构的行为，真正做到客观、真实、公正。对弄虚作假的要追究责任，依法惩处。整顿和规范各类行业协会，加强行业自律。

（六）建立健全社会主义市场经济的法律制度。要抓紧制定和完善有关维护市场秩序、实施宏观调控、规范市场主体、健全社会保障等方面的法律法规。加强和改善司法、行政执法和执法监督。依法惩处侵犯企业合法权益的违法犯罪行为。加强社会治安综合治理，为企业生产经营创造良好的社会环境。

十一、建设高素质的经营管理者队伍

国有企业要适应建立现代企业制度的要求，在激烈的市场竞争中生存发展，必须建设高素质的经营管理者队伍，培育一大批优秀企业家。国有企业的经营管理者队伍总体是好的，为企业改革和发展作出了重要贡献。发展社会主义市场经济对国有企业经营管理者提出了更高要求。他们应该是：思想政治素质好，认真执行党和国家的方针政策与法律法规，具有强烈的事业心和责任感；经营管理能力强，熟悉本行业务，系统掌握现代管理知识，具有金融、科技和法律等方面基本知识，善于根据市场变化作出科学决策；遵纪守法，廉洁自律，求真务实，联系群众。

深化国有企业人事制度改革。坚持党管干部原则，改进管理方法。中央和地方党委对关系国家安全和国民经济命脉的重要骨干企业领导班子要加强管理。要按照企业的特点建立对经营管理者培养、选拔、管理、考核、监督的办法，并逐步实现制度化、规范化。积极探索适应现代企业制度要求的选人用人新机制，把组织考核推荐和引入市场机制、公开向社会招聘结合起来，把党管干部原则和董事会依法选择经营管理者以及经营管理者依法行使用人权结合起来。进一步完善对国有企业领导人员管理的具体办法，避免一个班子多头管理。对企业及企业领导人不再确定行政级别。加快培育企业经营管理者人才市场，建立企业经营管理人才库。按照公开、平等、竞争、择优原则，优化人才资源配置，打破人才部门所有、条块分割，促进人才合理流动。采取多种形式加强教育培训，全面提高经营管理者素质。继续举办和规范工商管理培训，改进培训内容和方法，提高培训质量。努力创造条件，营造经营管理者和企业家队伍健康成长的社会环境。

建立和健全国有企业经营管理者的激励和约束机制。实行经营管理者收入与企业的经营业绩挂钩。把物质鼓励同精神鼓励结合起来，既要使经营管理者获得与其责任和贡献相符的报酬，又要提倡奉献精神，宣传和表彰有突出贡献者，保护经营管理者的合法权益。少数企业试行经理（厂长）年薪制、持有股权等分配方式，可以继续探索，及时总结经验，但不要刮风。要规范经营管理者的报酬，增加透明度。加强和完善监督机制，把外部监督和内部监督结合起来。健全法人治理结构，发挥党内监督和职工民主监督的作用，加强对企业及经营管理者在资金运作、生产经营、收入分配、用人决策和廉洁自律等重大问题上的监督。建立企业经营业绩考核制度和决策失误追究制度，实行企业领导人员任期经济责任审计，凡是由于违法违规等人为因素给企业造成重大损失的，要依法追究其责任，并不得继续担任或易地担任领导职务。

十二、加强党对国有企业改革和发展工作的领导

加强和改善党的领导是加快国有企业改革和发展的根本保证。要搞好国有企业，必须建立符合市场经济规律和我国国情的国有企业领导体制与组织管理制度，加强企业领导班子建设，发挥企业党组织的政治核心作用，坚持全心全意依靠工人阶级的方针。要把发挥党的政治优势同运用市场机制结合起来，调动各方面的积极性，形成合力，确保国有企业改革和发展任务的顺利完成。

坚持党的领导，发挥国有企业党组织的政治核心作用，是一个重大原则，任何时候都不能动摇。企业党组织的政治核心作用主要体现在：保证、监督党和国家方针政策在本企业的贯彻执行；参与企业重大问题决策，支持股东会、董事会、监事会和经理（厂长）依法行使职权；全心全意依靠职工群众，领导和支持工会、共青团等群众组织及职工代表大会依照法律和各自章程独立自主地开展工作；领导企业思想政治工作和精神文明建设，努力建设有理想、有道德、有文化、有纪律的职工队伍；加强党组织自身建设，搞好党性党风教育，发挥党支部的战斗堡垒作用和党员的先锋模范作用。企业党组织要认真贯彻党的基本路线，围绕生产经营开展工作，为实现党的任务和企业改革发展服务。要不断改进企业党组织的工作内容和活动方式,进一步探索发挥政治核心作用的途径和方法。加强和改进思想政治工作,用建设有中国特色社会主义的共同理想凝聚群众,引导广大职工积极支持和参与改革,满腔热情地帮助他们解决实际困难。困难企业和实行兼并破产企业的党组织尤其要深入细致地做好群众工作。

搞好国有企业的改革和发展,必须切实尊重职工的主人翁地位,充分发挥职工群众的积极性、主动性和创造性。坚决维护职工的经济利益,保障职工的民主权利。进一步理顺劳动关系,依法进行平等协商,认真执行劳动合同和集体合同制度。发挥工会和职工代表大会在民主决策、民主管理、民主监督中的作用。坚持和完善以职工代表大会为基本形式的企业民主管理制度,实行民主评议企业领导人和厂务公开。加强职工队伍建设。坚持用邓小平理论和党的基本路线武装广大职工,大力弘扬爱国主义、集体主义、社会主义和艰苦创业精神,深入进行形势任务和民主法制教育,引导职工树立正确的世界观、人生观、价值观。加强职工业务技术和劳动技能培训。加强企业精神文明建设,发展企业文化,广泛开展创建文明行业、文明企业、文明班组和争当文明职工活动,树立爱岗敬业、诚实守信、奉献社会的良好职业道德和职业风尚,提倡科学精神,反对封建迷信,不断提高职工的思想道德和科学文化素质。

各级党委和政府要坚定地站在国有企业改革的前列,解放思想,实事求是,遵循客观经济规律,尊重群众首创精神。要认真改进领导作风,从工交、商贸、金融等各行各业国有企业的实际出发,深入调查研究,总结新经验,研究新情况,解决新问题,团结和带领广大干部群众迎难而上,开拓前进。

(下略)

关于解决国有困难企业和关闭破产企业职工基本生活问题的若干意见[①]

（民政部 教育部 国家经贸委 财政部 劳动保障部 人民银行）

（2002年12月4日）

党中央、国务院对国有困难企业和关闭破产企业职工生活问题非常重视，近年来采取了一系列重大政策措施，进一步健全社会保障体系，不断完善国有企业关闭破产有关政策，对维护广大职工群众切身利益，保持企业和社会稳定，发挥了重要作用。当前，国有企业改革与结构调整正处在攻坚阶段，部分国有企业和关闭破产企业职工生活仍然比较困难。对此，地方各级人民政府和有关部门要高度重视，继续落实和完善现有的各项政策，通过多种渠道，切实解决困难职工群众基本生活问题。为进一步做好这方面的工作，现提出以下意见：

一、继续扎实做好"两个确保"工作，巩固"三条保障线"。要进一步深化基本养老保险制度改革，增强基本养老保险基金收支平衡能力。各级财政部门要进一步调整财政支出结构，逐步加大对基本养老保险的资金投入，确保企业离退休人员基本养老金按时足额发放。对按照《研究辽宁部分有色金属和煤炭企业关闭破产有关问题的会议纪要》（国阅〔1999〕33号）和《中共中央办公厅、国务院办公厅关于进一步做好资源枯竭矿山关闭破产工作的通知》（中办发〔2000〕11号）实施关闭破产的中央企业及中央下放地方

---

① 《国务院办公厅转发国家经贸委等部门关于解决国有困难企业和关闭破产企业职工基本生活问题若干意见的通知》，《中华人民共和国国务院公报》，2003年05期。

企业离退休人员统筹项目内养老保险金，中央财政按政策规定补助后如仍有缺口，纳入中央财政对地方企业职工基本养老保险专项转移支付范围统筹解决。要继续按照"三三制"原则，落实国有企业下岗职工基本生活保障资金，按时足额发放下岗职工基本生活费，并代缴社会保险费。对企业和社会筹集资金不足部分，各级财政要切实予以保证。对协议期满暂时无法解除劳动关系的国有企业下岗职工，地方各级人民政府和企业要继续运用现有各类渠道筹措的资金，保障其基本生活；对国有企业新裁减人员和已出再就业服务中心的下岗职工，要按照规定及时提供失业保险，符合条件的纳入低保范围。对解除劳动关系的国有企业下岗职工，要按照规定做好各项社会保险接续工作。

二、采取有效措施，切实做好困难企业职工最低生活保障工作。为完善现有政策，进一步做好低保工作，今后凡申请最低生活保障金的在职职工，无论其是在岗职工还是下岗职工，如因所在企业长期亏损、停产、半停产的原因，连续6个月以上领不到或未足额领到工资或基本生活费，经当地劳动保障和经贸部门认定并出具证明后，可据实核算本人实际收入，符合低保标准的纳入低保范围，确保其基本生活。对恶意拖欠职工工资或基本生活费的企业，一经发现，要严肃处理。各地要合理确定低保标准和保障对象补助水平，认真做好低保申请人员的收入调查核实工作，严格按政策规定审批最低生活保障对象，并及时掌握其收入变化情况。要将符合条件的困难企业职工全部纳入低保范围，切实做到应保尽保。

三、进一步完善关闭破产企业离退休人员医疗保险有关政策措施。对按照国阅〔1999〕33号文件和中办发〔2000〕11号文件规定实施关闭破产的中央企业及中央下放地方企业，中央财政在核定企业离退休人员医疗保险费时,按照企业在职职工年工资总额的6%计算10年进行核定,不再折半。企业所在地财政部门应及时将中央财政补助资金拨付给当地医疗保险经办机构,同时,医疗保险经办机构要将上述企业离退休人员纳入当地医疗保险体系统一管理。

各地政府在扩大医疗保险覆盖面的同时,要尽快通过建立社会医疗救助制度,对暂时无力缴费、没有参加医疗保险的困难企业职工,提供必要的医疗救助。

四、切实关心困难企业和关闭破产企业职工子女就学问题。各级教育、民政、财政等部门,要采取有效措施,加大对这类企业职工子女上学的资助力度。各地要认真做好企业自办中小学校分离移交工作。要首先将困难企业所办的普通中小学校移交地方政府管理,保证其职工子女完成义务教育。要认真落实资助经济困难大学生的各项政策,及时为特困职工子女上大学提供必要的帮助。

五、进一步做好国有企业实施政策性关闭破产工作。在确保企业和社会稳定前提下,加大国有企业实施政策性关闭破产的工作力度,让那些已不具备市场生存条件的企业尽快退出市场。对拟列入政策性关闭破产范围的企业,有关部门和债权银行、金融资产管理公司要严格按照有关文件的要求抓紧审核,提高办事效率。为了解决企业破产清算经费不足问题,将目前计算破产清算期间职工生活费等有关费用的期限,由3个月延长为6个月。中央企业及中央下放地方企业实施关闭破产时由此所增加的费用,由中央财政解决。

六、妥善解决实施关闭破产的中央企业及中央下放地方企业拖欠职工个人费用问题。对执行国阅〔1999〕33号文件规定,母公司整体关闭破产或子公司关闭破产且母公司亏损严重的,关闭破产企业拖欠职工的工资由中央财政给予补贴。对执行国阅〔1999〕33

号文件规定实施关闭破产的企业拖欠职工的医疗费用，由地方政府从中央财政继续拨付的亏损补贴和留给地方的盈利企业所得税中解决。对执行国阅〔1999〕33号文件和中办发〔2000〕11号文件规定实施关闭破产的企业挪用的职工个人缴纳的住房公积金，可以在售房时相应抵扣；企业已经售房的，对欠付职工的住房公积金，地方政府可以从中央财政继续拨付的亏损补贴和留给地方的盈利企业所得税中解决。

七、加快社区建设，完善社会保障平台。社区管理机构要将国有企业的下岗职工、就业转失业人员（包括有偿解除劳动关系的人员）、破产企业职工、退休人员等纳入管理范围，协助政府有关部门做好这部分人员的社会保障和再就业服务等工作，帮助他们解决实际困难。地方各级政府要按照上述要求完善社区职能，保证社区居民委员会必要的工作条件和工作经费。独立工矿区的社区应按照属地化管理原则，由地方政府实行统一管理。企业破产终结后组建的管理机构应及时移交当地政府，避免出现管理盲区。对按照国阅〔1999〕33号文件实施关闭破产且地处偏远地区的企业，当地政府有关部门或社区管理机构要负责企业退休人员的管理和社会保障资金的发放，对财政确有困难地区的社区管理机构的管理费用，中央财政在核定企业破产费用时予以适当补助。

关于进一步规范国有企业改制工作的实施意见[1]

（国资委）

（2005年12月19日）

《国务院办公厅转发国务院国有资产监督管理委员会关于规范国有企业改制工作意见的通知》（国办发〔2003〕96号）印发以来，各地区、各有关部门加强组织领导，认真贯彻落实，规范国有企业改制工作取得了重大进展。但在实际工作中还存在改制方案不完善、审批不严格，清产核资、财务审计、资产评估和产权转让不规范，对维护职工合法权益重视不够等问题。为确保国有企业改制工作健康发展，防止国有资产流失，维护职工合法权益，现就进一步规范国有企业改制工作提出以下意见：

一、严格制订和审批企业改制方案

（一）认真制订企业改制方案。改制方案的主要内容应包括：改制的目的及必要性，改制后企业的资产、业务、股权设置和产品开发、技术改造等；改制的具体形式；改制后形成的法人治理结构；企业的债权、债务落实情况；职工安置方案；改制的操作程序，财务审计、资产评估等中介机构和产权交易市场的选择等。

（二）改制方案必须明确保全金融债权，依法落实金融债务，并征得金融机构债权人的同意。审批改制方案的单位（包括各级人民政府、各级国有资产监督管理机构及其所出资企业、各级国有资

---

[1] 《国务院办公厅转发国资委关于进一步规范国有企业改制工作实施意见的通知》，《中华人民共和国国务院公报》，2006年05期。

产监督管理机构以外有权审批改制方案的部门及其授权单位,下同)应认真审查,严格防止企业利用改制逃废金融债务,对未依法保全金融债权、落实金融债务的改制方案不予批准。

(三)企业改制中涉及企业国有产权转让的,应严格按照国家有关法律法规以及《企业国有产权转让管理暂行办法》(国资委、财政部令第3号)、《关于印发〈企业国有产权向管理层转让暂行规定〉的通知》(国资发产权〔2005〕78号)及相关配套文件的规定执行。拟通过增资扩股实施改制的企业,应当通过产权交易市场、媒体或网络等公开企业改制有关情况、投资者条件等信息,择优选择投资者;情况特殊的,经国有资产监督管理机构批准,可通过向多个具备相关资质条件的潜在投资者提供信息等方式,选定投资者。企业改制涉及公开上市发行股票的,按照《中华人民共和国证券法》等有关法律法规执行。

(四)企业改制必须对改制方案出具法律意见书。法律意见书由审批改制方案的单位的法律顾问或该单位决定聘请的律师事务所出具,拟改制为国有控股企业且职工(包括管理层)不持有本企业股权的,可由审批改制方案的单位授权该企业法律顾问出具。

(五)国有企业改制方案需按照《企业国有资产监督管理暂行条例》(国务院令第378号)和国务院国有资产监督管理委员会的有关规定履行决定或批准程序,否则不得实施改制。国有企业改制涉及财政、劳动保障等事项的,须预先报经同级人民政府有关部门审核,批准后报国有资产监督管理机构协调审批;涉及政府社会公共管理审批事项的,依照国家有关法律法规,报经政府有关部门审批;国有资产监督管理机构所出资企业改制为非国有企业(国有股不控股及不参股的企业),改制方案须报同级人民政府批准。

（六）审批改制方案的单位必须按照权利、义务、责任相统一的原则，建立有关审批的程序、权限、责任等制度。

（七）审批改制方案的单位必须就改制方案的审批及清产核资、财务审计、资产评估、进场交易、定价、转让价款、落实债权、职工安置方案等重要资料建立档案管理制度，改制企业的国有产权持有单位要妥善保管相关资料。

二、认真做好清产核资工作

（一）企业改制要按照有关规定进行清产核资。要切实对企业资产进行全面清理、核对和查实，盘点实物、核实账目，核查负债和所有者权益，做好各类应收及预付账款、各项对外投资、账外资产的清查，做好有关抵押、担保等事项的清理工作，按照国家规定调整有关账务。

（二）清产核资结果经国有产权持有单位审核认定，并经国有资产监督管理机构确认后，自清产核资基准日起 2 年内有效，在有效期内企业实施改制不再另行组织清产核资。

（三）企业实施改制仅涉及引入非国有投资者少量投资，且企业已按照国家有关规定规范进行会计核算的，经本级国有资产监督管理机构批准，可不进行清产核资。

三、加强对改制企业的财务审计和资产评估

（一）企业实施改制必须由审批改制方案的单位确定的中介机构进行财务审计和资产评估。确定中介机构必须考察和了解其资质、信誉及能力；不得聘请改制前两年内在企业财务审计中有违法、违规记录的会计师事务所和注册会计师；不得聘请参与该企业上一次资产评估的中介机构和注册资产评估师；不得聘请同一中介机构开展财务审计与资产评估。

（二）财务审计应依据《中国注册会计师独立审计准则》等有关规定实施。其中，依据国家有关规定计提的各项资产减值准备，必须由会计师事务所逐笔逐项审核并出具专项意见，与审计报告一并提交国有产权持有单位作为改制方案依据，其中不合理的减值准备应予调整。国有独资企业实施改制，计提各项资产减值准备和已核销的各项资产损失凡影响国有产权转让价或折股价的，该计提减值准备的资产和已核销的各项资产损失必须交由改制企业的国有产权持有单位负责处理，国有产权持有单位应采取清理追缴等监管措施，落实监管责任，最大程度地减少损失。国有控股企业实施改制，计提各项减值准备的资产和已核销的各项资产损失由国有产权持有单位与其他股东协商处理。

（三）国有独资企业实施改制，自企业资产评估基准日到企业改制后进行工商变更登记期间，因企业盈利而增加的净资产，应上交国有产权持有单位，或经国有产权持有单位同意，作为改制企业国有权益；因企业亏损而减少的净资产，应由国有产权持有单位补足，或者由改制企业用以后年度国有股份应得的股利补足。国有控股企业实施改制，自企业资产评估基准日到改制后工商变更登记期间的净资产变化，应由改制前企业的各产权持有单位协商处理。

（四）改制为非国有的企业，必须在改制前由国有产权持有单位组织进行法定代表人离任审计，不得以财务审计代替离任审计。离任审计应依照国家有关法律法规和《中央企业经济责任审计管理暂行办法》（国资委令第7号）及相关配套规定执行。财务审计和离任审计工作应由两家会计师事务所分别承担，分别出具审计报告。

（五）企业改制涉及土地使用权的，必须经土地确权登记并明确土地使用权的处置方式。进入企业改制资产范围的土地使用权必须经具备土地估价资格的中介机构进行评估，并按国家有关规定备案。涉及国有划拨土地使用权的，必须按照国家土地管理有关规定办理土地使用权处置审批手续。

（六）企业改制涉及探矿权、采矿权有关事项的，依照国家有关法律以及《探矿权、采矿权转让管理办法》（国务院令第242号）、国土资源部《关于印发〈探矿权采矿权招标拍卖挂牌管理办法（试行）〉的通知》（国土资发〔2003〕197号）、财政部、国土资源部《关于印发〈探矿权采矿权价款转增国家资本管理办法〉的通知》（财建〔2004〕262号）等有关规定执行。企业改制必须由国土资源主管部门明确探矿权、采矿权的处置方式，但不得单独转让探矿权、采矿权，涉及由国家出资形成的探矿权、采矿权的，应当按照国家有关规定办理处置审批手续。进入企业改制资产范围的探矿权、采矿权，必须经具有矿业权评估资格的中介机构进行评估作价（采矿权评估结果报国土资源主管部门确认）并纳入企业整体资产中，由审批改制方案的单位商国土资源主管部门审批后处置。

（七）没有进入企业改制资产范围的实物资产和专利权、非专利技术、商标权、土地使用权、探矿权、采矿权、特许经营权等资产，改制后的企业不得无偿使用；若需使用的，有偿使用费或租赁费计算标准应参考资产评估价或同类资产的市场价确定。

（八）非国有投资者以实物资产和专利权、非专利技术、商标权、土地使用权、探矿权、采矿权、特许经营权等资产评估作价参与企业改制，由国有产权持有单位和非国有投资者共同认可的中介机构，对双方进入改制企业的资产按同一基准日进行评估；若一方资产已经评估，可由另一方对资产评估结果进行复核。

（九）在清产核资、财务审计、离任审计、资产评估、落实债务、产权交易等过程中发现造成国有资产流失、逃废金融债务等违法违纪问题的，必须暂停改制并追查有关人员的责任。

四、切实维护职工的合法权益

（一）改制方案必须提交企业职工代表大会或职工大会审议，并按照有关规定和程序及时向广大职工群众公布。应当向广大职工群众讲清楚国家关于国有企业改革的方针政策和改制的规定，讲清楚改制的必要性、紧迫性以及企业的发展思路。在改制方案制订过程中要充分听取职工群众意见，深入细致地做好思想工作，争取广大职工群众对改制的理解和支持。

（二）国有企业实施改制前，原企业应当与投资者就职工安置费用、劳动关系接续等问题明确相关责任，并制订职工安置方案。职工安置方案必须经职工代表大会或职工大会审议通过，企业方可实施改制。职工安置方案必须及时向广大职工群众公布，其主要内容包括：企业的人员状况及分流安置意见；职工劳动合同的变更、解除及重新签订办法；解除劳动合同职工的经济补偿金支付办法；社会保险关系接续；拖欠职工的工资等债务和企业欠缴的社会保险费处理办法等。

（三）企业实施改制时必须向职工群众公布企业总资产、总负债、净资产、净利润等主要财务指标的财务审计、资产评估结果，接受职工群众的民主监督。

（四）改制为国有控股企业的，改制后企业继续履行改制前企业与留用的职工签订的劳动合同；留用的职工在改制前企业的工作年限应合并计算为在改制后企业的工作年限；原企业不得向继续留用的职工支付经济补偿金。改制为非国有企业的，要严格按照有关法律法规和政策处理好改制企业与职工的劳动关系。对企业改制时解除劳动合同且不再继续留用的职工，要支付经济补偿金。企业国有产权持有单位不得强迫职工将经济补偿金等费用用于对改制后企业的投资或借给改制后企业（包括改制企业的投资者）使用。

（五）企业改制时，对经确认的拖欠职工的工资、集资款、医疗费和挪用的职工住房公积金以及企业欠缴社会保险费，原则上要一次性付清。改制后的企业要按照有关规定，及时为职工接续养老、失业、医疗、工伤、生育等各项社会保险关系，并按时为职工足额交纳各种社会保险费。

五、严格控制企业管理层通过增资扩股持股

（一）本意见所称"管理层"是指国有及国有控股企业的负责人以及领导班子的其他成员；本意见所称"管理层通过增资扩股持股"，不包括对管理层实施的奖励股权或股票期权。

（二）国有及国有控股大型企业实施改制，应严格控制管理层通过增资扩股以各种方式直接或间接持有本企业的股权。为探索实施激励与约束机制，经国有资产监督管理机构批准，凡通过公开招聘、企业内部竞争上岗等方式竞聘上岗或对企业发展作出重大贡献的管理层成员，可通过增资扩股持有本企业股权，但管理层的持股总量不得达到控股或相对控股数量。国有及国有控股企业的划型标准按照统计局《关于印发〈统计上大中小型企业划分办法（暂行）〉的通知》（国统字〔2003〕17号）和原国家经贸委、原国家计委、财政部、统计局《关于印发中小企业标准暂行规定的通知》（国经

贸中小企〔2003〕143号）规定的分类标准执行。

（三）管理层成员拟通过增资扩股持有企业股权的，不得参与制订改制方案、确定国有产权折股价、选择中介机构，以及清产核资、财务审计、离任审计、资产评估中的重大事项。管理层持股必须提供资金来源合法的相关证明，必须执行《贷款通则》的有关规定，不得向包括本企业在内的国有及国有控股企业借款，不得以国有产权或资产作为标的物通过抵押、质押、贴现等方式筹集资金，也不得采取信托或委托等方式间接持有企业股权。

（四）存在下列情况之一的管理层成员，不得通过增资扩股持有改制企业的股权：

1. 经审计认定对改制企业经营业绩下降负有直接责任的；

2. 故意转移、隐匿资产，或者在改制过程中通过关联交易影响企业净资产的；

3. 向中介机构提供虚假资料，导致审计、评估结果失真，或者与有关方面串通，压低资产评估值以及国有产权折股价的；

4. 违反有关规定，参与制订改制方案、确定国有产权折股价、选择中介机构，以及清产核资、财务审计、离任审计、资产评估中重大事项的；

5. 无法提供持股资金来源合法相关证明的。

（五）涉及管理层通过增资扩股持股的改制方案，必须对管理层成员不再持有企业股权的有关事项作出具体规定。

（六）管理层通过增资扩股持有企业股权后涉及该企业所持上市公司国有股性质变更的，按国家有关规定办理。

六、加强对改制工作的领导和管理

（一）除国有大中型企业实施主辅分离、辅业改制，通过境内外首次公开发行股票并上市改制为国有控股企业，以及国有控股的上市公司增资扩股和收购资产按国家其他规定执行外，凡符合以下情况之一的，须执行国办发〔2003〕96号文件和本意见的各项规定：

1. 国有及国有控股企业（包括其全资、控股子企业，下同）增量引入非国有投资，或者国有及国有控股企业的国有产权持有单位向非国有投资者转让该企业国有产权的。

2. 国有及国有控股企业以其非货币资产出资与非国有投资者共同投资设立新公司，并因此安排原企业部分职工在新公司就业的。

国有及国有控股企业以现金出资与非国有投资者共同投资设立新公司，并因此安排原企业部分职工在新公司就业的，执行国办发〔2003〕96号文件和本意见除清产核资、财务审计、资产评估、定价程序以外的其他各项规定。

3. 各级国有资产监督管理机构作出其他有关规定的。对由国有资产监督管理机构以外的其他部门履行出资人职责的企业，由相关部门规定。

（二）国有产权持有单位应与非国有投资者协商签订合同、协议，维护职工合法权益，防止国有资产流失，确保进入改制后企业的国有资产保值增值。对需要在改制后履行的合同、协议，国有产权持有单位应负责跟踪、监督、检查，确保各项条款执行到位。改制后的国有控股企业应当建立现代企业制度，完善法人治理结构，制订明确的企业发展思路和转换机制方案，加快技术进步，加强内部管理，提高市场竞争力。企业在改制过程中要重视企业工会组织的建设，充分发挥工会组织的作用。

（三）地方各级人民政府及其国有资产监督管理机构、国有及国有控股企业，要全面理解和正确贯彻落实党中央、国务院关于国有企业改革的方针、政策和措施。切实加强对国有企业改制工作的组织领导，严格执行有关改制的各项规定，认真履行改制的各项工作程序，有效防止国有资产流失。加强对改制企业落实职工安置方案的监督检查，切实维护职工的合法权益。地方政府及有关部门要关心改制后企业的改革和发展，督促落实改制措施，帮助解决遇到的困难和问题，为改制企业发展创造良好的环境和条件。地方各级人民政府要充分考虑企业、职工和社会的承受能力，妥善处理好原地方政策与现有政策的衔接，防止引发新的矛盾。各级国有资产监督管理机构要加强对国办发〔2003〕96号文件、本意见和国资委、财政部令第3号等有关规定贯彻执行情况的监督检查，及时总结经验，发现和纠正改制工作中存在的问题，促进国有企业改制工作健康、有序、规范发展。

关于推进国有资本调整和国有企业重组的指导意见[1]

（国资委）

（2006年12月5日）

近年来，国有资产管理体制改革取得重大突破，国有经济布局和结构调整取得重要进展，国有企业改革不断深化、经济效益显著提高，对完善社会主义市场经济体制、促进国民经济持续快速健康发展，发挥了重要作用。但从整体上看，国有经济分布仍然过宽，产业布局和企业组织结构不尽合理，一些企业主业不够突出，核心竞争力不强。实行国有资本调整和国有企业重组，完善国有资本有进有退、合理流动的机制，是经济体制改革的一项重大任务。为贯彻落实党的十六届三中、五中全会精神，根据《国务院关于2005年深化经济体制改革的意见》（国发〔2005〕9号），现就国有资本调整和国有企业重组提出以下意见：

一、国有资本调整和国有企业重组的基本原则和主要目标

（一）基本原则：一是坚持公有制为主体、多种所有制经济共同发展的基本经济制度。毫不动摇地巩固和发展公有制经济，增强国有经济的控制力、影响力、带动力，发挥国有经济的主导作用。毫不动摇地鼓励、支持和引导非公有制经济发展，鼓励和支持个体、私营等非公有制经济参与国有资本调整和国有企业重组。二是坚持政府引导和市场调节相结合，充分发挥市场配置资源的基础性

---

[1]《国务院办公厅转发国资委关于推进国有资本调整和国有企业重组指导意见的通知》，《中华人民共和国国务院公报》，2007年03期。

作用。三是坚持加强国有资产监管，严格产权交易和股权转让程序，促进有序流动，防止国有资产流失，确保国有资产保值增值。四是坚持维护职工合法权益，保障职工对企业重组、改制等改革的知情权、参与权、监督权和有关事项的决定权，充分调动和保护广大职工参与国有企业改革重组的积极性。五是坚持加强领导，统筹规划，慎重决策，稳妥推进，维护企业正常的生产经营秩序，确保企业和社会稳定。

（二）主要目标：进一步推进国有资本向关系国家安全和国民经济命脉的重要行业和关键领域（以下简称重要行业和关键领域）集中，加快形成一批拥有自主知识产权和知名品牌、国际竞争力较强的优势企业；加快国有大型企业股份制改革，完善公司法人治理结构，大力发展国有资本、集体资本和非公有资本等参股的混合所有制经济，实现投资主体多元化，使股份制成为公有制的主要实现形式；大多数国有中小企业放开搞活；到 2008 年，长期积累的一批资不抵债、扭亏无望的国有企业政策性关闭破产任务基本完成；到 2010 年，国资委履行出资人职责的企业（以下简称中央企业）调整和重组至 80~100 家。

二、主要政策措施

（三）推动国有资本向重要行业和关键领域集中，增强国有经济控制力，发挥主导作用。重要行业和关键领域主要包括：涉及国家安全的行业，重大基础设施和重要矿产资源，提供重要公共产品和服务的行业，以及支柱产业和高新技术产业中的重要骨干企业。有关部门要抓紧研究确定具体的行业和领域，出台相应的产业和企业目录。鼓励非公有制企业通过并购和控股、参股等多种形式，参与国有企业的改组改制改造。对需要由国有资本控股的企业，要区别不同情况实行绝对控股和相对控股；对不属于重要行业和关键领域的国有资本，按照有进有退、合理流动的原则，实行依法转让，防止国有资产流失。对国有资产转让收益，应严格按照国家有关政策规定进行使用和管理。

（四）加快国有企业的股份制改革。除了涉及国家安全的企业、必须由国家垄断经营的企业和专门从事国有资产经营管理的公司外，国有大型企业都要逐步改制成为多元股东的公司。对于因各种原因不能进入股份制公司的存续企业，要加大改革与重组的力度，改革重组工作可继续由母公司负责，也可交由国有资产经营管理公司等其他国有企业负责。

（五）大力推进改制上市，提高上市公司质量。积极支持资产或主营业务资产优良的企业实现整体上市，鼓励已经上市的国有控股公司通过增资扩股、收购资产等方式，把主营业务资产全部注入上市公司。要认真贯彻落实《国务院批转证监会关于提高上市公司质量意见的通知》（国发〔2005〕34号）要求，对上市公司控股股东以借款、提供担保、代偿债务、代垫款项等各种名目侵占上市公司资金的，有关国有资产监管机构应当加大督促、协调力度，促使其按期全部偿还上市公司资金；对不能按期偿还的，应按照法律和相关规定，追究有关责任人的行政和法律责任。同时，要建立长效机制，严禁侵占上市公司资金。

（六）积极鼓励引入战略投资者。引入战略投资者要有利于增强企业技术创新能力，提高产品的档次和水平，改善经营管理，促进企业持续发展。引入境外战略投资者，要以维护国家经济安全、国防安全和产业安全为前提，防止产生垄断，切实保护企业的自主知识产权和知名品牌，推动企业开发新产品。

（七）放开搞活国有中小企业，建立劣势企业退出市场的机制。采取改组、联合、兼并、租赁、承包经营、合资、转让国有产权和股份制、股份合作制等多种形式，继续放开搞活国有中小企业。对长期亏损、资不抵债、不能清偿到期债务的企业和资源枯竭的矿山实施依法破产，对符合有关条件的严格按照有关规定抓紧实施政策性关闭破产。

（八）加快国有大型企业的调整和重组，促进企业资源优化配置。依法推进国有企业强强联合，强强联合要遵循市场规律，符合国家产业政策，有利于资源优化配置，提高企业的规模经济效应，形成合理的产业集中度，培育一批具有国际竞争力的特大型企业集团。在严格执行国家相关行业管理规定和市场规则的前提下，继续推进和完善电信、电力、民航等行业的改革重组。对不具备优势的国有企业，应采取多种方式，大力推动其并入优势国有大企业，以减少污染、节约资源、保障安全生产、提高效率。优势国有大企业要通过增加投资以及资产、业务整合等措施，充分发挥资产的整体效能，促进重组后的企业加快发展。

（九）积极推动应用技术研究院所（以下简称研究院所）与相关生产企业（包括大型工程承包企业）的重组。鼓励研究院所与相关生产企业重组，实现研发与生产相互促进、共同发展，提高企业的技术创新能力。积极探索研究院所与生产企业重组的有效途径和形式，可以由一家生产企业与研究院所重组，也可以由多家生产企业共同参与研究院所股份制改革。对主要担负基础研究、行业产品和技术监督检测的研究院所，应尽量由多家生产企业共同参与其股份制改革，并采取相应措施，确保其正常运行和发展。

（十）加大对亏损企业国有资本的调整力度。对有望扭亏的国有企业，要采取措施限期扭亏，对由于经营管理不善造成亏损的，要撤换负有责任的企业负责人。对不属于重要行业和关键领域的亏损企业，短期内难以扭亏的，可以向各类投资主体转让，或与其他国有企业进行重组。要依照有关政策，对重要行业和关键领域亏损严重的重要企业，区别不同情况，采取多种方式和途径，推动其改革重组，促进企业发展，并确保国有资本控股。

（十一）围绕突出主业，积极推进企业非主业资产重组。要通过多种途径，使部分企业非主业资产向主业突出的企业集中，促进企业之间非主业资产的合理流动。对非主业资产的中小企业，可采取多种形式放开搞活，符合主辅分离、辅业改制政策要求的，要加快主辅分离、辅业改制、分流安置富余人员的步伐。

（十二）加快国有大型企业内部的重组。要简化企业组织机构，对层级过多的下属企业进行清理、整合，通过关闭、破产、撤销、合并、取消企业法人资格等措施，原则上将管理层次控制在三级以内。要完善大企业的母子公司体制，强化母公司在战略管理、资本运作、结构调整、财务控制、风险防范等方面的功能，通过对业务和资产的调整或重组，发挥企业整体优势，实现专业化和规模化经营。

（十三）加快建立国有资本经营预算制度。国有资本经营预算要重点围绕国有资本调整和国有企业重组的方向和目标，统筹使用好国有资本收益，保障和促进企业结构调整和技术进步，提高企业核心竞争力。

（十四）促进中央企业和地方人民政府所出资企业（以下简称地方企业）之间的重组。对不属于重要行业和关键领域的中央企业，下放地方管理有利于发挥地方优势、有利于与地方企业重组提高竞争力的，在征得地方人民政府同意并报经国务院批准后，可以将其交由地方国有资产监管机构或地方企业管理；地方企业并入中央企业有利于优势互补的，在征得地方人民政府同意后，可以将其并入中央企业。鼓励中央企业和地方企业之间通过股权并购、股权置换、相互参股等方式进行重组。在地方企业之间，也应按此要求促进重组。

三、规范改制重组行为，切实加强组织领导

（十五）进一步规范企业改制方案的审批工作。国有独资企业引入非国有投资者的改制方案和国有控股企业改制为国有资本不控股或不参股企业的方案，必须按照《国务院办公厅转发国务院国有资产监督管理委员会关于规范国有企业改制工作意见的通知》（国办发〔2003〕96号）、《国务院办公厅转发国资委关于进一步规范国有企业改制工作实施意见的通知》（国办发〔2005〕60号）以及企业国有产权转让等有关规定严格审批。企业改制涉及财政、劳动保障等事项的，须报经同级人民政府有关部门审核同意后，报国有资产监管机构协调审批；涉及政府公共管理审批事项的，依照国家有关法律法规，报政府有关部门审批。要充分发挥企业职工代表大会和工会的作用，国有独资企业引入非国有投资者的改制方案和国有控股企业改制为国有资本不控股或不参股企业的方案，必须提交企业职工代表大会或职工大会审议，充分听取职工意见；职工安置方案须经企业职工代表大会或职工大会审议通过后方可实施改制。

（十六）完善国有及国有控股企业之间重组的审批程序。对国有及国有控股企业之间的重组，国家已有规定的按规定程序审批，未作规定但因重组致使国有资产监管机构所出资企业减少或者增加的，由国有资产监管机构报本级人民政府审批，其余重组方案由国有资产监管机构审批。具体重组方案应及时向职工代表大会通报。

（十七）进一步统一认识。各地区、各有关部门要深入学习、全面理解、认真贯彻落实党中央、国务院关于深化国有企业改革、调整国有经济布局和结构的精神，提高对国有资本调整和国有企业重组重要性、紧迫性、复杂性的认识。国有及国有控股企业负责人要正确处理国家、企业、个人之间的利益关系，服从国有资本调整和国有企业重组的大局，积极拥护、支持国有资本调整和国有企业重组。要严格执行国家产业政策和行业规划，对涉及国家产业政策和行业规划的重大国有资本调整和国有企业重组事项，国有资产监管机构应会同相关行业主管部门和有关地方政府共同研究决策。

（十八）切实加强组织领导。地方各级人民政府和国有资产监管机构要高度重视推进国有资本调整和国有企业重组工作，搞好调查研究和可行性分析，充分听取各方面的意见，从本地区实际出发，统筹规划，加强领导，周密部署，积极稳妥地推进，维护企业正常的生产经营秩序，确保企业和社会稳定。国资委和有关部门要加强调研、监督和指导，掌握各地工作动态，及时对国有资本调整和国有企业重组中的重大问题研究提出政策建议。国有及国有控股企业要充分发挥企业党组织的政治核心作用尤其是保证监督、宣传引导、协调服务等作用，精心组织实施，深入细致地做好职工的思想政治工作，维护职工合法权益，确保国有资本调整和国有企业重组的顺利进行。

政策法规

国务院关于促进企业兼并重组的意见[①]

（2010年8月28日）

各省、自治区、直辖市人民政府，国务院各部委、各直属机构：

为深入贯彻落实科学发展观，切实加快经济发展方式转变和结构调整，提高发展质量和效益，现就加快调整优化产业结构、促进企业兼并重组提出以下意见：

一、充分认识企业兼并重组的重要意义

近年来，各行业、各领域企业通过合并和股权、资产收购等多种形式积极进行整合，兼并重组步伐加快，产业组织结构不断优化，取得了明显成效。但一些行业重复建设严重、产业集中度低、自主创新能力不强、市场竞争力较弱的问题仍很突出。在资源环境约束日益严重、国际间产业竞争更加激烈、贸易保护主义明显抬头的新形势下，必须切实推进企业兼并重组，深化企业改革，促进产业结构优化升级，加快转变发展方式，提高发展质量和效益，增强抵御国际市场风险能力，实现可持续发展。各地区、各有关部门要把促进企业兼并重组作为贯彻落实科学发展观，保持经济平稳较快发展的重要任务，进一步统一思想，正确处理局部与整体、当前与长远的关系，切实抓好促进企业兼并重组各项工作部署的贯彻落实。

---

① 《国务院关于促进企业兼并重组的意见》，《中华人民共和国国务院公报》，2010年26期。

二、主要目标和基本原则

（一）主要目标。

通过促进企业兼并重组，深化体制机制改革，完善以公有制为主体、多种所有制经济共同发展的基本经济制度。加快国有经济布局和结构的战略性调整，健全国有资本有进有退的合理流动机制，鼓励和支持民营企业参与竞争性领域国有企业改革、改制和改组，促进非公有制经济和中小企业发展。兼并重组企业要转换经营机制，完善公司治理结构，建立现代企业制度，加强和改善内部管理，加强技术改造，推进技术进步和自主创新，淘汰落后产能，压缩过剩产能，促进节能减排，提高市场竞争力。

进一步贯彻落实重点产业调整和振兴规划，做强做大优势企业。以汽车、钢铁、水泥、机械制造、电解铝、稀土等行业为重点，推动优势企业实施强强联合、跨地区兼并重组、境外并购和投资合作，提高产业集中度，促进规模化、集约化经营，加快发展具有自主知识产权和知名品牌的骨干企业，培养一批具有国际竞争力的大型企业集团，推动产业结构优化升级。

（二）基本原则。

1. 发挥企业的主体作用。充分尊重企业意愿，充分调动企业积极性，通过完善相关行业规划和政策措施，引导和激励企业自愿、自主参与兼并重组。

2. 坚持市场化运作。遵循市场经济规则，充分发挥市场机制的基础性作用，规范行政行为，由企业通过平等协商、依法合规开展兼并重组，防止"拉郎配"。

3. 促进市场有效竞争。统筹协调，分类指导，促进提高产业集中度，促进大中小企业协调发展，促进各种所有制企业公平竞争和优胜劣汰，形成结构合理、竞争有效、规范有序的市场格局。

4. 维护企业与社会和谐稳定。严格执行相关法律法规和规章制度，妥善解决企业兼并重组中资产债务处置、职工安置等问题，依法维护债权人、债务人以及企业职工等利益主体的合法权益，促进企业、社会的和谐稳定。

三、消除企业兼并重组的制度障碍

（一）清理限制跨地区兼并重组的规定。为优化产业布局、进一步破除市场分割和地区封锁，要认真清理废止各种不利于企业兼并重组和妨碍公平竞争的规定，尤其要坚决取消各地区自行出台的限制外地企业对本地企业实施兼并重组的规定。

（二）理顺地区间利益分配关系。在不违背国家有关政策规定的前提下，地区间可根据企业资产规模和盈利能力，签订企业兼并重组后的财税利益分成协议，妥善解决企业兼并重组后工业增加值等统计数据的归属问题，实现企业兼并重组成果共享。

（三）放宽民营资本的市场准入。切实向民营资本开放法律法规未禁入的行业和领域，并放宽在股权比例等方面的限制。加快垄断行业改革，鼓励民营资本通过兼并重组等方式进入垄断行业的竞争性业务领域，支持民营资本进入基础设施、公共事业、金融服务和社会事业相关领域。

四、加强对企业兼并重组的引导和政策扶持

（一）落实税收优惠政策。研究完善支持企业兼并重组的财税政策。对企业兼并重组涉及的资产评估增值、债务重组收益、土地房屋权属转移等给予税收优惠，具体按照财政部、税务总局《关于企

业兼并重组业务企业所得税处理若干问题的通知》(财税〔2009〕59号)、《关于企业改制重组若干契税政策的通知》(财税〔2008〕175号)等规定执行。

(二)加强财政资金投入。在中央国有资本经营预算中设立专项资金,通过技改贴息、职工安置补助等方式,支持中央企业兼并重组。鼓励地方人民政府通过财政贴息、信贷奖励补助等方式,激励商业银行加大对企业兼并重组的信贷支持力度。有条件的地方可设立企业兼并重组专项资金,支持本地区企业兼并重组,财政资金投入要优先支持重点产业调整和振兴规划确定的企业兼并重组。

(三)加大金融支持力度。商业银行要积极稳妥开展并购贷款业务,扩大贷款规模,合理确定贷款期限。鼓励商业银行对兼并重组后的企业实行综合授信。鼓励证券公司、资产管理公司、股权投资基金以及产业投资基金等参与企业兼并重组,并向企业提供直接投资、委托贷款、过桥贷款等融资支持。积极探索设立专门的并购基金等兼并重组融资新模式,完善股权投资退出机制,吸引社会资金参与企业兼并重组。通过并购贷款、境内外银团贷款、贷款贴息等方式支持企业跨国并购。

(四)支持企业自主创新和技术进步。支持有条件的企业建立企业技术中心,提高研发水平和自主创新能力,加快科技成果向现实生产力转化。大力支持兼并重组企业技术改造和产品结构调整,优先安排技术改造资金,对符合国家产业政策的技术改造项目优先立项。鼓励和引导企业通过兼并重组淘汰落后产能,切实防止以兼并重组为名盲目扩张产能和低水平重复建设。

(五)充分发挥资本市场推动企业重组的作用。进一步推进资本市场企业并购重组的市场化改革,健全市场化定价机制,完善相关规章及配套政策，支持企业利用资本市场开展兼并重组，促进行业整合和产业升级。支持符合条件的企业通过发行股票、债券、可转换债等方式为兼并重组融资。鼓励上市公司以股权、现金及其他金融创新方式作为兼并重组的支付手段，拓宽兼并重组融资渠道，提高资本市场兼并重组效率。

（六）完善相关土地管理政策。兼并重组涉及的划拨土地符合划拨用地条件的，经所在地县级以上人民政府批准可继续以划拨方式使用；不符合划拨用地条件的，依法实行有偿使用，划拨土地使用权价格可依法作为土地使用权人的权益。重点产业调整和振兴规划确定的企业兼并重组项目涉及的原生产经营性划拨土地，经省级以上人民政府国土资源部门批准，可以国家作价出资（入股）方式处置。

（七）妥善解决债权债务和职工安置问题。兼并重组要严格依照有关法律规定和政策妥善分类处置债权债务关系，落实清偿责任，确保债权人、债务人的合法利益。研究债务重组政策措施，支持资产管理公司、创业投资企业、股权投资基金、产业投资基金等机构参与被兼并企业的债务处置。切实落实相关政策规定，积极稳妥解决职工劳动关系、社会保险关系接续、拖欠职工工资等问题。制定完善相关政策措施，继续支持国有企业实施主辅分离、辅业改制和分流安置富余人员。认真落实积极的就业政策，促进下岗失业人员再就业，所需资金从就业专项资金中列支。

（八）深化企业体制改革和管理创新。鼓励兼并重组企业进行公司制、股份制改革，建立健全规范的法人治理结构，转换企业经营机制，创新管理理念、管理机制和管理手段，加强和改善生产经营管理，促进自主创新，提高企业市场竞争力。

五、改进对兼并重组的管理和服务

（一）做好信息咨询服务。加快引进和培养熟悉企业并购业务特别是跨国并购业务的专门人才，建立促进境内外并购活动的公共服务平台，拓宽企业兼并重组信息交流渠道，加强市场信息、战略咨询、法律顾问、财务顾问、资产评估、产权交易、融资中介、独立审计和企业管理等咨询服务，推动企业兼并重组中介服务加快专业化、规范化发展。

（二）加强风险监控。督促企业严格执行兼并重组的有关法律法规和政策，规范操作程序，加强信息披露，防范道德风险，确保兼并重组操作规范、公开、透明。深入研究企业兼并重组中可能出现的各种矛盾和问题，加强风险评估，妥善制定相应的应对预案和措施，切实维护企业、社会和谐稳定。有效防范和打击内幕交易和市场操纵行为，防止恶意收购，防止以企业兼并重组之名甩包袱、偷逃税款、逃废债务，防止国有资产流失。充分发挥境内银行、证券公司等金融机构在跨国并购中的咨询服务作用，指导和帮助企业制定境外并购风险防范和应对方案，保护企业利益。

（三）维护公平竞争和国家安全。完善相关管理办法，加强和完善对重大的企业兼并重组交易的管理，对达到经营者集中法定申报标准的企业兼并重组，依法进行经营者集中审查。进一步完善外资并购管理规定，建立健全外资并购国内企业国家安全审查制度，鼓励和规范外资以参股、并购方式参与国内企业改组改造和兼并重组，维护国家安全。

六、加强对企业兼并重组工作的领导

建立健全组织协调机制，加强对企业兼并重组工作的领导。由工业和信息化部牵头，发展改革委、财政部、人力资源社会保障部、国土资源部、商务部、人民银行、国资委、税务总局、工商总局、银监会、证监会等部门参加，成立企业兼并重组工作协调小组，统筹协调企业兼并重组工作，研究解决推进企业兼并重组工作中的重大问题，细化有关政策和配套措施，落实重点产业调整和振兴规划的相关要求，协调有关地区和企业做好组织实施。各地区要努力营造企业跨地区、跨行业、跨所有制兼并重组的良好环境，指导督促企业切实做好兼并重组有关工作。

关于在部分中央企业开展分红权激励试点工作的通知[①]

（国务院国资委）

（2010年10月11日）

中国核工业集团公司、中国航天科技集团公司、中国航天科工集团公司、中国航空工业集团公司、中国船舶重工集团公司、中国电子信息产业集团公司、中国节能环保集团公司、中国机械工业集团有限公司、机械科学研究总院、中国钢研科技集团有限公司、北京有色金属研究总院、北京矿冶研究总院、电信科学技术研究院：

为贯彻落实《国务院关于同意支持中关村科技园区建设国家自主创新示范区的批复》（国函〔2009〕28号）精神，加快形成中央企业创新体制机制，进一步提高中央企业自主创新能力，按照财政部、科技部《中关村国家自主创新示范区企业股权和分红激励实施办法》（财企〔2010〕8号，以下简称《实施办法》）的有关规定，国资委决定在部分中央企业开展分红权激励试点，现就有关事项通知如下：

一、基本原则

选择科技创新能力较强、业绩成长性较好、具有示范性的企业；区别情况、分类指导，采取岗位分红权或者项目收益分红方式，充分调动科技和管理骨干的积极性；将激励力度与业绩持续增长挂钩，促进企业科技创新能力不断提高；把分红权激励与转变经

[①]《关于在部分中央企业开展分红权激励试点工作的通知》，中国政府网，2010年12月24日。

营机制结合起来,加快推进企业内部改革。

二、基本条件

(一)注册于中关村国家自主创新示范区内中央企业所属高新技术企业、院所转制企业及其他科技创新型企业(以下简称试点企业)。上市公司及已实施股权激励的企业暂不参与分红权激励试点。

(二)试点企业应当制订明确的发展战略,主业突出、成长性好,内部管理制度健全;人事、劳动、分配制度改革取得积极进展;具有发展所需的关键技术、自主知识产权和持续创新能力。

(三)实施岗位分红权的试点企业近3年研发费用占企业年销售收入比例均在2%(含)以上,且研发人员人数不低于在岗职工总数的10%。

三、试点的激励方式

试点企业实施分红权激励,主要采取岗位分红权和项目收益分红两种方式。

(一)岗位分红权激励。

1. 企业实施重大科技创新和科技成果产业化的,可以实施岗位分红权激励,按照岗位在科技成果产业化中的重要性和贡献,相应确定激励总额和不同岗位的分红标准。

2. 岗位分红权主要适用于岗位序列清晰、岗位职责明确、业绩考核规范的大中型企业(含中央企业所属的科研事业单位)。

3. 岗位分红权激励对象原则上限于在科技创新和科技成果产业化过程中发挥重要作用的企业核心科研、技术人员和管理骨干。激励对象应当在该岗位上连续工作1年以上。根据企业的行业特点和人才结构，参与岗位分红权激励的激励对象原则上不超过本企业在岗职工总数的 30%。

4. 实施岗位分红权激励的人员，应为企业通过公开招聘、企业内部竞争上岗或者其他方式产生的岗位任职人员。

5. 实施岗位分红权激励的，企业近 3 年税后利润形成的净资产增值额应不低于企业近 3 年年初净资产总额的 10%，实施当年年初未分配利润没有赤字。

近 3 年税后利润形成的净资产增值额，是指激励方案批准日上年末账面净资产相对于近 3 年年初账面净资产的增加值，不包括财政补助直接形成的净资产和已向股东分配的利润。

6. 实施分红权激励期间，企业各年度净利润增长率应当高于企业试点前 3 年平均增长水平。

7. 企业年度岗位分红权激励总额不得高于当年税后利润的 15%，激励对象个人岗位分红权所得不得高于其薪酬水平与岗位分红之和的 40%。离开激励岗位的激励对象自离岗当年起，不得享有原岗位分红权。

（二）项目收益分红激励。

1. 企业通过自行投资、合作转化、作价入股、成果转让等方式实施科技成果产业化，可以科技成果产业化项目形成的净收益为标的，采取项目收益分成方式对激励对象实施激励。

2. 鼓励试点企业自行投资或者吸收其他单位、个人共同开展科技成果产业化工作。

3. 项目收益分红激励对象应为科技成果项目的主要完成人，重大开发项目的负责人，对主导产品或者核心技术、工艺流程作出重大创新或改进的核心技术人员，项目产业化的主要经营管理人员。

4. 激励对象个人所获激励原则上不超过激励总额的 30%。

5. 企业以内部独立核算或者成立全资、控股子公司等方式实施科技成果产业化的，自产业化项目或者子公司开始盈利的年度起，在 3 年内，每年从当年投资产业化项目净收益中，提取不低于 5%但不高于 30%用于激励。分红提取比例与产业化项目净收益增长水平挂钩。

对于中央企业自行实施产业化的，项目净收益为该产业化项目营业收入扣除相应营业成本和项目应合理分摊的管理费用、销售费用、财务费用及税费后的金额。对于中央企业与其他投资者共同实施转化的，项目净收益为企业取得合作收入扣除相关税费后的金额；其中科技成果未作价入股的，要按照非国有股权比例扣除相应无形资产摊销费用。

6. 以科技成果作价入股其他企业、向企业外单位或者个人转让科技成果所有权、使用权的，其激励方式按照《实施办法》的有关规定执行。

（三）实施分红权激励的基本要求。

1. 试点企业不得面向全体员工实施分红权激励。中央企业负责人暂不纳入分红权激励范围。企业监事、独立董事、企业控股股东单位的经营管理人员不得参与试点企业的分红权激励。

2. 试点企业根据自身条件，选择岗位分红权激励或者项目收益分红激励中任何一种激励方式。企业同一激励对象不得就同一职务科技成果或者产业化项目进行重复激励。

3. 试点企业必须建立对激励对象的考核评价办法。

四、激励方案的制订与审批

（一）试点企业实施分红权激励，应制定激励方案，激励方案由中央企业负责组织，试点企业具体拟订，可以聘请中介机构共同参与激励方案的制订。

（二）激励方案主要包括以下内容：试点企业基本情况及近三年经营业务和财务状况，激励方案拟订和实施的管理机构及其成员，企业未来 5 年及长期技术创新规划，激励方式的选择及考虑因素，符合实施激励条件的情况说明等。其中，拟实施岗位分红权激励的，应在以下方面予以说明：各年度拟激励总额占当年企业税后净利润的比例，激励岗位的职责和确定依据，岗位对应的股份数量或者股权比例，拟激励对象名单及当前薪酬、预计分红、模拟测算结果等；拟实施项目收益分红激励的，应在以下方面予以说明：产业化项目及项目收益情况，激励提取比例，个人贡献及所获激励水平，模拟测算结果等。

（三）试点企业拟订激励方案，应当通过职工大会、职代会或者其他形式充分听取职工意见；激励方案经企业总经理办公会或者董事会讨论通过，申报材料由中央企业集团公司审核后报送国资委，国资委依据有关法律和行政法规，履行相关批准程序。

设有股东（大）会的试点企业应当将经国资委批准后的激励方案提请股东（大）会审议，审议过程中，国有股东代表应当按照国资委批准文件发表意见。

向国资委报送的材料主要包括：激励方案、试点企业上年度审计报告、听取职工意见情况、对激励对象的考核评价办法、国资委要求报送的其他材料。

（四）履行批准程序后，试点企业应在 5 个工作日内将有关材料抄送财政部、科技部。

五、激励方案的考核与管理

（一）激励方案有效期为 3 年。试点企业实施中当年业绩指标其中一项未能达到有关要求的，将终止激励方案的实施。再次实施分红权激励需重新申报。激励对象未达到考核标准的，应当取消该激励对象当年分红权。

（二）试点企业实施分红权激励，应当按照《企业财务通则》和国家统一会计制度的规定，规范财务管理和会计核算。

（三）试点企业实施分红权激励所需支出计入工资总额，但不纳入工资总额基数，不作为试点企业职工教育经费、工会经费、社会保险费、补充养老及补充医疗保险费、住房公积金等的计提依据。试点企业申报的年度工资总额方案中需对分红权激励项目、额度单独列示。

六、试点工作的组织

国资委拟组织有关中央企业选择部分符合条件的企业先期进行分红权激励试点，在此基础上，进一步完善政策，逐步扩大试点范围，并适时探索其他激励方式。

国资委成立由企业改革局、企业分配局等单位组成的分红权激励试点工作小组（办公室设在企业改革局），负责推进有关工作。试点企业由中央企业集团公司负责推荐。试点期间，中央企业集团公司每年须向国资委报送上年度激励方案执行情况。

各有关中央企业要充分认识分红权激励试点工作的重要意义，高度重视，精心组织，加强领导。要结合企业实际，选好试点企业，科学制订方案，积极推进落实。要加强监督管理，严格执行各项规定，保证试点工作顺利开展，加快推动中央企业科技创新和科技成果产业化，使中央企业逐步走上创新驱动的发展轨道。

关于国有企业改制重组中积极引入民间投资的指导意见[1]

（国资委）

（2012年5月23日）

根据《国务院关于鼓励和引导民间投资健康发展的若干意见》（国发〔2010〕13号）和《国务院办公厅关于鼓励和引导民间投资健康发展重点工作分工的通知》（国办函〔2010〕120号）精神，为了积极推动民间投资参与国有企业改制重组，现提出以下意见：

一、坚持毫不动摇地巩固和发展公有制经济、毫不动摇地鼓励支持和引导非公有制经济发展，深入推进国有经济战略性调整，完善国有资本有进有退、合理流动机制。

二、积极引入民间投资参与国有企业改制重组，发展混合所有制经济，建立现代产权制度，进一步推动国有企业转换经营机制、转变发展方式。

三、国有企业改制重组中引入民间投资，应当符合国家对国有经济布局与结构调整的总体要求和相关规定，遵循市场规律，尊重企业意愿，平等保护各类相关利益主体的合法权益。

四、国有企业在改制重组中引入民间投资时，应当通过产权市场、媒体和互联网广泛发布拟引入民间投资项目的相关信息。

五、国有企业改制重组引入民间投资，应当优先引入业绩优秀、信誉良好和具有共同目标追求的民间投资主体。

---

[1]《关于国有企业改制重组中积极引入民间投资的指导意见》，中国政府网，2016年5月24日。

六、民间投资主体参与国有企业改制重组可以用货币出资，也可以用实物、知识产权、土地使用权等法律、行政法规允许的方式出资。

七、民间投资主体可以通过出资入股、收购股权、认购可转债、融资租赁等多种形式参与国有企业改制重组。

八、民间投资主体之间或者民间投资主体与国有企业之间可以共同设立股权投资基金，参与国有企业改制重组，共同投资战略性新兴产业，开展境外投资。

九、国有企业改制上市或国有控股的上市公司增发股票时，应当积极引入民间投资。国有股东通过公开征集方式或通过大宗交易方式转让所持上市公司股权时，不得在意向受让人资质条件中单独对民间投资主体设置附加条件。

十、企业国有产权转让时，除国家相关规定允许协议转让者外，均应当进入由省级以上国资监管机构选择确认的产权市场公开竞价转让，不得在意向受让人资质条件中单独对民间投资主体设置附加条件。

十一、从事国有产权转让的产权交易机构，应当积极发挥市场配置资源功能，有序聚集和组合民间资本，参与受让企业国有产权。

十二、国有企业改制重组引入民间投资，要遵守国家相关法律、行政法规、国有资产监管制度和企业章程，依法履行决策程序，维护出资人权益。

十三、国有企业改制重组引入民间投资，应按规定履行企业改制重组民主程序，依法制定切实可行的职工安置方案，妥善安置职工，做好劳动合同、社会保险关系接续、偿还拖欠职工债务等工作，维护职工合法权益，维护企业和社会的稳定。

十四、改制企业要依法承继债权债务，维护社会信用秩序，保护金融债权人和其他债权人的合法权益。

中共中央、国务院关于深化中央管理企业负责人薪酬制度改革的意见[①]

（2014年11月5日）

国有企业特别是中央企业，在关系国家安全和国民经济命脉的主要行业和关键领域占据支配地位，是国民经济的重要支柱，在我们党和我国社会主义国家政权的经济基础中起支柱作用。中央管理企业负责人薪酬制度改革是中央企业建立现代企业制度的重要组成部分，是深化收入分配制度改革的重要任务，对促进企业持续健康发展和形成合理有序的收入分配格局具有重要意义。近年来，中央企业负责人薪酬制度改革取得积极成效，对促进企业改革发展发挥了重要作用，但仍存在薪酬水平总体偏高、薪酬结构不尽合理、监管体制不够健全等问题。这些问题不解决，将影响中央企业改革发展，影响社会公平正义。根据党的十八届三中、四中全会精神，现就深化中央管理企业负责人薪酬制度改革提出如下意见。

一、总体要求

（一）指导思想

认真贯彻落实党的十八届三中全会关于合理确定并严格规范国有企业管理人员薪酬水平精神，从我国社会主义初级阶段基本国情出发，适应国有资产管理体制和国有企业改革进程，按照企业负责人分类管理要求，综合考虑企业负责人的经营业绩和承担的政治责

[①]《中共中央、国务院关于深化中央管理企业负责人薪酬制度改革的意见》，中国政府网，2016年1月18日。

任、社会责任，建立符合中央管理企业负责人特点的薪酬制度，规范企业收入分配秩序，对不合理的偏高、过高收入进行调整，实现薪酬水平适当、结构合理、管理规范、监督有效，促进企业持续健康发展，推动形成合理有序的收入分配格局。

（二）基本原则

——坚持国有企业完善现代企业制度的方向，健全中央管理企业负责人薪酬分配的激励和约束机制，将物质激励与精神激励相结合，强化中央管理企业负责人责任，增强企业发展活力。

——坚持分类分级管理，建立与中央企业负责人选任方式相匹配、与企业功能性质相适应的差异化薪酬分配办法，严格规范中央管理企业负责人薪酬分配，中央企业市场化选聘的职业经理人实行市场化薪酬分配机制。

——坚持统筹兼顾，形成中央管理企业负责人与企业职工之间的合理工资收入分配关系，合理调节不同行业企业负责人之间的薪酬差距，促进社会公平正义。

——坚持政府监管与企业自律相结合，完善中央企业薪酬监管体制机制，规范收入分配秩序。

二、适用范围

（三）本意见适用于中央企业中由中央管理的负责人，包括企业的董事长、党委（党组）书记、总经理（总裁、行长等）、监事长（监事会主席）以及其他副职负责人。

本意见所称中央企业，是指由国务院代表国家履行出资人职责的国有独资或国有控股企业。

三、合理确定薪酬结构和水平

（四）中央管理企业负责人的薪酬由基本年薪、绩效年薪、任期激励收入三部分构成。

（五）基本年薪是指中央管理企业负责人的年度基本收入。中央管理企业主要负责人基本年薪根据上年度中央企业在岗职工平均工资的 2 倍确定，原则上每年核定一次；副职负责人的基本年薪依据其岗位职责和承担风险等因素，按本企业主要负责人基本年薪的 0.6 至 0.9 倍确定，合理拉开差距。

（六）绩效年薪是指与中央管理企业负责人年度考核评价结果相联系的收入，以基本年薪为基数，根据年度考核评价结果结合绩效年薪调节系数确定。中央管理企业负责人年度考核评价系数最高不超过 2。绩效年薪调节系数主要根据企业功能性质，所在行业以及企业总资产、营业收入、利润总额、从业人员等规模因素确定，最高不超过 1.5。参与市场竞争程度高的企业绩效年薪调节系数应高于参与市场竞争程度低的企业；规模大的企业绩效年薪调节系数应高于规模小的企业。

根据企业功能或行业特点，经批准可适当调整基本年薪和绩效年薪的比例。中央管理企业负责人年度综合考核评价为不胜任的，不得领取绩效年薪；当年本企业在岗职工平均工资未增长的，中央管理企业负责人绩效年薪不得增长。

（七）任期激励收入是指与中央管理企业负责人任期考核评价结果相联系的收入，根据任期考核评价结果，在不超过企业负责人任期内年薪总水平的 30% 以内确定。

中央管理企业负责人任期综合考核评价为不胜任的，不得领取任期激励收入。因本人原因任期未满的，不得实行任期激励；非本人原因任期未满的，根据任期考核评价结果并结合本人在企业负责人岗位实际任职时间及贡献发放相应任期激励收入。

四、完善综合考核评价办法

（八）建立综合考核评价制度。坚持经济效益和社会效益相统一。对中央管理企业负责人履职情况进行全面综合考核评价，在加强经营业绩考核的同时，加强履行政治责任、社会责任等情况的考核评价，体现以德为先、全面担当。

（九）改进经营业绩考核。加强对中央管理企业负责人年度和任期经营业绩分类考核，根据企业功能性质定位突出不同考核重点，科学设置考核指标，合理确定考核目标，实行定量与定性分析相结合、横向与纵向对比补充的考核办法，规范考核程序，严格考核管理。

五、规范薪酬支付和管理

（十）中央管理企业负责人薪酬按照薪酬审核部门核定的薪酬方案支付。基本年薪按月支付。按照先考核后兑现的原则，绩效年薪按考核年度一次性兑现，任期激励收入可实行延期支付办法。

对任期内出现重大失误、给企业造成重大损失的，根据中央管理企业负责人承担的责任，追索扣回部分或全部已发绩效年薪和任期激励收入。追索扣回办法适用于已离职或退休的中央管理企业负责人。

（十一）中央管理企业负责人在下属全资、控股、参股企业兼职或在本企业外的其他单位兼职的，不得在兼职企业（单位）领取工资、奖金、津贴等任何形式的报酬。

中央管理企业负责人不得在国家规定之外领取由地方政府或有关部门发放的奖金及实物奖励。

（十二）中央管理企业负责人因岗位变动调离企业的，自任免机关下发职务调整通知文件次月起，除按当年在企业负责人岗位实际工作月数计提的绩效年薪和应发任期激励收入外，不得继续在原企业领取薪酬，工资关系不得保留在原企业。

中央企业负责人因工作变动离开原岗位但工资关系按规定保留在原企业的，自任免机关下发任免通知文件次月起，其工资收入参考本企业同岗位负责人的基本年薪确定，除按当年在企业负责人岗位实际工作月数计提的绩效年薪和应发任期激励收入外，不得继续领取绩效年薪和任期激励收入。

（十三）中央管理企业负责人达到法定退休年龄退休，按规定领取养老金的，除按当年在企业负责人岗位实际工作月数计提的绩效年薪和应发任期激励收入外，不得继续在原企业领取薪酬。

（十四）中央管理企业负责人的薪酬在财务统计中单列科目，单独核算并设置明细账目。中央管理企业负责人薪酬应计入企业工资总额，在企业成本中列支，在工资统计中单列。

中央管理企业负责人离任后，其薪酬方案和考核兑现个人收入的原始资料应至少保存15年。

六、统筹福利性待遇

（十五）中央管理企业负责人按照国家有关规定参加基本养老保险和基本医疗保险。中央企业负责人所在企业按照国家有关规定建立企业年金的，其缴费比例不得超过国家统一规定的标准，企业当期缴费计入企业负责人年金个人账户的最高额不得超过国家有关规定。中央管理企业负责人所在企业按照国家有关规定建立补充医疗保险的，其缴费比例不得超过国家统一规定的标准，企业负责人补充医疗保险待遇按规定执行。

（十六）企业为中央管理企业负责人缴存住房公积金比例最高不得超过 12%，缴存基数最高不得超过企业负责人工作所在地设区城市统计部门公布的上一年度职工月平均工资的 3 倍。

（十七）中央管理企业负责人享受的符合国家规定的企业年金、补充医疗保险和住房公积金等福利性待遇，应一并纳入薪酬体系统筹管理。中央管理企业负责人不得在企业领取其他福利性货币收入。

七、健全薪酬监督管理机制

（十八）人力资源社会保障部会同中央组织部，国家发展改革委、财政部、国务院国资委等部门，负责指导和监督中央管理企业负责人薪酬分配，拟订薪酬管理政策，审核认定年度中央企业在岗工平均工资，统筹协调不同行业中央管理企业负责人绩效年薪调节系数，调节不同行业中央管理企业负责人薪酬水平。

（十九）中央组织部牵头负责对中央管理企业负责人的综合考核评价工作。财政部、国务院国资委和其他机关业务主管部门按照分工，负责中央管理企业负责人的经营业绩考核和薪酬水平审核。

中央管理企业负责人薪酬审核结果及福利性待遇等情况由薪酬审核部门报人力资源社会保障部备案，其他中央企业负责人、中央各部门管理企业负责人的薪酬及福利性待遇等情况由有关部门按要求报人力资源社会保障部备案，由人力资源社会保障部汇总报告国务院。

（二十）健全企业内部监督制度。将中央管理企业负责人薪酬制度、薪酬水平、补充保险等纳入厂务（司务）公开范围，接受职工监督。发挥公司制企业股东大会、董事会、监事会等对中央管理企业负责人薪酬分配的监督作用。

（二十一）建立健全薪酬信息公开制度。上市公司的中央管理企业负责人薪酬水平、福利性收入等薪酬信息，按照上市公司信息披露管理办法向社会披露；未上市企业的中央管理企业负责人薪酬信息，参照上市公司信息披露管理办法向社会披露。薪酬审核部门定期将其审核的中央管理企业负责人薪酬信息向社会公开披露，接受社会公众监督。

（二十二）人力资源社会保障部会同中央组织部、财政部、审计署、国务院国资委等部门对中央管理企业负责人薪酬制度实施过程和结果进行监督检查。

中央管理企业负责人存在违反规定自定薪酬、兼职取酬、享受福利性待遇等行为的，依照有关规定给予纪律处分、组织处理和经济处罚，并追回违规所得收入。中央管理企业负责人因违纪违规受到处理的，减发或者全部扣发绩效年薪和任期激励收入。

（二十三）薪酬审核部门在审核中央管理企业负责人薪酬时违反相关规定的，依照有关规定给予相关责任人纪律处分和组织处理。

八、加强组织实施

（二十四）国务院成立深化国有企业负责人薪酬制度改革工作领导小组（办公室设在人力资源社会保障部），负责组织实施中央管理企业负责人薪酬制度改革，指导和协调全国国有企业负责人薪酬制度改革工作，统筹协调解决改革中的重点难点问题。其他中央企业负责人、中央各部门所属和地方所属国有企业负责人薪酬制度改革，参照本意见精神，积极稳妥推进。

中央各部门管理和省（自治区、直辖市）及新疆生产建设兵团管理国有企业负责人的薪酬制度改革方案，由中央有关部门和省（自治区、直辖市）政府及新疆生产建设兵团制订，按程序报深化国有企业负责人薪酬制度改革工作领导小组审核后组织实施。

（二十五）国务院代表国家履行出资人职责的非国有控股企业国有股权代表、董事、监事或中央企业管理的所属独资、控股企业负责人的薪酬分配，由国有股权代表、董事、监事派出机构或中央企业参照本意见精神，加强和改进管理。

（二十六）中央企业负责人中职业经理人的薪酬结构和水平，由董事会按照市场化薪酬分配机制确定，报薪酬审核部门备案。同时，对职业经理人实行契约化管理，加强和完善业绩考核，建立退出机制。

（二十七）深化中央企业内部管理人员能上能下、员工能进能出、收入能增能减的制度改革，健全反映劳动力市场供求关系和企业经济效益的工资决定及正常增长机制，规范企业内部分配行为，合理拉开内部工资分配差距。对部分收入过高的企业，要严格实行工资总额和工资水平双重调控。

（二十八）本意见自 2015 年 1 月 1 日起实施。现行中央企业负责人管理有关规定，凡与本意见不一致的，按本意见执行。

政策法规

中共中央、国务院关于深化国有企业改革的指导意见[①]

（2015年8月24日）

国有企业属于全民所有，是推进国家现代化、保障人民共同利益的重要力量，是我们党和国家事业发展的重要物质基础和政治基础。改革开放以来，国有企业改革发展不断取得重大进展，总体上已经同市场经济相融合，运行质量和效益明显提升，在国际国内市场竞争中涌现出一批具有核心竞争力的骨干企业，为推动经济社会发展、保障和改善民生、开拓国际市场、增强我国综合实力作出了重大贡献，国有企业经营管理者队伍总体上是好的，广大职工付出了不懈努力，成就是突出的。但也要看到，国有企业仍然存在一些亟待解决的突出矛盾和问题，一些企业市场主体地位尚未真正确立，现代企业制度还不健全，国有资产监管体制有待完善，国有资本运行效率需进一步提高；一些企业管理混乱，内部人控制、利益输送、国有资产流失等问题突出，企业办社会职能和历史遗留问题还未完全解决；一些企业党组织管党治党责任不落实、作用被弱化。面向未来，国有企业面临日益激烈的国际竞争和转型升级的巨大挑战。在推动我国经济保持中高速增长和迈向中高端水平、完善和发展中国特色社会主义制度、实现中华民族伟大复兴中国梦的进程中，国有企业肩负着重大历史使命和责任。要认真贯彻落实党中央、国务院战略决策，按照"四个全面"战略布局的要求，以经济

[①]《中共中央、国务院关于深化国有企业改革的指导意见》，《中华人民共和国国务院公报》，2015年27期。

建设为中心,坚持问题导向,继续推进国有企业改革,切实破除体制机制障碍,坚定不移做强做优做大国有企业。为此,提出以下意见。

一、总体要求

(一)指导思想

高举中国特色社会主义伟大旗帜,认真贯彻落实党的十八大和十八届三中、四中全会精神,深入学习贯彻习近平总书记系列重要讲话精神,坚持和完善基本经济制度,坚持社会主义市场经济改革方向,适应市场化、现代化、国际化新形势,以解放和发展社会生产力为标准,以提高国有资本效率、增强国有企业活力为中心,完善产权清晰、权责明确、政企分开、管理科学的现代企业制度,完善国有资产监管体制,防止国有资产流失,全面推进依法治企,加强和改进党对国有企业的领导,做强做优做大国有企业,不断增强国有经济活力、控制力、影响力、抗风险能力,主动适应和引领经济发展新常态,为促进经济社会持续健康发展、实现中华民族伟大复兴中国梦作出积极贡献。

(二)基本原则

——坚持和完善基本经济制度。这是深化国有企业改革必须把握的根本要求。必须毫不动摇巩固和发展公有制经济,毫不动摇鼓励、支持、引导非公有制经济发展。坚持公有制主体地位,发挥国有经济主导作用,积极促进国有资本、集体资本、非公有资本等交叉持股、互相融合,推动各种所有制资本取长补短、相互促进、共同发展。

——坚持社会主义市场经济改革方向。这是深化国有企业改革必须遵循的基本规律。国有企业改革要遵循市场经济规律和企业发展规律,坚持政企分开、政资分开、所有权与经营权分离,坚持权利、义务、责任相统一,坚持激励机制和约束机制相结合,促使国有企业真正成为依法自主经营、自负盈亏、自担风险、自我约束、自我发展的独立市场主体。社会主义市场经济条件下的国有企业,要成为自觉履行社会责任的表率。

——**坚持增强活力和强化监管相结合**。这是深化国有企业改革必须把握的重要关系。增强活力是搞好国有企业的本质要求,加强监管是搞好国有企业的重要保障,要切实做到两者的有机统一。继续推进简政放权,依法落实企业法人财产权和经营自主权,进一步激发企业活力、创造力和市场竞争力。进一步完善国有企业监管制度,切实防止国有资产流失,确保国有资产保值增值。

——**坚持党对国有企业的领导**。这是深化国有企业改革必须坚守的政治方向、政治原则。要贯彻全面从严治党方针,充分发挥企业党组织政治核心作用,加强企业领导班子建设,创新基层党建工作,深入开展党风廉政建设,坚持全心全意依靠工人阶级,维护职工合法权益,为国有企业改革发展提供坚强有力的政治保证、组织保证和人才支撑。

——**坚持积极稳妥统筹推进**。这是深化国有企业改革必须采用的科学方法。要正确处理推进改革和坚持法治的关系,正确处理改革发展稳定关系,正确处理搞好顶层设计和尊重基层首创精神的关系,突出问题导向,坚持分类推进,把握好改革的次序、节奏、力度,确保改革扎实推进、务求实效。

(三)主要目标

到 2020 年,在国有企业改革重要领域和关键环节取得决定性成果，形成更加符合我国基本经济制度和社会主义市场经济发展要求的国有资产管理体制、现代企业制度、市场化经营机制，国有资本布局结构更趋合理，造就一大批德才兼备、善于经营、充满活力的优秀企业家，培育一大批具有创新能力和国际竞争力的国有骨干企业，国有经济活力、控制力、影响力、抗风险能力明显增强。

——国有企业公司制改革基本完成，发展混合所有制经济取得积极进展，法人治理结构更加健全，优胜劣汰、经营自主灵活、内部管理人员能上能下、员工能进能出、收入能增能减的市场化机制更加完善。

——国有资产监管制度更加成熟，相关法律法规更加健全，监管手段和方式不断优化，监管的科学性、针对性、有效性进一步提高，经营性国有资产实现集中统一监管，国有资产保值增值责任全面落实。

——国有资本配置效率显著提高，国有经济布局结构不断优化、主导作用有效发挥，国有企业在提升自主创新能力、保护资源环境、加快转型升级、履行社会责任中的引领和表率作用充分发挥。

——企业党的建设全面加强，反腐倡廉制度体系、工作体系更加完善，国有企业党组织在公司治理中的法定地位更加巩固，政治核心作用充分发挥。

二、分类推进国有企业改革

（四）划分国有企业不同类别。根据国有资本的战略定位和发展目标，结合不同国有企业在经济社会发展中的作用、现状和发展需要，将国有企业分为商业类和公益类。通过界定功能、划分类别，实行分类改革、分类发展、分类监管、分类定责、分类考核，提高改革的针对性、监管的有效性、考核评价的科学性，推动国有企业同市场经济深入融合，促进国有企业经济效益和社会效益有机统一。按照谁出资谁分类的原则，由履行出资人职责的机构负责制定所出资企业的功能界定和分类方案，报本级政府批准。各地区可结合实际，划分并动态调整本地区国有企业功能类别。

（五）推进商业类国有企业改革。商业类国有企业按照市场化要求实行商业化运作，以增强国有经济活力、放大国有资本功能、实现国有资产保值增值为主要目标，依法独立自主开展生产经营活动，实现优胜劣汰、有序进退。

主业处于充分竞争行业和领域的商业类国有企业，原则上都要实行公司制股份制改革，积极引入其他国有资本或各类非国有资本实现股权多元化，国有资本可以绝对控股、相对控股，也可以参股，并着力推进整体上市。对这些国有企业，重点考核经营业绩指标、国有资产保值增值和市场竞争能力。

主业处于关系国家安全、国民经济命脉的重要行业和关键领域、主要承担重大专项任务的商业类国有企业，要保持国有资本控股地位，支持非国有资本参股。对自然垄断行业，实行以政企分开、政资分开、特许经营、政府监管为主要内容的改革，根据不同行业特点实行网运分开、放开竞争性业务，促进公共资源配置市场化；对需要实行国有全资的企业，也要积极引入其他国有资本实行股权多元化；对特殊业务和竞争性业务实行业务板块有效分离，独立运作、独立核算。对这些国有企业，在考核经营业绩指标和国有资产保值增值情况的同时，加强对服务国家战略、保障国家安全和国民经济运行、发展前瞻性战略性产业以及完成特殊任务的考核。

（六）推进公益类国有企业改革。公益类国有企业以保障民生、服务社会、提供公共产品和服务为主要目标，引入市场机制，提高公共服务效率和能力。这类企业可以采取国有独资形式，具备条件的也可以推行投资主体多元化，还可以通过购买服务、特许经营、委托代理等方式，鼓励非国有企业参与经营。对公益类国有企业，重点考核成本控制、产品服务质量、营运效率和保障能力，根据企业不同特点有区别地考核经营业绩指标和国有资产保值增值情况，考核中要引入社会评价。

三、完善现代企业制度

（七）推进公司制股份制改革。加大集团层面公司制改革力度，积极引入各类投资者实现股权多元化，大力推动国有企业改制上市，创造条件实现集团公司整体上市。根据不同企业的功能定位，逐步调整国有股权比例，形成股权结构多元、股东行为规范、内部约束有效、运行高效灵活的经营机制。允许将部分国有资本转化为优先股，在少数特定领域探索建立国家特殊管理股制度。

（八）健全公司法人治理结构。重点是推进董事会建设，建立健全权责对等、运转协调、有效制衡的决策执行监督机制，规范董事长、总经理行权行为，充分发挥董事会的决策作用、监事会的监督作用、经理层的经营管理作用、党组织的政治核心作用，切实解决一些企业董事会形同虚设、"一把手"说了算的问题，实现规范的公司治理。要切实落实和维护董事会依法行使重大决策、选人用人、薪酬分配等权利，保障经理层经营自主权，法无授权任何政府部门和机构不得干预。加强董事会内部的制衡约束，国有独资、全资公司的董事会和监事会均应有职工代表，董事会外部董事应占多数，落实一人一票表决制度，董事对董事会决议承担责任。改进董事会和董事评价办法，强化对董事的考核评价和管理，对重大决策失误负有直接责任的要及时调整或解聘，并依法追究责任。进一步加强外部董事队伍建设，拓宽来源渠道。

（九）建立国有企业领导人员分类分层管理制度。坚持党管干部原则与董事会依法产生、董事会依法选择经营管理者、经营管理者依法行使用人权相结合，不断创新有效实现形式。上级党组织和国有资产监管机构按照管理权限加强对国有企业领导人员的管理，广开推荐渠道，依规考察提名，严格履行选用程序。根据不同企业类别和层级，实行选任制、委任制、聘任制等不同选人用人方式。推行职业经理人制度，实行内部培养和外部引进相结合，畅通现有经营管理者与职业经理人身份转换通道，董事会按市场化方式选聘和管理职业经理人，合理增加市场化选聘比例，加快建立退出机制。推行企业经理层成员任期制和契约化管理，明确责任、权利、义务，严格任期管理和目标考核。

（十）实行与社会主义市场经济相适应的企业薪酬分配制度。企业内部的薪酬分配权是企业的法定权利，由企业依法依规自主决定，完善既有激励又有约束、既讲效率又讲公平、既符合企业一般规律又体现国有企业特点的分配机制。建立健全与劳动力市场基本适应、与企业经济效益和劳动生产率挂钩的工资决定和正常增长机制。推进全员绩效考核，以业绩为导向，科学评价不同岗位员工的贡献，合理拉开收入分配差距，切实做到收入能增能减和奖惩分明，充分调动广大职工积极性。对国有企业领导人员实行与选任方式相匹配、与企业功能性质相适应、与经营业绩相挂钩的差异化薪酬分配办法。对党中央、国务院和地方党委、政府及其部门任命的国有企业领导人员，合理确定基本年薪、绩效年薪和任期激励收入。对市场化选聘的职业经理人实行市场化薪酬分配机制，可以采取多种方式探索完善中长期激励机制。健全与激励机制相对称的经济责任审计、信息披露、延期支付、追索扣回等约束机制。严格规范履职待遇、业务支出，严禁将公款用于个人支出。

（十一）深化企业内部用人制度改革。建立健全企业各类管理人员公开招聘、竞争上岗等制度，对特殊管理人员可以通过委托人才中介机构推荐等方式，拓宽选人用人视野和渠道。建立分级分类的企业员工市场化公开招聘制度，切实做到信息公开、过程公开、结果公开。构建和谐劳动关系，依法规范企业各类用工管理，建立健全以合同管理为核心、以岗位管理为基础的市场化用工制度，真正形成企业各类管理人员能上能下、员工能进能出的合理流动机制。

四、完善国有资产管理体制

（十二）以管资本为主推进国有资产监管机构职能转变。国有资产监管机构要准确把握依法履行出资人职责的定位，科学界定国有资产出资人监管的边界，建立监管权力清单和责任清单，实现以管企业为主向以管资本为主的转变。该管的要科学管理、决不缺位，重点管好国有资本布局、规范资本运作、提高资本回报、维护资本安全；不该管的要依法放权、决不越位，将依法应由企业自主经营决策的事项归位于企业，将延伸到子企业的管理事项原则上归位于一级企业，将配合承担的公共管理职能归位于相关政府部门和单位。大力推进依法监管，着力创新监管方式和手段，改变行政化管理方式，改进考核体系和办法，提高监管的科学性、有效性。

（十三）以管资本为主改革国有资本授权经营体制。改组组建国有资本投资、运营公司，探索有效的运营模式，通过开展投资融资、产业培育、资本整合，推动产业聚集和转型升级，优化国有资本布局结构；通过股权运作、价值管理、有序进退，促进国有资本合理流动，实现保值增值。科学界定国有资本所有权和经营权的边界，国有资产监管机构依法对国有资本投资、运营公司和其他直接监管的企业履行出资人职责，并授权国有资本投资、运营公司对授权范围内的国有资本履行出资人职责。国有资本投资、运营公司作为国有资本市场化运作的专业平台，依法自主开展国有资本运作，对所出资企业行使股东职责，按照责权对应原则切实承担起国有资产保值增值责任。开展政府直接授权国有资本投资、运营公司履行出资人职责的试点。

（十四）以管资本为主推动国有资本合理流动优化配置。坚持以市场为导向、以企业为主体，有进有退、有所为有所不为，优化国有资本布局结构，增强国有经济整体功能和效率。紧紧围绕服务国家战略，落实国家产业政策和重点产业布局调整总体要求，优化国有资本重点投资方向和领域，推动国有资本向关系国家安全、国民经济命脉和国计民生的重要行业和关键领域、重点基础设施集中，向前瞻性战略性产业集中，向具有核心竞争力的优势企业集中。发挥国有资本投资、运营公司的作用，清理退出一批、重组整合一批、创新发展一批国有企业。建立健全优胜劣汰市场化退出机制，充分发挥失业救济和再就业培训等的作用，解决好职工安置问题，切实保障退出企业依法实现关闭或破产，加快处置低效无效资产，淘汰落后产能。支持企业依法合规通过证券交易、产权交易等资本市场，以市场公允价格处置企业资产，实现国有资本形态转换，变现的国有资本用于更需要的领域和行业。推动国有企业加快管理创新、商业模式创新，合理限定法人层级，有效压缩管理层级。发挥国有企业在实施创新驱动发展战略和制造强国战略中的骨干和表率作用,强化企业在技术创新中的主体地位,重视培养科研人才和高技能人才。支持国有企业开展国际化经营,鼓励国有企业之间以及与其他所有制企业以资本为纽带,强强联合、优势互补,加快培育一批具有世界一流水平的跨国公司。

(十五)以管资本为主推进经营型国有资产集中统一监管。稳步将党政机关、事业单位所属企业的国有资本纳入经营性国有资产集中统一监管体系,具备条件的进入国有资本投资、运营公司。加强国有资产基础管理,按照统一制度规范、统一工作体系的原则,抓紧制定企业国有资产基础管理条例。建立覆盖全部国有企业、分级管理的国有资本经营预算管理制度,提高国有资本收益上缴公共财政比例,2020年提高到30%,更多用于保障和改善民生。划转部分国有资本充实社会保障基金。

五、发展混合所有制经济

(十六)推进国有企业混合所有制改革。以促进国有企业转换经营机制,放大国有资本功能,提高国有资本配置和运行效率,实现各种所有制资本取长补短、相互促进、共同发展为目标,稳妥推动国有企业发展混合所有制经济。对通过实行股份制、上市等途径已经实行混合所有制的国有企业,要着力在完善现代企业制度、提高资本运行效率上下功夫;对于适宜继续推进混合所有制改革的国有企业,要充分发挥市场机制作用,坚持因地施策、因业施策、因企施策,宜独则独、宜控则控、宜参则参,不搞拉郎配,不搞全覆盖,不设时间表,成熟一个推进一个。改革要依法依规、严格程序、公开公正,切实保护混合所有制企业各类出资人的产权权益,杜绝国有资产流失。

（十七）引入非国有资本参与国有企业改革。鼓励非国有资本投资主体通过出资入股、收购股权、认购可转债、股权置换等多种方式，参与国有企业改制重组或国有控股上市公司增资扩股以及企业经营管理。实行同股同权，切实维护各类股东合法权益。在石油、天然气、电力、铁路、电信、资源开发、公用事业等领域，向非国有资本推出符合产业政策、有利于转型升级的项目。依照外商投资产业指导目录和相关安全审查规定，完善外资安全审查工作机制。开展多类型政府和社会资本合作试点，逐步推广政府和社会资本合作模式。

（十八）鼓励国有资本以多种方式入股非国有企业。充分发挥国有资本投资、运营公司的资本运作平台作用，通过市场化方式，以公共服务、高新技术、生态环保、战略性产业为重点领域，对发展潜力大、成长性强的非国有企业进行股权投资。鼓励国有企业通过投资入股、联合投资、重组等多种方式，与非国有企业进行股权融合、战略合作、资源整合。

（十九）探索实行混合所有制企业员工持股。坚持试点先行，在取得经验基础上稳妥有序推进，通过实行员工持股建立激励约束长效机制。优先支持人才资本和技术要素贡献占比较高的转制科研院所、高新技术企业、科技服务型企业开展员工持股试点，支持对企业经营业绩和持续发展有直接或较大影响的科研人员、经营管理人员和业务骨干等持股。员工持股主要采取增资扩股、出资新设等方式。完善相关政策，健全审核程序，规范操作流程，严格资产评估，建立健全股权流转和退出机制，确保员工持股公开透明，严禁暗箱操作，防止利益输送。

六、强化监督防止国有资产流失

（二十）强化企业内部监督。完善企业内部监督体系，明确监事会、审计、纪检监察、巡视以及法律、财务等部门的监督职责，完善监督制度，增强制度执行力。强化对权力集中、资金密集、资源富集、资产聚集的部门和岗位的监督，实行分事行权、分岗设权、分级授权，定期轮岗，强化内部流程控制，防止权力滥用。建立审计部门向董事会负责的工作机制。落实企业内部监事会对董事、经理和其他高级管理人员的监督。进一步发挥企业总法律顾问在经营管理中的法律审核把关作用，推进企业依法经营、合规管理。集团公司要依法依规、尽职尽责加强对子企业的管理和监督。大力推进厂务公开，健全以职工代表大会为基本形式的企业民主管理制度，加强企业职工民主监督。

（二十一）建立健全高效协同的外部监督机制。强化出资人监督，加快国有企业行为规范法律法规制度建设，加强对企业关键业务、改革重点领域、国有资本运营重要环节以及境外国有资产的监督，规范操作流程，强化专业检查，开展总会计师由履行出资人职责机构委派的试点。加强和改进外派监事会制度，明确职责定位，强化与有关专业监督机构的协作，加强当期和事中监督，强化监督成果运用，建立健全核查、移交和整改机制。健全国有资本审计监督体系和制度，实行企业国有资产审计监督全覆盖，建立对企业国有资本的经常性审计制度。加强纪检监察监督和巡视工作，强化对企业领导人员廉洁从业、行使权力等的监督，加大大案要案查处力度，狠抓对存在问题的整改落实。整合出资人监管、外派监事会监督和审计、纪检监察、巡视等监督力量，建立监督工作会商机制，加强统筹，创新方式，共享资源，减少重复检查，提高监督效能。

建立健全监督意见反馈整改机制，形成监督工作的闭环。

（二十二）实施信息公开加强社会监督。完善国有资产和国有企业信息公开制度，设立统一的信息公开网络平台，依法依规、及时准确披露国有资本整体运营和监督、国有企业公司治理以及管理架构、经营情况、财务状况、关联交易、企业负责人薪酬等信息，建设阳光国企。认真处理人民群众关于国有资产流失等问题的来信、来访和检举，及时回应社会关切。充分发挥媒体舆论监督作用，有效保障社会公众对企业国有资产运营的知情权和监督权。

（二十三）严格责任追究。建立健全国有企业重大决策失误和失职、渎职责任追究倒查机制，建立和完善重大决策评估、决策事项履职记录、决策过错认定标准等配套制度，严厉查处侵吞、贪污、输送、挥霍国有资产和逃废金融债务的行为。建立健全企业国有资产的监督问责机制，对企业重大违法违纪问题敷衍不追、隐匿不报、查处不力的，严格追究有关人员失职渎职责任，视不同情形给予纪律处分或行政处分，构成犯罪的，由司法机关依法追究刑事责任。

七、加强和改进党对国有企业的领导

（二十四）充分发挥国有企业党组织政治核心作用。把加强党的领导和完善公司治理统一起来，将党建工作总体要求纳入国有企业章程，明确国有企业党组织在公司法人治理结构中的法定地位，创新国有企业党组织发挥政治核心作用的途径和方式。在国有企业改革中坚持党的建设同步谋划、党的组织及工作机构同步设置、党组织负责人及党务工作人员同步配备、党的工作同步开展，保证党组织工作机构健全、党务工作者队伍稳定、党组织和党员作用得到

有效发挥。坚持和完善双向进入、交叉任职的领导体制，符合条件的党组织领导班子成员可以通过法定程序进入董事会、监事会、经理层，董事会、监事会、经理层成员中符合条件的党员可以依照有关规定和程序进入党组织领导班子；经理层成员与党组织领导班子成员适度交叉任职；董事长、总经理原则上分设，党组织书记、董事长一般由一人担任。

国有企业党组织要切实承担好、落实好从严管党治党责任。坚持从严治党、思想建党、制度治党，增强管党治党意识，建立健全党建工作责任制，聚精会神抓好党建工作，做到守土有责、守土负责、守土尽责。党组织书记要切实履行党建工作第一责任人职责，党组织班子其他成员要切实履行"一岗双责"，结合业务分工抓好党建工作。中央企业党组织书记同时担任企业其他主要领导职务的，应当设立1名专职抓企业党建工作的副书记。加强国有企业基层党组织建设和党员队伍建设，强化国有企业基层党建工作的基础保障，充分发挥基层党组织战斗堡垒作用、共产党员先锋模范作用。加强企业党组织对群众工作的领导，发挥好工会、共青团等群团组织的作用，深入细致做好职工群众的思想政治工作。把建立党的组织、开展党的工作，作为国有企业推进混合所有制改革的必要前提，根据不同类型混合所有制企业特点，科学确定党组织的设置方式、职责定位、管理模式。

（二十五）进一步加强国有企业领导班子建设和人才队伍建设。根据企业改革发展需要，明确选人用人标准和程序，创新选人用人方式。强化党组织在企业领导人员选拔任用、培养教育、管理监督中的责任，支持董事会依法选择经营管理者、经营管理者依法行使用人权，坚决防止和整治选人用人中的不正之风。加强对国有企业领导人员尤其是主要领导人员的日常监督管理和综合考核评价，及时调整不胜任、不称职的领导人员，切实解决企业领导人员能上不能下的问题。以强化忠诚意识、拓展世界眼光、提高战略思维、增强创新精神、锻造优秀品行为重点，加强企业家队伍建设，充分发挥企业家作用。大力实施人才强企战略，加快建立健全国有企业集聚人才的体制机制。

（二十六）切实落实国有企业反腐倡廉"两个责任"。国有企业党织住要切实履行好主体责任，纪检机构要履行好监督责任。加强党性教育、法治教育、警示教育，引导国有企业领导人员坚定理想信念，自觉践行"三严三实"要求，正确履职行权。建立切实可行的责任追究制度，与企业考核等挂钩，实行"一案双查"。推动国有企业纪律检查工作双重领导体制具体化、程序化、制度化，强化上级纪委对下级纪委的领导。加强和改进国有企业巡视工作，强化对权力运行的监督和制约。坚持运用法治思维和法治方式反腐败，完善反腐倡廉制度体系，严格落实反"四风"规定，努力构筑企业领导人员不敢腐、不能腐、不想腐的有效机制。

八、为国有企业改革创造良好环境条件

（二十七）完善相关法律法规和配套政策。加强国有企业相关法律法规立改废释工作，确保重大改革于法有据。切实转变政府职能，减少审批、优化制度、简化手续、提高效率。完善公共服务体系，推进政府购买服务，加快建立稳定可靠、补偿合理、公开透明的企业公共服务支出补偿机制。完善和落实国有企业重组整合涉及的资产评估增值、土地变更登记和国有资产无偿划转等方面税收优惠政策。完善国有企业推出的相关政策，依法妥善处理劳动关系调

整、社会保险关系接续等问题。

（二十八）加快剥离企业办社会职能和解决历史遗留问题。完善相关政策，建立政府和国有企业合理分担成本的机制，多渠道筹措资金，采取分离移交、重组改制、关闭撤销等方式，剥离国有企业职工家属区"三供一业"和所办医院、学校、社区等公共服务机构，继续推进厂办大集体改革，对国有企业退休人员实施社会化管理，妥善解决国有企业历史遗留问题，为国有企业公平参与市场竞争创造条件。

（二十九）形成鼓励改革创新的氛围。坚持解放思想、实事求是，鼓励探索、实践、创新。全面准确评价国有企业，大力宣传中央关于全面深化国有企业改革的方针政策，宣传改革的典型案例和经验，营造有利于国有企业改革的良好舆论环境。

（三十）加强对国有企业改革的组织领导。各级党委和政府要统一思想，以高度的政治责任感和历史使命感，切实履行对深化国有企业改革的领导责任。要根据本指导意见，结合实际制定实施意见，加强统筹协调、明确责任分工、细化目标任务、强化督促落实，确保深化国有企业改革顺利推进，取得实效。

金融、文化等国有企业的改革，中央另有规定的依其规定执行。

政策法规

国务院关于国有企业发展混合所有制经济的意见[①]
（2015 年 9 月 23 日）

各省、自治区、直辖市人民政府，国务院各部委、各直属机构：

发展混合所有制经济，是深化国有企业改革的重要举措。为贯彻党的十八大和十八届三中、四中全会精神，按照"四个全面"战略布局要求，落实党中央、国务院决策部署，推进国有企业混合所有制改革，促进各种所有制经济共同发展，现提出以下意见。

一、总体要求

（一）改革出发点和落脚点。国有资本、集体资本、非公有资本等交叉持股、相互融合的混合所有制经济，是基本经济制度的重要实现形式。多年来，一批国有企业通过改制发展成为混合所有制企业，但治理机制和监管体制还需要进一步完善；还有许多国有企业为转换经营机制、提高运行效率，正在积极探索混合所有制改革。当前，应对日益激烈的国际竞争和挑战，推动我国经济保持中高速增长、迈向中高端水平，需要通过深化国有企业混合所有制改革，推动完善现代企业制度，健全企业法人治理结构；提高国有资本配置和运行效率，优化国有经济布局，增强国有经济活力、控制力、影响力和抗风险能力，主动适应和引领经济发展新常态；促进国有企业转换经营机制，放大国有资本功能，实现国有资产保值增值，实现各种所有制资本取长补短、相互促进、共同发展，夯实社

---

① 《国务院关于国有企业发展混合所有制经济的意见》，《中华人民共和国国务院公报》，2015 年 29 期。

会主义基本经济制度的微观基础。在国有企业混合所有制改革中，要坚决防止因监管不到位、改革不彻底导致国有资产流失。

（二）基本原则。

——政府引导，市场运作。尊重市场经济规律和企业发展规律，以企业为主体，充分发挥市场机制作用，把引资本与转机制结合起来，把产权多元化与完善企业法人治理结构结合起来，探索国有企业混合所有制改革的有效途径。

——完善制度，保护产权。以保护产权、维护契约、统一市场、平等交换、公平竞争、有效监管为基本导向，切实保护混合所有制企业各类出资人的产权权益，调动各类资本参与发展混合所有制经济的积极性。

——严格程序，规范操作。坚持依法依规，进一步健全国有资产交易规则，科学评估国有资产价值，完善市场定价机制，切实做到规则公开、过程公开、结果公开。强化交易主体和交易过程监管，防止暗箱操作、低价贱卖、利益输送、化公为私、逃废债务，杜绝国有资产流失。

——宜改则改，稳妥推进。对通过实行股份制、上市等途径已经实行混合所有制的国有企业，要着力在完善现代企业制度、提高资本运行效率上下功夫；对适宜继续推进混合所有制改革的国有企业，要充分发挥市场机制作用，坚持因地施策、因业施策、因企施策，宜独则独、宜控则控、宜参则参，不搞拉郎配，不搞全覆盖，不设时间表，一企一策，成熟一个推进一个，确保改革规范有序进行。尊重基层创新实践，形成一批可复制、可推广的成功做法。

二、分类推进国有企业混合所有制改革

（三）稳妥推进主业处于充分竞争行业和领域的商业类国有企业混合所有制改革。按照市场化、国际化要求，以增强国有经济活力、放大国有资本功能、实现国有资产保值增值为主要目标，以提高经济效益和创新商业模式为导向，充分运用整体上市等方式，积极引入其他国有资本或各类非国有资本实现股权多元化。坚持以资本为纽带完善混合所有制企业治理结构和管理方式，国有资本出资人和各类非国有资本出资人以股东身份履行权利和职责，使混合所有制企业成为真正的市场主体。

（四）有效探索主业处于重要行业和关键领域的商业类国有企业混合所有制改革。对主业处于关系国家安全、国民经济命脉的重要行业和关键领域、主要承担重大专项任务的商业类国有企业，要保持国有资本控股地位，支持非国有资本参股。对自然垄断行业，实行以政企分开、政资分开、特许经营、政府监管为主要内容的改革，根据不同行业特点实行网运分开、放开竞争性业务，促进公共资源配置市场化，同时加强分类依法监管，规范营利模式。

——重要通信基础设施、枢纽型交通基础设施、重要江河流域控制性水利水电航电枢纽、跨流域调水工程等领域，实行国有独资或控股，允许符合条件的非国有企业依法通过特许经营、政府购买服务等方式参与建设和运营。

——重要水资源、森林资源、战略性矿产资源等开发利用，实行国有独资或绝对控股，在强化环境、质量、安全监管的基础上，允许非国有资本进入，依法依规有序参与开发经营。

——江河主干渠道、石油天然气主干管网、电网等，根据不同行业领域特点实行网运分开、主辅分离，除对自然垄断环节的管网

实行国有独资或绝对控股外,放开竞争性业务,允许非国有资本平等进入。

——核电、重要公共技术平台、气象测绘水文等基础数据采集利用等领域,实行国有独资或绝对控股,支持非国有企业投资参股以及参与特许经营和政府采购。粮食、石油、天然气等战略物资国家储备领域保持国有独资或控股。

——国防军工等特殊产业,从事战略武器装备科研生产、关系国家战略安全和涉及国家核心机密的核心军工能力领域,实行国有独资或绝对控股。其他军工领域,分类逐步放宽市场准入,建立竞争性采购体制机制,支持非国有企业参与武器装备科研生产、维修服务和竞争性采购。

——对其他服务国家战略目标、重要前瞻性战略性产业、生态环境保护、共用技术平台等重要行业和关键领域,加大国有资本投资力度,发挥国有资本引导和带动作用。

(五)引导公益类国有企业规范开展混合所有制改革。在水电气热、公共交通、公共设施等提供公共产品和服务的行业和领域,根据不同业务特点,加强分类指导,推进具备条件的企业实现投资主体多元化。通过购买服务、特许经营、委托代理等方式,鼓励非国有企业参与经营。政府要加强对价格水平、成本控制、服务质量、安全标准、信息披露、营运效率、保障能力等方面的监管,根据企业不同特点有区别地考核其经营业绩指标和国有资产保值增值情况,考核中要引入社会评价。

三、分层推进国有企业混合所有制改革

(六)引导在子公司层面有序推进混合所有制改革。对国有企

业集团公司二级及以下企业,以研发创新、生产服务等实体企业为重点,引入非国有资本,加快技术创新、管理创新、商业模式创新,合理限定法人层级,有效压缩管理层级。明确股东的法律地位和股东在资本收益、企业重大决策、选择管理者等方面的权利,股东依法按出资比例和公司章程规定行权履职。

(七)探索在集团公司层面推进混合所有制改革。在国家有明确规定的特定领域,坚持国有资本控股,形成合理的治理结构和市场化经营机制;在其他领域,鼓励通过整体上市、并购重组、发行可转债等方式,逐步调整国有股权比例,积极引入各类投资者,形成股权结构多元、股东行为规范、内部约束有效、运行高效灵活的经营机制。

(八)鼓励地方从实际出发推进混合所有制改革。各地区要认真贯彻落实中央要求,区分不同情况,制定完善改革方案和相关配套措施,指导国有企业稳妥开展混合所有制改革,确保改革依法合规、有序推进。

四、鼓励各类资本参与国有企业混合所有制改革

(九)鼓励非公有资本参与国有企业混合所有制改革。非公有资本投资主体可通过出资入股、收购股权、认购可转债、股权置换等多种方式,参与国有企业改制重组或国有控股上市公司增资扩股以及企业经营管理。非公有资本投资主体可以货币出资,或以实物、股权、土地使用权等法律法规允许的方式出资。企业国有产权或国有股权转让时,除国家另有规定外,一般不在意向受让人资质条件中对民间投资主体单独设置附加条件。

(十)支持集体资本参与国有企业混合所有制改革。明晰集体资产产权，发展股权多元化、经营产业化、管理规范化的经济实体。允许经确权认定的集体资本、资产和其他生产要素作价入股，参与国有企业混合所有制改革。研究制定股份合作经济（企业）管理办法。

（十一）有序吸收外资参与国有企业混合所有制改革。引入外资参与国有企业改制重组、合资合作，鼓励通过海外并购、投融资合作、离岸金融等方式，充分利用国际市场、技术、人才等资源和要素，发展混合所有制经济，深度参与国际竞争和全球产业分工，提高资源全球化配置能力。按照扩大开放与加强监管同步的要求，依照外商投资产业指导目录和相关安全审查规定，完善外资安全审查工作机制，切实加强风险防范。

（十二）推广政府和社会资本合作（PPP）模式。优化政府投资方式，通过投资补助、基金注资、担保补贴、贷款贴息等，优先支持引入社会资本的项目。以项目运营绩效评价结果为依据，适时对价格和补贴进行调整。组合引入保险资金、社保基金等长期投资者参与国家重点工程投资。鼓励社会资本投资或参股基础设施、公用事业、公共服务等领域项目，使投资者在平等竞争中获取合理收益。加强信息公开和项目储备，建立综合信息服务平台。

（十三）鼓励国有资本以多种方式入股非国有企业。在公共服务、高新技术、生态环境保护和战略性产业等重点领域，以市场选择为前提，以资本为纽带，充分发挥国有资本投资、运营公司的资本运作平台作用，对发展潜力大、成长性强的非国有企业进行股权投资。鼓励国有企业通过投资入股、联合投资、并购重组等多种方式，与非国有企业进行股权融合、战略合作、资源整合，发展混合所有制经济。支持国有资本与非国有资本共同设立股权投资基金，参与企业改制重组。

（十四）探索完善优先股和国家特殊管理股方式。国有资本参股非国有企业或国有企业引入非国有资本时，允许将部分国有资本转化为优先股。在少数特定领域探索建立国家特殊管理股制度，依照相关法律法规和公司章程规定，行使特定事项否决权，保证国有资本在特定领域的控制力。

（十五）探索实行混合所有制企业员工持股。坚持激励和约束相结合的原则，通过试点稳妥推进员工持股。员工持股主要采取增资扩股、出资新设等方式，优先支持人才资本和技术要素贡献占比较高的转制科研院所、高新技术企业和科技服务型企业开展试点，支持对企业经营业绩和持续发展有直接或较大影响的科研人员、经营管理人员和业务骨干等持股。完善相关政策，健全审核程序，规范操作流程，严格资产评估，建立健全股权流转和退出机制，确保员工持股公开透明，严禁暗箱操作，防止利益输送。混合所有制企业实行员工持股，要按照混合所有制企业实行员工持股试点的有关工作要求组织实施。

五、建立健全混合所有制企业治理机制

（十六）进一步确立和落实企业市场主体地位。政府不得干预企业自主经营，股东不得干预企业日常运营，确保企业治理规范、激励约束机制到位。落实董事会对经理层成员等高级经营管理人员选聘、业绩考核和薪酬管理等职权，维护企业真正的市场主体地位。

（十七）健全混合所有制企业法人治理结构。混合所有制企业要建立健全现代企业制度，明晰产权，同股同权，依法保护各类股东权益。规范企业股东（大）会、董事会、经理层、监事会和党组织的权责关系，按章程行权，对资本监管，靠市场选人，依规则运行，形成定位清晰、权责对等、运转协调、制衡有效的法人治理结构。

（十八）推行混合所有制企业职业经理人制度。按照现代企业制度要求，建立市场导向的选人用人和激励约束机制，通过市场化方式选聘职业经理人依法负责企业经营管理，畅通现有经营管理者与职业经理人的身份转换通道。职业经理人实行任期制和契约化管理，按照市场化原则决定薪酬，可以采取多种方式探索中长期激励机制。严格职业经理人任期管理和绩效考核，加快建立退出机制。

六、建立依法合规的操作规则

（十九）严格规范操作流程和审批程序。在组建和注册混合所有制企业时，要依据相关法律法规，规范国有资产授权经营和产权交易等行为，健全清产核资、评估定价、转让交易、登记确权等国有产权流转程序。国有企业产权和股权转让、增资扩股、上市公司增发等，应在产权、股权、证券市场公开披露信息，公开择优确定投资人，达成交易意向后应及时公示交易对象、交易价格、关联交易等信息，防止利益输送。国有企业实施混合所有制改革前，应依据本意见制定方案，报同级国有资产监管机构批准；重要国有企业改制后国有资本不再控股的，报同级人民政府批准。国有资产监管机构要按照本意见要求，明确国有企业混合所有制改革的操作流程。方案审批时，应加强对社会资本质量、合作方诚信与操守、债权债务关系等内容的审核。要充分保障企业职工对国有企业混合所有制改革的知情权和参与权，涉及职工切身利益的要做好评估工作，职工安置方案要经过职工代表大会或者职工大会审议通过。

（二十）健全国有资产定价机制。按照公开公平公正原则，完善国有资产交易方式，严格规范国有资产登记、转让、清算、退出等程序和交易行为。通过产权、股权、证券市场发现和合理确定资产价格，发挥专业化中介机构作用，借助多种市场化定价手段，完善资产定价机制，实施信息公开，加强社会监督，防止出现内部人控制、利益输送造成国有资产流失。

（二十一）切实加强监管。政府有关部门要加强对国有企业混合所有制改革的监管，完善国有产权交易规则和监管制度。国有资产监管机构对改革中出现的违法转让和侵吞国有资产、化公为私、利益输送、暗箱操作、逃废债务等行为，要依法严肃处理。审计部门要依法履行审计监督职能，加强对改制企业原国有企业法定代表人的离任审计。充分发挥第三方机构在清产核资、财务审计、资产定价、股权托管等方面的作用。加强企业职工内部监督。进一步做好信息公开，自觉接受社会监督。

七、营造国有企业混合所有制改革的良好环境

（二十二）加强产权保护。健全严格的产权占有、使用、收益、处分等完整保护制度，依法保护混合所有制企业各类出资人的产权和知识产权权益。在立法、司法和行政执法过程中，坚持对各种所有制经济产权和合法利益给予同等法律保护。

（二十三）健全多层次资本市场。加快建立规则统一、交易规范的场外市场，促进非上市股份公司股权交易，完善股权、债权、物权、知识产权及信托、融资租赁、产业投资基金等产品交易机制。建立规范的区域性股权市场，为企业提供融资服务，促进资产证券化和资本流动，健全股权登记、托管、做市商等第三方服务体系。以具备条件的区域性股权、产权市场为载体，探索建立统一结算制度，完善股权公开转让和报价机制。制定场外市场交易规则和规范监管制度，明确监管主体，实行属地化、专业化监管。

（二十四）完善支持国有企业混合所有制改革的政策。进一步简政放权，最大限度取消涉及企业依法自主经营的行政许可审批事项。凡是市场主体基于自愿的投资经营和民事行为，只要不属于法律法规禁止进入的领域，且不危害国家安全、社会公共利益和第三方合法权益，不得限制进入。完善工商登记、财税管理、土地管理、金融服务等政策。依法妥善解决混合所有制改革涉及的国有企业职工劳动关系调整、社会保险关系接续等问题，确保企业职工队伍稳定。加快剥离国有企业办社会职能，妥善解决历史遗留问题。完善统计制度，加强监测分析。

（二十五）加快建立健全法律法规制度。健全混合所有制经济相关法律法规和规章，加大法律法规立、改、废、释工作力度，确保改革于法有据。根据改革需要抓紧对合同法、物权法、公司法、企业国有资产法、企业破产法中有关法律制度进行研究，依照法定程序及时提请修改。推动加快制定有关产权保护、市场准入和退出、交易规则、公平竞争等方面法律法规。

八、组织实施

（二十六）建立工作协调机制。国有企业混合所有制改革涉及面广、政策性强、社会关注度高。各地区、各有关部门和单位要高度重视，精心组织，严守规范，明确责任。各级政府及相关职能部门要加强对国有企业混合所有制改革的组织领导，做好把关定向、配套落实、审核批准、纠偏提醒等工作。各级国有资产监管机构要及时跟踪改革进展，加强改革协调，评估改革成效，推广改革经验，重大问题及时向同级人民政府报告。各级工商联要充分发挥广泛联系非公有制企业的组织优势，参与做好沟通政企、凝聚共识、决策咨询、政策评估、典型宣传等方面工作。

（二十七）加强混合所有制企业党建工作。坚持党的建设与企业改革同步谋划、同步开展，根据企业组织形式变化，同步设置或调整党的组织，理顺党组织隶属关系，同步选配好党组织负责人，健全党的工作机构，配强党务工作者队伍，保障党组织工作经费，有效开展党的工作，发挥好党组织政治核心作用和党员先锋模范作用。

（二十八）开展不同领域混合所有制改革试点示范。结合电力、石油、天然气、铁路、民航、电信、军工等领域改革，开展放开竞争性业务、推进混合所有制改革试点示范。在基础设施和公共服务领域选择有代表性的政府投融资项目，开展多种形式的政府和社会资本合作试点，加快形成可复制、可推广的模式和经验。

（二十九）营造良好的舆论氛围。以坚持"两个毫不动摇"（毫不动摇巩固和发展公有制经济，毫不动摇鼓励、支持、引导非公有制经济发展）为导向，加强国有企业混合所有制改革舆论宣传，做好政策解读，阐释目标方向和重要意义，宣传成功经验，正确引导舆论，回应社会关切，使广大人民群众了解和支持改革。

各级政府要加强对国有企业混合所有制改革的领导，根据本意见，结合实际推动改革。

金融、文化等国有企业的改革，中央另有规定的依其规定执行。

国务院关于改革和完善
国有资产管理体制的若干意见[①]

（2015年10月25日）

各省、自治区、直辖市人民政府，国务院各部委、各直属机构：

改革开放以来，我国国有资产管理体制改革稳步推进，国有资产出资人代表制度基本建立，保值增值责任初步得到落实，国有资产规模、利润水平、竞争能力得到较大提升。但必须看到，现行国有资产管理体制中政企不分、政资不分问题依然存在，国有资产监管还存在越位、缺位、错位现象；国有资产监督机制不健全，国有资产流失、违纪违法问题在一些领域和企业比较突出；国有经济布局结构有待进一步优化，国有资本配置效率不高等问题亟待解决。按照《中共中央关于全面深化改革若干重大问题的决定》和国务院有关部署，现就改革和完善国有资产管理体制提出以下意见。

一、总体要求

（一）指导思想。深入贯彻落实党的十八大和十八届二中、三中、四中全会精神，按照党中央、国务院决策部署，坚持和完善社会主义基本经济制度，坚持社会主义市场经济改革方向，尊重市场经济规律和企业发展规律，正确处理好政府与市场的关系，以管资本为主加强国有资产监管，改革国有资本授权经营体制，真正确立国有企业的市场主体地位，推进国有资产监管机构职能转变，适应

---

① 《国务院关于改革和完善国有资产管理体制的若干意见》，《中华人民共和国国务院公报》，2015年32期。

市场化、现代化、国际化新形势和经济发展新常态，不断增强国有经济活力、控制力、影响力和抗风险能力。

（二）基本原则。

坚持权责明晰。实现政企分开、政资分开、所有权与经营权分离，依法理顺政府与国有企业的出资关系。切实转变政府职能，依法确立国有企业的市场主体地位，建立健全现代企业制度。坚持政府公共管理职能与国有资产出资人职能分开，确保国有企业依法自主经营，激发企业活力、创新力和内生动力。

坚持突出重点。按照市场经济规则和现代企业制度要求，以管资本为主，以资本为纽带，以产权为基础，重点管好国有资本布局、规范资本运作、提高资本回报、维护资本安全。注重通过公司法人治理结构依法行使国有股东权利。

坚持放管结合。按照权责明确、监管高效、规范透明的要求，推进国有资产监管机构职能和监管方式转变。该放的依法放开，切实增强企业活力，提高国有资本运营效率；该管的科学管好，严格防止国有资产流失，确保国有资产保值增值。

坚持稳妥有序。处理好改革、发展、稳定的关系，突出改革和完善国有资产管理体制的系统性、协调性，以重点领域为突破口，先行试点，分步实施，统筹谋划，协同推进相关配套改革。

二、推进国有资产监管机构职能转变

（三）准确把握国有资产监管机构的职责定位。国有资产监管机构作为政府直属特设机构，根据授权代表本级人民政府对监管企业依法履行出资人职责，科学界定国有资产出资人监管的边界，专司国有资产监管，不行使政府公共管理职能，不干预企业自主经营权。以管资本为主，重点管好国有资本布局、规范资本运作、提高资本回报、维护资本安全，更好服务于国家战略目标，实现保值增值。发挥国有资产监管机构专业化监管优势，逐步推进国有资产出资人监管全覆盖。

（四）进一步明确国有资产监管重点。加强战略规划引领，改进对监管企业主业界定和投资并购的管理方式，遵循市场机制，规范调整存量，科学配置增量，加快优化国有资本布局结构。加强对国有资本运营质量及监管企业财务状况的监测，强化国有产权流转环节监管，加大国有产权进场交易力度。按照国有企业的功能界定和类别实行分类监管。改进考核体系和办法，综合考核资本运营质量、效率和收益，以经济增加值为主，并将转型升级、创新驱动、合规经营、履行社会责任等纳入考核指标体系。着力完善激励约束机制，将国有企业领导人员考核结果与职务任免、薪酬待遇有机结合，严格规范国有企业领导人员薪酬分配。建立健全与劳动力市场基本适应，与企业经济效益、劳动生产率挂钩的工资决定和正常增长机制。推动监管企业不断优化公司法人治理结构，把加强党的领导和完善公司治理统一起来，建立国有企业领导人员分类分层管理制度。强化国有资产监督，加强和改进外派监事会制度，建立健全国有企业违法违规经营责任追究体系、国有企业重大决策失误和失职渎职责任追究倒查机制。

（五）推进国有资产监管机构职能转变。围绕增强监管企业活力和提高效率，聚焦监管内容，该管的要科学管理、决不缺位，不该管的要依法放权、决不越位。将国有资产监管机构行使的投资计划、部分产权管理和重大事项决策等出资人权利，授权国有资本投资、运营公司和其他直接监管的企业行使；将依法应由企业自主经营决策的事项归位于企业;加强对企业集团的整体监管,将延伸到子企业的管理事项原则上归位于一级企业,由一级企业依法依规决策;将国有资产监管机构配合承担的公共管理职能,归位于相关政府部门和单位。

(六)改进国有资产监管方式和手段。大力推进依法监管,着力创新监管方式和手段。按照事前规范制度、事中加强监控、事后强化问责的思路,更多运用法治化、市场化的监管方式,切实减少出资人审批核准事项,改变行政化管理方式。通过"一企一策"制定公司章程、规范董事会运作、严格选派和管理股东代表和董事监事,将国有出资人意志有效体现在公司治理结构中。针对企业不同功能定位,在战略规划制定、资本运作模式、人员选用机制、经营业绩考核等方面,实施更加精准有效的分类监管。调整国有资产监管机构内部组织设置和职能配置,建立监管权力清单和责任清单,优化监管流程,提高监管效率。建立出资人监管信息化工作平台,推进监管工作协同,实现信息共享和动态监管。完善国有资产和国有企业信息公开制度,设立统一的信息公开网络平台,在不涉及国家秘密和企业商业秘密的前提下,依法依规及时准确地披露国有资本整体运营情况、企业国有资产保值增值及经营业绩考核总体情况、国有资产监管制度和监督检查情况,以及国有企业公司治理和管理架构、财务状况、关联交易、企业负责人薪酬等信息,建设阳光国企。

三、改革国有资本授权经营体制

(七)改组组建国有资本投资、运营公司。主要通过划拨现有商业类国有企业的国有股权,以及国有资本经营预算注资组建,以提升国有资本运营效率、提高国有资本回报为主要目标,通过股权运作、价值管理、有序进退等方式，促进国有资本合理流动，实现保值增值；或选择具备一定条件的国有独资企业集团改组设立，以服务国家战略、提升产业竞争力为主要目标，在关系国家安全、国民经济命脉的重要行业和关键领域，通过开展投资融资、产业培育和资本整合等，推动产业集聚和转型升级，优化国有资本布局结构。

（八）明确国有资产监管机构与国有资本投资、运营公司关系。政府授权国有资产监管机构依法对国有资本投资、运营公司履行出资人职责。国有资产监管机构按照"一企一策"原则，明确对国有资本投资、运营公司授权的内容、范围和方式，依法落实国有资本投资、运营公司董事会职权。国有资本投资、运营公司对授权范围内的国有资本履行出资人职责，作为国有资本市场化运作的专业平台，依法自主开展国有资本运作，对所出资企业行使股东职责，维护股东合法权益，按照责权对应原则切实承担起国有资产保值增值责任。

（九）界定国有资本投资、运营公司与所出资企业关系。国有资本投资、运营公司依据公司法等相关法律法规，对所出资企业依法行使股东权利，以出资额为限承担有限责任。以财务性持股为主，建立财务管控模式，重点关注国有资本流动和增值状况；或以对战略性核心业务控股为主，建立以战略目标和财务效益为主的管控模式，重点关注所出资企业执行公司战略和资本回报状况。

（十）开展政府直接授权国有资本投资、运营公司履行出资人职责的试点工作。中央层面开展由国务院直接授权国有资本投资、运营公司试点等工作。地方政府可以根据实际情况，选择开展直接授权国有资本投资、运营公司试点工作。

四、提高国有资本配置和运营效率

（十一）建立国有资本布局和结构调整机制。政府有关部门制定完善经济社会发展规划、产业政策和国有资本收益管理规则。国有资产监管机构根据政府宏观政策和有关管理要求，建立健全国有资本进退机制，制定国有资本投资负面清单，推动国有资本更多投向关系国家安全、国民经济命脉和国计民生的重要行业和关键领域。

（十二）推进国有资本优化重组。坚持以市场为导向、以企业为主体，有进有退、有所为有所不为，优化国有资本布局结构，提高国有资本流动性，增强国有经济整体功能和提升效率。按照国有资本布局结构调整要求，加快推动国有资本向重要行业、关键领域、重点基础设施集中，向前瞻性战略性产业集中，向产业链关键环节和价值链高端领域集中，向具有核心竞争力的优势企业集中。清理退出一批、重组整合一批、创新发展一批国有企业，建立健全优胜劣汰市场化退出机制，加快淘汰落后产能和化解过剩产能，处置低效无效资产。推动国有企业加快技术创新、管理创新和商业模式创新。推进国有资本控股经营的自然垄断行业改革，根据不同行业特点放开竞争性业务，实现国有资本和社会资本更好融合。

（十三）建立健全国有资本收益管理制度。财政部门会同国有资产监管机构等部门建立覆盖全部国有企业、分级管理的国有资本经营预算管理制度，根据国家宏观调控和国有资本布局结构调整要求，提出国有资本收益上交比例建议，报国务院批准后执行。在改组组建国有资本投资、运营公司以及实施国有企业重组过程中，国家根据需要将部分国有股权划转社会保障基金管理机构持有，分红和转让收益用于弥补养老等社会保障资金缺口。

五、协同推进相关配套改革

（十四）完善有关法律法规。健全国有资产监管法律法规体系，做好相关法律法规的立改废释工作。按照立法程序，抓紧推动开展企业国有资产法修订工作，出台相关配套法规，为完善国有资产管理体制夯实法律基础。根据国有企业公司制改革进展情况，推动适时废止全民所有制工业企业法。研究起草企业国有资产基础管理条例，统一管理规则。

（十五）推进政府职能转变。进一步减少行政审批事项，大幅度削减政府通过国有企业行政性配置资源事项，区分政府公共管理职能与国有资产出资人管理职能，为国有资产管理体制改革完善提供环境条件。推进自然垄断行业改革，实行网运分开、特许经营。加快推进价格机制改革，严格规范政府定价行为，完善市场发现、形成价格的机制。推进行政性垄断行业成本公开、经营透明，发挥社会监督作用。

（十六）落实相关配套政策。落实和完善国有企业重组整合涉及的资产评估增值、土地变更登记和国有资产无偿划转等方面税收优惠政策，切实明确国有企业改制重组过程中涉及的债权债务承接主体和责任，完善国有企业退出的相关政策，依法妥善处理劳动关系调整和社会保险关系接续等相关问题。

（十七）妥善解决历史遗留问题。加快剥离企业办社会职能，针对"三供一业"（供水、供电、供热和物业管理）、离退休人员社会化管理、厂办大集体改革等问题，制定统筹规范、分类施策的措施，建立政府和国有企业合理分担成本的机制。国有资本经营预算支出优先用于解决国有企业历史遗留问题。

（十八）稳步推进经营性国有资产集中统一监管。按照依法依规、分类推进、规范程序、市场运作的原则，以管资本为主，稳步将党政机关、事业单位所属企业的国有资本纳入经营性国有资产集中统一监管体系，具备条件的进入国有资本投资、运营公司。

金融、文化等国有企业的改革，中央另有规定的依其规定执行。

各地区要结合本地实际，制定具体改革实施方案，确保国有资产管理体制改革顺利进行，全面完成各项改革任务。

国务院办公厅关于加强和改进企业国有资产监督防止国有资产流失的意见[①]

（2015年10月31日）

各省、自治区、直辖市人民政府，国务院各部委、各直属机构：

我国企业国有资产是全体人民的共同财富，保障国有资产安全、防止国有资产流失，是全面建成小康社会、实现全体人民共同富裕的必然要求。改革开放以来，我国国有经济不断发展壮大，国有企业市场活力普遍增强、效率显著提高，企业国有资产监管工作取得积极进展和明显成效。但与此同时，一些国有企业逐渐暴露出管理不规范、内部人控制严重、企业领导人员权力缺乏制约、腐败案件多有发生等问题，企业国有资产监督工作中多头监督、重复监督和监督不到位的现象也日益突出。为贯彻落实中央关于深化国有企业改革的有关部署，切实加强和改进企业国有资产监督、防止国有资产流失，经国务院同意，现提出以下意见。

一、总体要求

（一）指导思想。认真贯彻落实党的十八大和十八届二中、三中、四中、五中全会精神，按照党中央、国务院有关决策部署，以国有资产保值增值、防止流失为目标，坚持问题导向，立足体制机制制度创新，加强和改进党对国有企业的领导，切实强化国有企业内部监督、出资人监督和审计、纪检监察、巡视监督以及社会监

[①]《国务院关于加强和改进企业国有资产监督防止国有资产流失的意见》，《中华人民共和国国务院公报》，2015年32期。

督，严格责任追究，加快形成全面覆盖、分工明确、协同配合、制约有力的国有资产监督体系，充分体现监督的严肃性、权威性、时效性，促进国有企业持续健康发展。

（二）基本原则。

坚持全面覆盖，突出重点。实现企业国有资产监督全覆盖，加强对国有企业权力集中、资金密集、资源富集、资产聚集等重点部门、重点岗位和重点决策环节的监督，切实维护国有资产安全。

坚持权责分明，协同联合。清晰界定各类监督主体的监督职责，有效整合监督资源，增强监督工作合力，形成内外衔接、上下贯通的国有资产监督格局。

坚持放管结合，提高效率。正确处理好依法加强监督和增强企业活力的关系，改进监督方式，创新监督方法，尊重和维护企业经营自主权，增强监督的针对性和有效性。

坚持完善制度，严肃问责。建立健全企业国有资产监督法律法规体系，依法依规开展监督工作，完善责任追究制度，对违法违规造成国有资产损失以及监督工作中失职渎职的责任主体，严格追究责任。

二、着力强化企业内部监督

（三）完善企业内部监督机制。企业集团应当建立涵盖各治理主体及审计、纪检监察、巡视、法律、财务等部门的监督工作体系，强化对子企业的纵向监督和各业务板块的专业监督。健全涉及财务、采购、营销、投资等方面的内部监督制度和内控机制，进一步发挥总会计师、总法律顾问作用，加强对企业重大决策和重要经营活动的财务、法律审核把关。加强企业内部监督工作的联动配合，提升信息化水平，强化流程管控的刚性约束，确保内部监督及时、有效。

（四）强化董事会规范运作和对经理层的监督。深入推进外部董事占多数的董事会建设，加强董事会内部的制衡约束，依法规范董事会决策程序和董事长履职行为，落实董事对董事会决议承担的法定责任。切实加强董事会对经理层落实董事会决议情况的监督。设置由外部董事组成的审计委员会，建立审计部门向董事会负责的工作机制，董事会依法审议批准企业年度审计计划和重要审计报告，增强董事会运用内部审计规范运营、管控风险的能力。

（五）加强企业内设监事会建设。建立监事会主席由上级母公司依法提名、委派制度，提高专职监事比例，增强监事会的独立性和权威性。加大监事会对董事、高级管理人员履职行为的监督力度，进一步落实监事会检查公司财务、纠正董事及高级管理人员损害公司利益行为等职权，保障监事会依法行权履职，强化监事会及监事的监督责任。

（六）重视企业职工民主监督。健全以职工代表大会为基本形式的企业民主管理制度，规范职工董事、职工监事的产生程序，切实发挥其在参与公司决策和治理中的作用。大力推进厂务公开，建立公开事项清单制度，保障职工知情权、参与权和监督权。

（七）发挥企业党组织保证监督作用。把加强党的领导和完善公司治理统一起来，落实党组织在企业党风廉政建设和反腐败工作中的主体责任和纪检机构的监督责任，健全党组织参与重大决策机制，强化党组织对企业领导人员履职行为的监督，确保企业决策部署及其执行过程符合党和国家方针政策、法律法规。

三、切实加强企业外部监督

（八）完善国有资产监管机构监督。国有资产监管机构要坚持出资人管理和监督的有机统一，进一步加强出资人监督。健全国有企业规划投资、改制重组、产权管理、财务评价、业绩考核、选人用人、薪酬分配等规范国有资本运作、防止流失的制度。加大对国有资产监管制度执行情况的监督力度，定期开展对各业务领域制度执行情况的检查，针对不同时期的重点任务和突出问题不定期开展专项抽查。国有资产监管机构设立稽查办公室，负责分类处置和督办监督工作中发现的需要企业整改的问题，组织开展国有资产重大损失调查，提出有关责任追究的意见建议。开展国有资产监管机构向所出资企业依法委派总会计师试点工作，强化出资人对企业重大财务事项的监督。加强企业境外国有资产监督，重视在法人治理结构中运用出资人监督手段，强化对企业境外投资、运营和产权状况的监督，严格规范境外大额资金使用、集中采购和佣金管理，确保企业境外国有资产安全可控、有效运营。

（九）加强和改进外派监事会监督。对国有资产监管机构所出资企业依法实行外派监事会制度。外派监事会由政府派出，作为出资人监督的专门力量，围绕企业财务、重大决策、运营过程中涉及国有资产流失的事项和关键环节、董事会和经理层依法依规履职情况等重点，着力强化对企业的当期和事中监督。进一步完善履职报告制度，外派监事会要逐户向政府报告年度监督检查情况，对重大事项、重要情况、重大风险和违法违纪违规行为"一事一报告"。按照规定的程序和内容，对监事会监督检查情况实行"一企一公开"，也可以按照类别和事项公开。切实保障监事会主席依法行权履职，落实外派监事会的纠正建议权、罢免或者调整建议权，监事会主席根据授权督促企业整改落实有关问题或者约谈企业领导人员。建立外派监事会可追溯、可量化、可考核、可问责的履职记录制度，切实强化责任意识，健全责任倒查机制。

（十）健全国有企业审计监督体系。完善国有企业审计制度，进一步厘清政府部门公共审计、出资人审计和企业内部审计之间的职责分工，实现企业国有资产审计监督全覆盖。加大对国有企业领导人员履行经济责任情况的审计力度，坚持离任必审，完善任中审计，探索任期轮审，实现任期内至少审计一次。探索建立国有企业经常性审计制度，对国有企业重大财务异常、重大资产损失及风险隐患、国有企业境外资产等开展专项审计，对重大决策部署和投资项目、重要专项资金等开展跟踪审计。完善国有企业购买审计服务办法，扩大购买服务范围，推动审计监督职业化。

（十一）进一步增强纪检监察和巡视的监督作用。督促国有企业落实"两个责任"，实行"一案双查"，强化责任追究。加强对国有企业执行党的纪律情况的监督检查，重点审查国有企业执行党的政治纪律、政治规矩、组织纪律、廉洁纪律情况，严肃查处违反党中央八项规定精神的行为和"四风"问题。查办腐败案件以上级纪委领导为主，线索处置和案件查办在向同级党委报告的同时，必须向上级纪委报告。严肃查办发生在国有企业改制重组、产权交易、投资并购、物资采购、招标投标以及国际化经营等重点领域和关键环节的腐败案件。贯彻中央巡视工作方针，聚焦党风廉政建设和反腐败斗争，围绕"四个着力"，加强和改进国有企业巡视工作，发现问题，形成震慑，倒逼改革，促进发展。

（十二）建立高效顺畅的外部监督协同机制。整合出资人监管、外派监事会监督和审计、纪检监察、巡视等监督力量，建立监督工作会商机制，加强统筹，减少重复检查，提高监督效能。创新监督工作机制和方式方法，运用信息化手段查核问题，实现监督信息共享。完善重大违法违纪违规问题线索向纪检监察机关、司法机关移送机制,健全监督主体依法提请有关机关配合调查案件的制度措施。

四、实施信息公开加强社会监督

(十三)推动国有资产和国有企业重大信息公开。建立健全企业国有资产监管重大信息公开制度,依法依规设立信息公开平台,对国有资本整体运营情况、企业国有资产保值增值及经营业绩考核总体情况、国有资产监管制度和监督检查情况等依法依规、及时准确披露。国有企业要严格执行《企业信息公示暂行条例》,在依法保护国家秘密和企业商业秘密的前提下,主动公开公司治理以及管理架构、经营情况、财务状况、关联交易、企业负责人薪酬等信息。

(十四)切实加强社会监督。重视各类媒体的监督,及时回应社会舆论对企业国有资产运营的重大关切。畅通社会公众的监督渠道,认真处理人民群众有关来信、来访和举报,切实保障单位和个人对造成国有资产损失行为进行检举和控告的权利。推动社会中介机构规范执业,发挥其第三方独立监督作用。

五、强化国有资产损失和监督工作责任追究

(十五)加大对国有企业违规经营责任追究力度。明确企业作为维护国有资产安全、防止流失的责任主体,健全并严格执行国有企业违规经营责任追究制度。综合运用组织处理、经济处罚、禁入限制、纪律处分和追究刑事责任等手段,依法查办违规经营导致国有资产重大损失的案件,严厉惩处侵吞、贪污、输送、挥霍国有资产和逃废金融债务的行为。对国有企业违法违纪违规问题突出、造成重大国有资产损失的,严肃追究企业党组织的主体责任和企业纪检机构的监督责任。建立完善国有企业违规经营责任追究典型问题通报制度,加强对企业领导人员的警示教育。

(十六)严格监督工作责任追究。落实企业外部监督主体维护国有资产安全、防止流失的监督责任。健全国有资产监管机构、外派监事会、审计机关和纪检监察、巡视部门在监督工作中的问责机制,对企业重大违法违纪违规问题应当发现而未发现或敷衍不追、隐匿不报、查处不力的,严格追究有关人员失职渎职责任,视不同情形分别给予纪律处分或行政处分,构成犯罪的,依法追究刑事责任。完善监督工作中的自我监督机制,健全内控措施,严肃查处监督工作人员在问题线索清理、处置和案件查办过程中违反政治纪律、组织纪律、廉洁纪律、工作纪律的行为。

六、加强监督制度和能力建设

(十七)完善企业国有资产监督法律制度。做好国有资产监督法律法规的立改废释工作,按照法定程序修订完善企业国有资产法等法律法规中有关企业国有资产监督的规定,制定出台防止企业国有资产流失条例,将加强企业国有资产监督的职责、程序和有关要求法定化、规范化。

(十八)加强监督队伍建设。选派政治坚定、业务扎实、作风过硬、清正廉洁的优秀人才,进一步充实监督力量。优化监督队伍知识结构,重视提升监督队伍的综合素质和专业素养。加强对监督队伍的日常管理和考核评价,健全与监督工作成效挂钩的激励约束机制,强化监督队伍履职保障。

本意见适用于全国企业国有资产监督工作。金融、文化等企业国有资产监督工作,中央另有规定的依其规定执行。

政策法规

国务院关于改革国有企业工资决定机制的意见[①]

（2018 年 5 月 13 日）

各省、自治区、直辖市人民政府，国务院各部委、各直属机构：

国有企业工资决定机制改革是完善国有企业现代企业制度的重要内容，是深化收入分配制度改革的重要任务，事关国有企业健康发展，事关国有企业职工切身利益，事关收入分配合理有序。改革开放以来，国家对国有大中型企业实行工资总额同经济效益挂钩办法，对促进国有企业提高经济效益、调动广大职工积极性发挥了重要作用。随着社会主义市场经济体制逐步健全和国有企业改革不断深化，现行国有企业工资决定机制还存在市场化分配程度不高、分配秩序不够规范、监管体制尚不健全等问题，已难以适应改革发展需要。为改革国有企业工资决定机制，现提出以下意见。

一、总体要求

（一）指导思想。

全面贯彻党的十九大精神，以习近平新时代中国特色社会主义思想为指导，认真落实党中央、国务院决策部署，统筹推进"五位一体"总体布局和协调推进"四个全面"战略布局，坚持以人民为中心的发展思想，牢固树立和贯彻落实新发展理念，按照深化国有企业改革、完善国有资产管理体制和坚持按劳分配原则、完善按要素分配体制机制的要求，以增强国有企业活力、提升国有企业效率

[①]《国务院关于改革国有企业工资决定机制的意见》，《中华人民共和国国务院公报》，2018 年 16 期。

为中心,建立健全与劳动力市场基本适应、与国有企业经济效益和劳动生产率挂钩的工资决定和正常增长机制,完善国有企业工资分配监管体制,充分调动国有企业职工的积极性、主动性、创造性,进一步激发国有企业创造力和提高市场竞争力,推动国有资本做强做优做大,促进收入分配更合理、更有序。

(二)基本原则。

——坚持建立中国特色现代国有企业制度改革方向。坚持所有权和经营权相分离,进一步确立国有企业的市场主体地位,发挥企业党委(党组)领导作用,依法落实董事会的工资分配管理权,完善既符合企业一般规律又体现国有企业特点的工资分配机制,促进国有企业持续健康发展。

——坚持效益导向与维护公平相统一。国有企业工资分配要切实做到既有激励又有约束、既讲效率又讲公平。坚持按劳分配原则,健全国有企业职工工资与经济效益同向联动、能增能减的机制,在经济效益增长和劳动生产率提高的同时实现劳动报酬同步提高。统筹处理好不同行业、不同企业和企业内部不同职工之间的工资分配关系,调节过高收入。

——坚持市场决定与政府监管相结合。充分发挥市场在国有企业工资分配中的决定性作用,实现职工工资水平与劳动力市场价位相适应、与增强企业市场竞争力相匹配。更好发挥政府对国有企业工资分配的宏观指导和调控作用,改进和加强事前引导和事后监督,规范工资分配秩序。

——坚持分类分级管理。根据不同国有企业功能性质定位、行业特点和法人治理结构完善程度,实行工资总额分类管理。按照企业国有资产产权隶属关系,健全工资分配分级监管体制,落实各级政府职能部门和履行出资人职责机构（或其他企业主管部门，下同）的分级监管责任。

二、改革工资总额决定机制

（三）改革工资总额确定办法。按照国家工资收入分配宏观政策要求，根据企业发展战略和薪酬策略、年度生产经营目标和经济效益，综合考虑劳动生产率提高和人工成本投入产出率、职工工资水平市场对标等情况，结合政府职能部门发布的工资指导线，合理确定年度工资总额。

（四）完善工资与效益联动机制。企业经济效益增长的，当年工资总额增长幅度可在不超过经济效益增长幅度范围内确定。其中，当年劳动生产率未提高、上年人工成本投入产出率低于行业平均水平或者上年职工平均工资明显高于全国城镇单位就业人员平均工资的，当年工资总额增长幅度应低于同期经济效益增长幅度；对主业不处于充分竞争行业和领域的企业，上年职工平均工资达到政府职能部门规定的调控水平及以上的，当年工资总额增长幅度应低于同期经济效益增长幅度，且职工平均工资增长幅度不得超过政府职能部门规定的工资增长调控目标。

企业经济效益下降的，除受政策调整等非经营性因素影响外，当年工资总额原则上相应下降。其中，当年劳动生产率未下降、上年人工成本投入产出率明显优于行业平均水平或者上年职工平均工资明显低于全国城镇单位就业人员平均工资的，当年工资总额可适当少降。

企业未实现国有资产保值增值的，工资总额不得增长，或者适度下降。

企业按照工资与效益联动机制确定工资总额,原则上增人不增工资总额、减人不减工资总额,但发生兼并重组、新设企业或机构等情况的,可以合理增加或者减少工资总额。

(五)分类确定工资效益联动指标。根据企业功能性质定位、行业特点,科学设置联动指标,合理确定考核目标,突出不同考核重点。

对主业处于充分竞争行业和领域的商业类国有企业,应主要选取利润总额(或净利润)、经济增加值、净资产收益率等反映经济效益、国有资本保值增值和市场竞争能力的指标。对主业处于关系国家安全、国民经济命脉的重要行业和关键领域、主要承担重大专项任务的商业类国有企业,在主要选取反映经济效益和国有资本保值增值指标的同时,可根据实际情况增加营业收入、任务完成率等体现服务国家战略、保障国家安全和国民经济运行、发展前瞻性战略性产业以及完成特殊任务等情况的指标。对主业以保障民生、服务社会、提供公共产品和服务为主的公益类国有企业,应主要选取反映成本控制、产品服务质量、营运效率和保障能力等情况的指标,兼顾体现经济效益和国有资本保值增值的指标。对金融类国有企业,属于开发性、政策性的,应主要选取体现服务国家战略和风险控制的指标,兼顾反映经济效益的指标;属于商业性的,应主要选取反映经济效益、资产质量和偿付能力的指标。对文化类国有企业,应同时选取反映社会效益和经济效益、国有资本保值增值的指标。劳动生产率指标一般以人均增加值、人均利润为主,根据企业实际情况,可选取人均营业收入、人均工作量等指标。

三、改革工资总额管理方式

(六)全面实行工资总额预算管理。工资总额预算方案由国有企业自主编制，按规定履行内部决策程序后，根据企业功能性质定位、行业特点并结合法人治理结构完善程度，分别报履行出资人职责机构备案或核准后执行。

对主业处于充分竞争行业和领域的商业类国有企业，工资总额预算原则上实行备案制。其中，未建立规范董事会、法人治理结构不完善、内控机制不健全的企业，经履行出资人职责机构认定，其工资总额预算应实行核准制。

对其他国有企业，工资总额预算原则上实行核准制。其中，已建立规范董事会、法人治理结构完善、内控机制健全的企业，经履行出资人职责机构同意，其工资总额预算可实行备案制。

（七）合理确定工资总额预算周期。国有企业工资总额预算一般按年度进行管理。对行业周期性特征明显、经济效益年度间波动较大或存在其他特殊情况的企业，工资总额预算可探索按周期进行管理，周期最长不超过三年，周期内的工资总额增长应符合工资与效益联动的要求。

（八）强化工资总额预算执行。国有企业应严格执行经备案或核准的工资总额预算方案。执行过程中，因企业外部环境或自身生产经营等编制预算时所依据的情况发生重大变化，需要调整工资总额预算方案的，应按规定程序进行调整。

履行出资人职责机构应加强对所监管企业执行工资总额预算情况的动态监控和指导，并对预算执行结果进行清算。

四、完善企业内部工资分配管理

（九）完善企业内部工资总额管理制度。国有企业在经备案或核准的工资总额预算内，依法依规自主决定内部工资分配。企业应建立健全内部工资总额管理办法，根据所属企业功能性质定位、行业特点和生产经营等情况，指导所属企业科学编制工资总额预算方案，逐级落实预算执行责任，建立预算执行情况动态监控机制，确保实现工资总额预算目标。企业集团应合理确定总部工资总额预算，其职工平均工资增长幅度原则上应低于本企业全部职工平均工资增长幅度。

（十）深化企业内部分配制度改革。国有企业应建立健全以岗位工资为主的基本工资制度，以岗位价值为依据，以业绩为导向，参照劳动力市场工资价位并结合企业经济效益，通过集体协商等形式合理确定不同岗位的工资水平，向关键岗位、生产一线岗位和紧缺急需的高层次、高技能人才倾斜，合理拉开工资分配差距，调整不合理过高收入。加强全员绩效考核，使职工工资收入与其工作业绩和实际贡献紧密挂钩，切实做到能增能减。

（十一）规范企业工资列支渠道。国有企业应调整优化工资收入结构，逐步实现职工收入工资化、工资货币化、发放透明化。严格清理规范工资外收入，将所有工资性收入一律纳入工资总额管理，不得在工资总额之外以其他形式列支任何工资性支出。

五、健全工资分配监管体制机制

（十二）加强和改进政府对国有企业工资分配的宏观指导和调控。人力资源社会保障部门负责建立企业薪酬调查和信息发布制度，定期发布不同职业的劳动力市场工资价位和行业人工成本信息；会同财政、国资监管等部门完善工资指导线制度，定期制定和发布工资指导线、非竞争类国有企业职工平均工资调控水平和工资增长调控目标。

（十三）落实履行出资人职责机构的国有企业工资分配监管职责。履行出资人职责机构负责做好所监管企业工资总额预算方案的备案或核准工作，加强对所监管企业工资总额预算执行情况的动态监控和执行结果的清算，并按年度将所监管企业工资总额预算执行情况报同级人力资源社会保障部门，由人力资源社会保障部门汇总报告同级人民政府。同时，履行出资人职责机构可按规定将有关情况直接报告同级人民政府。

（十四）完善国有企业工资分配内部监督机制。国有企业董事会应依照法定程序决定工资分配事项，加强对工资分配决议执行情况的监督。落实企业监事会对工资分配的监督责任。将企业职工工资收入分配情况作为厂务公开的重要内容，定期向职工公开，接受职工监督。

（十五）建立国有企业工资分配信息公开制度。履行出资人职责机构、国有企业每年定期将企业工资总额和职工平均工资水平等相关信息向社会披露，接受社会公众监督。

（十六）健全国有企业工资内外收入监督检查制度。人力资源社会保障部门会同财政、国资监管等部门，定期对国有企业执行国家工资收入分配政策情况开展监督检查，及时查处违规发放工资、滥发工资外收入等行为。加强与出资人监管和审计、税务、纪检监察、巡视等监督的协同，建立工作会商和资源共享机制，提高监督效能，形成监督合力。

对企业存在超提、超发工资总额及其他违规行为的，扣回违规发放的工资总额，并视违规情形对企业负责人和相关责任人员依照有关规定给予经济处罚和纪律处分；构成犯罪的，由司法机关依法追究刑事责任。

六、做好组织实施工作

（十七）国有企业工资决定机制改革是一项涉及面广、政策性强的工作，各地区、各有关部门要统一思想认识，以高度的政治责任感和历史使命感，切实加强对改革工作的领导，做好统筹协调，细化目标任务，明确责任分工，强化督促检查，及时研究解决改革中出现的问题，推动改革顺利进行。各省（自治区、直辖市）要根据本意见，结合当地实际抓紧制定改革国有企业工资决定机制的实施意见，认真抓好贯彻落实。各级履行出资人职责机构要抓紧制定所监管企业的具体改革实施办法，由同级人力资源社会保障部门会同财政部门审核后实施。各级人力资源社会保障、财政、国资监管等部门和工会要各司其职，密切配合，共同做好改革工作，形成推进改革的合力。广大国有企业要自觉树立大局观念，认真执行国家有关改革规定，确保改革政策得到落实。要加强舆论宣传和政策解读，引导全社会正确理解和支持改革，营造良好社会环境。

（十八）本意见适用于国家出资的国有独资及国有控股企业。中央和地方有关部门或机构作为实际控制人的企业，参照本意见执行。

本意见所称工资总额，是指由企业在一个会计年度内直接支付给与本企业建立劳动关系的全部职工的劳动报酬总额，包括工资、奖金、津贴、补贴、加班加点工资、特殊情况下支付的工资等。

改革国有资本授权经营体制方案[①]

（国务院）

（2019年4月19日）

按照党中央、国务院关于深化国有企业改革的决策部署，近年来，履行国有资本出资人职责的部门及机构（以下称出资人代表机构）坚持以管资本为主积极推进职能转变，制定并严格执行监管权力清单和责任清单，取消、下放、授权一批工作事项，监管效能有效提升，国有资产管理体制不断完善。但也要看到，政企不分、政资不分的问题依然存在，出资人代表机构与国家出资企业之间权责边界不够清晰，国有资产监管越位、缺位、错位的现象仍有发生，国有资本运行效率有待进一步提高。党中央、国务院对此高度重视，党的十九大明确提出，要完善各类国有资产管理体制，改革国有资本授权经营体制。为贯彻落实党的十九大精神，加快推进国有资本授权经营体制改革，进一步完善国有资产管理体制，推动国有经济布局结构调整，打造充满生机活力的现代国有企业，现提出以下方案。

一、总体要求

（一）指导思想。以习近平新时代中国特色社会主义思想为指导，全面贯彻党的十九大和十九届二中、三中全会精神，坚持和加强党的全面领导，坚持和完善社会主义基本经济制度，坚持社会主

[①]《国务院关于印发改革国有资本授权经营体制方案的通知》，中国政府网，2019年4月28日。

义市场经济改革方向，以管资本为主加强国有资产监管，切实转变出资人代表机构职能和履职方式，实现授权与监管相结合、放活与管好相统一，切实保障国有资本规范有序运行，促进国有资本做强做优做大，不断增强国有经济活力、控制力、影响力和抗风险能力，培育具有全球竞争力的世界一流企业。

（二）基本原则。

——坚持党的领导。将坚持和加强党对国有企业的领导贯穿国有资本授权经营体制改革全过程和各方面，充分发挥党组织的领导作用，确保国有企业更好地贯彻落实党和国家方针政策、重大决策部署。

——坚持政企分开政资分开。坚持政府公共管理职能与国有资本出资人职能分开，依法理顺政府与国有企业的出资关系，依法确立国有企业的市场主体地位，最大限度减少政府对市场活动的直接干预。

——坚持权责明晰分类授权。政府授权出资人代表机构按照出资比例对国家出资企业履行出资人职责，科学界定出资人代表机构权责边界。国有企业享有完整的法人财产权和充分的经营自主权，承担国有资产保值增值责任。按照功能定位、治理能力、管理水平等企业发展实际情况，一企一策地对国有企业分类授权，做到权责对等、动态调整。

——坚持放管结合完善机制。加快调整优化出资人代表机构职能和履职方式，加强清单管理和事中事后监管，该放的放权到位、该管的管住管好。建立统一规范的国有资产监管制度体系，精简监管事项，明确监管重点，创新监管手段，提升监管水平，防止国有资产流失，确保国有资产保值增值。

（三）主要目标。出资人代表机构加快转变职能和履职方式，切实减少对国有企业的行政干预。国有企业依法建立规范的董事会，董事会职权得到有效落实。将更多具备条件的中央企业纳入国有资本投资、运营公司试点范围，赋予企业更多经营自主权。到 2022 年，基本建成与中国特色现代国有企业制度相适应的国有资本授权经营体制，出资人代表机构与国家出资企业的权责边界界定清晰，授权放权机制运行有效，国有资产监管实现制度完备、标准统一、管理规范、实时在线、精准有力，国有企业的活力、创造力、市场竞争力和风险防控能力明显增强。

二、优化出资人代表机构履职方式

国务院授权国资委、财政部及其他部门、机构作为出资人代表机构，对国家出资企业履行出资人职责。出资人代表机构作为授权主体，要依法科学界定职责定位，加快转变履职方式，依据股权关系对国家出资企业开展授权放权。

（一）实行清单管理。制定出台出资人代表机构监管权力责任清单，清单以外事项由企业依法自主决策，清单以内事项要大幅减少审批或事前备案。将依法应由企业自主经营决策的事项归位于企业，将延伸到子企业的管理事项原则上归位于一级企业，原则上不干预企业经理层和职能部门的管理工作，将配合承担的公共管理职能归位于相关政府部门和单位。

（二）强化章程约束。依法依规、一企一策地制定公司章程，规范出资人代表机构、股东会、党组织、董事会、经理层和职工代表大会的权责，推动各治理主体严格依照公司章程行使权利、履行义务，充分发挥公司章程在公司治理中的基础作用。

（三）发挥董事作用。出资人代表机构主要通过董事体现出资人意志，依据股权关系向国家出资企业委派董事或提名董事人选，规范董事的权利和责任，明确工作目标和重点；建立出资人代表机构与董事的沟通对接平台，建立健全董事人才储备库和董事选聘、考评与培训机制，完善董事履职报告、董事会年度工作报告制度。

（四）创新监管方式。出资人代表机构以企业功能分类为基础，对国家出资企业进行分类管理、分类授权放权，切实转变行政化的履职方式，减少审批事项，强化事中事后监管，充分运用信息化手段，减轻企业工作负担，不断提高监管效能。

三、分类开展授权放权

出资人代表机构对国有资本投资、运营公司及其他商业类企业（含产业集团，下同）、公益类企业等不同类型企业给予不同范围、不同程度的授权放权，定期评估效果，采取扩大、调整或收回等措施动态调整。

（一）国有资本投资、运营公司。出资人代表机构根据《国务院关于推进国有资本投资、运营公司改革试点的实施意见》（国发〔2018〕23号）有关要求，结合企业发展阶段、行业特点、治理能力、管理基础等，一企一策有侧重、分先后地向符合条件的企业开展授权放权，维护好股东合法权益。授权放权内容主要包括战略规划和主业管理、选人用人和股权激励、工资总额和重大财务事项管理等，亦可根据企业实际情况增加其他方面授权放权内容。

战略规划和主业管理。授权国有资本投资、运营公司根据出资人代表机构的战略引领，自主决定发展规划和年度投资计划。国有资本投资公司围绕主业开展的商业模式创新业务可视同主业投资。

授权国有资本投资、运营公司依法依规审核国有资本投资、运营公司之间的非上市公司产权无偿划转、非公开协议转让、非公开协议增资、产权置换等事项。

选人用人和股权激励。授权国有资本投资、运营公司董事会负责经理层选聘、业绩考核和薪酬管理（不含中管企业），积极探索董事会通过差额方式选聘经理层成员，推行职业经理人制度，对市场化选聘的职业经理人实行市场化薪酬分配制度，完善中长期激励机制。授权国有资本投资、运营公司董事会审批子企业股权激励方案，支持所出资企业依法合规采用股票期权、股票增值权、限制性股票、分红权、员工持股以及其他方式开展股权激励，股权激励预期收益作为投资性收入，不与其薪酬总水平挂钩。支持国有创业投资企业、创业投资管理企业等新产业、新业态、新商业模式类企业的核心团队持股和跟投。

工资总额和重大财务事项管理。国有资本投资、运营公司可以实行工资总额预算备案制，根据企业发展战略和薪酬策略、年度生产经营目标和经济效益，综合考虑劳动生产率提高和人工成本投入产出率、职工工资水平市场对标等情况，结合政府职能部门发布的工资指导线，编制年度工资总额预算。授权国有资本投资、运营公司自主决策重大担保管理、债务风险管控和部分债券类融资事项。

政府直接授权的国有资本投资、运营公司按照有关规定对授权范围内的国有资本履行出资人职责，遵循有关法律和证券市场监管规定开展国有资本运作。

（二）其他商业类企业和公益类企业。对未纳入国有资本投资、运营公司试点的其他商业类企业和公益类企业，要充分落实企业的经营自主权，出资人代表机构主要对集团公司层面实施监管或依据股权关系参与公司治理，不干预集团公司以下各级企业生产经营具体事项。对其中已完成公司制改制、董事会建设较规范的企业，要逐步落实董事会职权，维护董事会依法行使重大决策、选人用人、薪酬分配等权利，明确由董事会自主决定公司内部管理机构设置、基本管理制度制定、风险内控和法律合规管理体系建设以及履行对所出资企业的股东职责等事项。

四、加强企业行权能力建设

指导推动国有企业进一步完善公司治理体系，强化基础管理，优化集团管控，确保各项授权放权接得住、行得稳。

（一）完善公司治理。按照建设中国特色现代国有企业制度的要求，把加强党的领导和完善公司治理统一起来，加快形成有效制衡的公司法人治理结构、灵活高效的市场化经营机制。建设规范高效的董事会，完善董事会运作机制，提升董事会履职能力，激发经理层活力。要在所出资企业积极推行经理层市场化选聘和契约化管理，明确聘期以及企业与经理层成员双方的权利与责任，强化刚性考核，建立退出机制。

（二）夯实管理基础。按照统一制度规范、统一工作体系的原则，加强国有资产基础管理。推进管理创新，优化总部职能和管理架构。深化企业内部三项制度改革，实现管理人员能上能下、员工能进能出、收入能增能减。不断强化风险防控体系和内控机制建设，完善内部监督体系，有效发挥企业职工代表大会和内部审计、巡视、纪检监察等部门的监督作用。

（三）优化集团管控。国有资本投资公司以对战略性核心业务控股为主，建立以战略目标和财务效益为主的管控模式，重点关注所出资企业执行公司战略和资本回报状况。国有资本运营公司以财务性持股为主,建立财务管控模式,重点关注国有资本流动和增值状况。其他商业类企业和公益类企业以对核心业务控股为主,建立战略管控和运营管控相结合的模式,重点关注所承担国家战略使命和保障任务的落实状况。

(四)提升资本运作能力。国有资本投资、运营公司作为国有资本市场化运作的专业平台,以资本为纽带、以产权为基础开展国有资本运作。在所出资企业积极发展混合所有制,鼓励有条件的企业上市,引进战略投资者,提高资本流动性,放大国有资本功能。增强股权运作、价值管理等能力,通过清理退出一批、重组整合一批、创新发展一批,实现国有资本形态转换,变现后投向更需要国有资本集中的行业和领域。

五、完善监督监管体系

通过健全制度、创新手段,整合监督资源,严格责任追究,实现对国有资本的全面有效监管,切实维护国有资产安全,坚决防止国有资产流失。

(一)搭建实时在线的国资监管平台。出资人代表机构要加快优化监管流程、创新监管手段,充分运用信息技术,整合包括产权、投资和财务等在内的信息系统,搭建连通出资人代表机构与企业的网络平台,实现监管信息系统全覆盖和实时在线监管。建立模块化、专业化的信息采集、分析和报告机制,加强信息共享,增强监管的针对性和及时性。

(二)统筹协同各类监督力量。加强国有企业内部监督、出资人监督和审计、纪检监察、巡视监督以及社会监督,结合中央企业纪检监察机构派驻改革的要求,依照有关规定清晰界定各类监督主体的监督职责,有效整合企业内外部监督资源,增强监督工作合力,形成监督工作闭环,加快建立全面覆盖、分工明确、协同配合、制约有力的国有资产监督体系,切实增强监督有效性。

（三）健全国有企业违规经营投资责任追究制度。明确企业作为维护国有资产安全、防止流失的责任主体,健全内部管理制度,严格执行国有企业违规经营投资责任追究制度。建立健全分级分层、有效衔接、上下贯通的责任追究工作体系,严格界定违规经营投资责任,严肃追究问责,实行重大决策终身责任追究制度。

六、坚持和加强党的全面领导

将坚持和加强党的全面领导贯穿改革的全过程和各方面,在思想上政治上行动上同党中央保持高度一致,为改革提供坚强有力的政治保证。

（一）加强对授权放权工作的领导。授权主体的党委（党组）要加强对授权放权工作的领导,深入研究授权放权相关问题,加强行权能力建设,加快完善有效监管体制,抓研究谋划、抓部署推动、抓督促落实,确保中央关于国有资本授权经营体制改革的决策部署落实到位。

（二）改进对企业党建工作的领导、指导和督导。上级党组织加强对国有企业党建工作的领导,出资人代表机构党组织负责国家出资企业党的建设。国家出资企业党组织要认真落实党中央、上级党组织、出资人代表机构党组织在党的领导、党的建设方面提出的工作要求。在改组组建国有资本投资、运营公司过程中,按照"四同步"、"四对接"的要求调整和设置党的组织、开展党的工作,确保企业始终在党的领导下开展工作。

（三）充分发挥企业党组织的领导作用。企业党委（党组）要切实发挥领导作用，把方向、管大局、保落实，依照有关规定讨论和决定企业重大事项，并作为董事会、经理层决策重大事项的前置程序。要妥善处理好各治理主体的关系，董事会、经理层等治理主体要自觉维护党组织权威，根据各自职能分工发挥作用，既要保证董事会对重大问题的决策权，又要保证党组织的意图在重大决策中得到体现。董事会、经理层中的党员要坚决贯彻落实党组织决定，向党组织报告落实情况。在推行经理层成员聘任制和契约化管理、探索职业经理人制度等改革过程中，要把坚持党管干部原则和发挥市场机制作用结合起来，保证党对干部人事工作的领导权和对重要干部的管理权，落实董事会、经理层的选人用人权。

七、周密组织科学实施

各地区、各部门、各出资人代表机构和广大国有企业要充分认识推进国有资本授权经营体制改革的重要意义，准确把握改革精神，各司其职、密切配合，按照精细严谨、稳妥推进的工作要求，坚持一企一策、因企施策，不搞批发式、不设时间表，对具备条件的，成熟一个推动一个，运行一个成功一个，不具备条件的不急于推进，确保改革规范有序进行，推动国有企业实现高质量发展。

（一）加强组织领导，明确职责分工。国务院国有企业改革领导小组负责统筹领导和协调推动国有资本授权经营体制改革工作，研究协调相关重大问题。出资人代表机构要落实授权放权的主体责任。国务院国有企业改革领导小组各成员单位及有关部门根据职责分工，加快研究制定配套政策措施，指导推动改革实践，形成合力共同推进改革工作。

（二）健全法律政策，完善保障机制。加快推动国有资本授权经营体制改革涉及的法律法规的立改废释工作，制定出台配套政策法规，确保改革于法有据。建立健全容错纠错机制，全面落实"三个区分开来"，充分调动和激发广大干部职工参与改革的积极性、主动性和创造性。

（三）强化跟踪督导，确保稳步推进。建立健全督查制度，加强跟踪督促，定期总结评估各项改革举措的执行情况和实施效果，及时研究解决改革中遇到的问题，确保改革目标如期实现。

（四）做好宣传引导，营造良好氛围。坚持鼓励探索、实践、创新的工作导向和舆论导向，采取多种方式解读宣传改革国有资本授权经营体制的方针政策，积极宣介推广改革典型案例和成功经验，营造有利于改革的良好环境。

各省（自治区、直辖市）人民政府要按照本方案要求，结合实际推进本地区国有资本授权经营体制改革工作。

金融、文化等国有企业的改革，按照中央有关规定执行。

国务院国资委关于以管资本为主加快国有资产监管职能转变的实施意见[①]

（2019 年 11 月 7 日）

党的十九届四中全会明确要求，形成以管资本为主的国有资产监管体制，这是以习近平同志为核心的党中央立足党和国家事业发展全局、对深化国资国企改革作出的重大决策，对于优化国有资本布局、发挥国有经济主导作用、促进国民经济持续健康发展具有十分重要的意义。贯彻落实习近平总书记关于加快实现从管企业向管资本转变的重要指示，推进国家治理体系和治理能力现代化，按照《中共中央、国务院关于深化国有企业改革的指导意见》等有关要求，现提出以下实施意见。

一、以管资本为主转变国有资产监管职能

适应国有资产资本化、国有企业股权多元化的发展阶段和市场化、法治化、国际化发展趋势，针对当前国有资产监管越位、缺位、错位问题，按照形成以管资本为主的国有资产监管体制的要求，从监管理念、监管重点、监管方式、监管导向等方面作出全方位、根本性转变。

（一）转变监管理念，从对企业的直接管理转向更加强调基于出资关系的监管。坚持政企分开、政资分开，进一步厘清职责边界，依法对国有资本投资、运营公司和其他直接监管的企业履行出

[①]《国务院国资委关于以管资本为主加快国有资产监管职能转变的实施意见》，中国政府网，2019 年 11 月 28 日。

资人职责，将应由企业自主经营决策的事项归位于企业，将延伸到子企业的管理事项原则上归位于一级企业，确保该管的科学管理、决不缺位，不该管的依法放权、决不越位。

（二）调整监管重点，从关注企业个体发展转向更加注重国有资本整体功能。立足国资监管工作全局，着眼于国有资本整体功能和效率，加强系统谋划、整体调控，在更大范围、更深层次、更广领域统筹配置国有资本，持续优化布局结构，促进国有资本合理流动、保值增值，推动国有经济不断发展壮大，更好服务国家战略目标。

（三）改进监管方式，从习惯于行政化管理转向更多运用市场化法治化手段。坚持权由法定、权依法使，严格依据法律法规规定的权限和程序行权履职。改变重审批、轻监督等带有行政化色彩的履职方式，更加注重以产权为基础、以资本为纽带，依靠公司章程，通过法人治理结构履行出资人职责，将监管要求转化为股东意志。

（四）优化监管导向，从关注规模速度转向更加注重提升质量效益。坚持质量第一、效益优先，按照高质量发展的要求，完善考核规则，更好引导企业加快转变发展方式，推动国有企业质量变革、效率变革、动力变革，不断增强国有经济竞争力、创新力、控制力、影响力、抗风险能力。

二、突出管资本的重要内容

深刻领会管资本的实质内涵，聚焦优化国有资本配置，管好资本布局；聚焦增强国有企业活力，管好资本运作；聚焦提高国有资本回报，管好资本收益；聚焦防止国有资产流失，管好资本安全；聚焦加强党的领导，管好国有企业党的建设。

（五）加强资本布局整体调控，进一步发挥国有资本功能作用。统筹国有资本布局方向，服务国家重大战略、区域发展战略和产业政策规划，构建全国国有资本规划体系。着力优化资本配置，坚持出资人主导与市场化原则相结合，大力推进国有资本的战略性重组、专业化整合和前瞻性布局。通过强化战略规划和主业管理、制定投资负面清单、核定非主业投资控制比例等方式，引导企业聚焦主责主业。大力化解过剩产能，加快处置低效无效资产，有效盘活国有资本。

（六）强化资本运作，进一步提高国有资本运营效率。建立完善国有资本运作制度，加强国有资本运作统筹谋划，加快打造市场化专业平台。发挥国有资本投资公司功能作用，通过开展投资融资、产业培育和资本运作等，推动产业集聚、化解过剩产能和转型升级，培育核心竞争力和创新能力。优化国有资本运营，通过股权运作、基金投资、培育孵化、价值管理、有序进退等方式，实现国有资本合理流动和保值增值。加强产权登记、国有资产交易流转、资产评估、资产统计、清产核资等基础管理工作，确保资本运作依法合规、规范有序。

（七）优化资本收益管理，进一步促进国有资本保值增值。完善考核指标体系，对不同功能定位、不同行业领域、不同发展阶段的企业实行分类、差异化考核。充分发挥考核导向作用，突出质量第一效益优先、服务国家战略、创新驱动发展、供给侧结构性改革等重点，完善激励约束机制。优化国有资本经营预算的收益与支出管理，更多体现出资人调控要求，提高资本金注入占预算支出的比重，推动资本预算市场化运作。加强上市公司市值管理，提高股东回报。强化财务预决算管理和重大财务事项监管，实现资本收益预期可控和保值增值。

（八）维护国有资本安全，进一步筑牢防止国有资产流失的底线。健全覆盖国资监管全部业务领域的出资人监督制度，加强对所监管企业关键业务、改革重点领域和国有资本运营重要环节以及境外国有资产的监督。完善问责机制，加大违规经营投资责任追究力度，构建业务监督、综合监督、责任追究三位一体的监督工作闭环。强化监督协同，统筹出资人监督和纪检监察监督、巡视监督、审计监督以及社会监督力量，建立有效的监督协同联动和会商机制，切实防止国有资产流失。

（九）全面加强党的领导，进一步以高质量党建引领国有企业高质量发展。坚持"两个一以贯之"，将加强党的领导与完善公司治理相统一，指导推动国有企业党委（党组）发挥领导作用，把方向、管大局、保落实。着力抓好党的建设，坚持管资本就要管党建，把党的建设融入到管资本的全过程各方面，加强混合所有制企业党的组织建设，推进基层党组织全覆盖，不断增强基层党组织的组织力凝聚力战斗力。推动全面从严治党向纵深发展，加强国有企业党风廉政建设和反腐败工作，为国有企业改革发展营造风清气正的良好环境。

三、优化管资本的方式手段

坚持授权与监管相结合、放活与管好相统一，在明确管资本重点内容的基础上，同步调整优化监管方式，实现监管职能与方式相互融合、相互促进，增强向管资本转变的系统性和有效性。

（十）实行清单管理。依照《中华人民共和国公司法》《中华人民共和国企业国有资产法》等法律法规和国资委"三定"规定，建立完善权力和责任清单，落实以管资本为主的要求，明确履职重点，厘清职责边界。按照权责法定原则，将不该有的权力拦在清单之外；保证清单内的权力规范运行，督促责任落实到位。根据职能转变进展情况，对清单实施动态调整，规范权责事项履职内容和方式。

（十一）通过法人治理结构履职。依法制定或参与制订公司章程，推动各治理主体严格依照公司章程行权履职，充分发挥公司章程在公司治理中的基础作用。依据股权关系向国家出资企业委派董事或提名董事人选，规范董事的权利和责任，强化对外部董事的监督管理，督促履职尽责，加强沟通，健全工作联动机制，更好落实出资人意志。

（十二）分类授权放权。加大授权放权力度，结合企业功能界定与分类、治理能力、管理水平等改革发展实际，根据国有资本投资、运营公司和其他直接监管企业的不同特点，有针对性地开展授权放权，充分激发微观主体活力。定期评估授权放权事项的执行情况和实施效果，建立动态调整机制。

（十三）加强事中事后监管。切实减少审批事项，打造事前制度规范、事中跟踪监控、事后监督问责的完整工作链条。推进信息化与监管业务深度融合，统一信息工作平台，实现实时在线动态监管，提高监管的针对性和有效性。加大对国有资产监管制度执行情况的监督检查力度，不断健全监督制度，创新监督手段，严格责任追究。

四、强化管资本的支撑保障

围绕以管资本为主的目标任务，需要进一步统一思想认识、加强组织领导、健全监管制度、强化队伍建设，为形成以管资本为主的国有资产监管体制提供坚实保障。

（十四）统一思想认识，凝聚系统共识。牢牢把握国资监管机构职责定位，全面履行好中央企业出资人职责、国有资产监管职责和中央企业党的建设三方面职责，按照以管资本为主的要求，强化重点职能，调整履职方式。加强中央关于国资监管职能转变精神宣贯，突出做好对地方国资监管工作的指导监督，形成国资监管系统向管资本转变的合力，加快构建国资监管大格局、形成国资监管一盘棋。

（十五）加强组织领导，有效落实责任。立足党和国家工作全局谋划推进国资监管职能转变工作，将管资本的要求贯穿各个专业监管领域。全面查找当前履职中与管资本要求不符合、不适应的问题，主动作为，勇于担当，拿出务实管用的措施，确保改革要求落实到位。按照调整后内设机构职能，理顺运行机制，主动沟通衔接，避免工作交叉和监管空白，提高监管效能。

（十六）完善制度体系，强化法治保障。积极参与国资监管重点领域立法，推动将管资本有关要求体现到《中华人民共和国公司法》等有关法律法规修订中。及时开展文件清理，修改废止与中央精神不一致、与管资本要求不相符的国资监管规章规范性文件。完善规范性文件合法性审查机制，确保各项制度在基本方向和原则、履职重点和方式等方面符合以管资本为主的国有资产监管体制的要求。

（十七）改进工作作风，提升队伍素质。进一步提高政治站位，坚决做到对党忠诚，把加快自身改革、推进职能转变的实际行动作为检验干部增强"四个意识"、坚定"四个自信"、做到"两个维护"的重要标准。强化服务意识，加强调查研究，主动从企业角度考虑问题、推进工作，不断提高服务企业的质量和水平。加强国资监管业务知识学习，注重实践能力提升，建设一支适应管资本要求、具备管资本能力、忠诚干净担当的高素质专业化国资监管干部队伍。

财政部关于国营企业利改税试行办法[1]

（1983年4月12日）

为了有利于促进国营企业建立与健全经济责任制，进一步把经济搞活，正确处理国家、企业和职工三者利益，保证国家财政收入的稳定增长，特制定本办法。

一、凡有盈利的国营大中型企业（包括金融保险组织），均根据实现的利润，按55%的税率交纳所得税。企业交纳所得税后的利润，一部分上交国家，一部分按照国家核定的留利水平留给企业。上交国家的部分，可根据企业不同情况，分别采取下列办法处理：

（一）递增包干上交的办法。

（二）固定比例上交的办法。

（三）交纳调节税的办法。即：按企业应上交国家的利润部分占实现利润的比例，确定调节税税率。在执行中，基数利润部分，按调节税率交纳；比上年增长利润部分，减征60%的调节税。

（四）定额包干上交的办法。只限于矿山企业实行，其他企业不实行这个办法。

对税后利润略低于或略高于国家核定留利水平的企业，交纳所得税以后，可以不再上交利润，国家也不再减征所得税。但对达不到国家核定的留利，差额极大的，可在一定期限内适当减征所得税。

上述各种办法的计算基数和递增包干上交比例、固定上交比例、调节税税率，以及定额包干上交数额，采取逐级核定的办法，

---

[1]《财政部关于国营企业利改税试行办法》，《中华人民共和国国务院公报》，1983年11期。

一定三年不变。

　　财政部门先对企业主管部门（局或公司），就上述前三种办法中商定一种办法，按其所属盈利企业计算核定。然后由企业主管部门在核定数内，根据所属企业的不同情况，选定不同的办法，商得财政部门同意后，分别落实到每个企业。

　　上述各种上交办法的计算数据，原则上应以一九八二年的决算为准，但在计算企业留利时，对原来留利水平过于不合理和重复提取的，应作合理调整。

　　二、凡有盈利的国营小型企业，应当根据实现的利润，按八级超额累进税率交纳所得税。交税以后，由企业自负盈亏，国家不再拨款。但对税后利润较多的企业，国家可以收取一定的承包费，或者按固定数额上交一部分利润。

　　国营小型企业的标准是：按照一九八二年底的数据，工业企业（包括商办工业），固定资产原值不超过一百五十万元、年利润额不超过二十万元的；商业零售企业，以自然门店为单位，职工人数不超过二、三十人、年利润不超过三万元或五万元的。省、市、自治区人民政府可根据本地区的实际情况，在上述标准范围内，作适当调整。个别城市放宽标准的，要商财政部确定。

　　三、营业性的宾馆、饭店、招待所和饮食服务公司，都交纳15%的所得税，国家不再拨款。企业税后有盈有亏的，由商业主管部门调剂处理。对京、津、沪三市的饮食服务公司，商业部可从企业税后留利中适当集中一部分资金，用于补助边远、困难地区。

　　四、县以上供销社，以县公司或县供销社为单位，按八级超额累进税率交纳所得税，国家不再拨款；除国家规定的个别商品外，国家也不再负担价格补贴。

县以上供销社税后利润较多的，在抵顶原由财政拨款的仓库建设资金、简易建筑费、行政事业费和原在企业留利、费用中开支的补充流动资金、扶持生产资金、企业基金、职工奖金之后，剩余部分核定一个基数，上交财政。税后利润不足原来合理留利水平（包括原来财政拨款数额）的，经过批准，在一定期限内减征所得税。

五、军工企业、邮电企业、粮食企业、外贸企业、农牧企业和劳改企业，仍按原定办法执行，在条件成熟后，再实行利改税办法，少数企业经国务院或财政部、国家经委批准实行首钢利润递增包干办法的，在包干期满之前，也暂不实行利改税办法。

六、国营企业归还各种专项贷款时，经财政部门审查同意后，可用交纳所得税之前该贷款项目新增的利润归还。

今后企业向银行申请专项贷款时，必须有10%—30%的自有资金用于贷款项目。

七、对亏损企业的亏损补贴，按以下办法处理：

（一）凡属国家政策允许的亏损，继续实行定额补贴或计划补贴等办法，超亏不补，减亏分成，一定三年不变。

（二）凡属经营管理不善造成的亏损，由企业主管部门责成企业限期进行整顿。在规定期限内，经财政部门审批后，适当给予亏损补贴；超过期限的，一律不再弥补。

八、实行利改税以后，遇有价格调整、税率变动，影响企业利润时，除变化较大，并经国务院专案批准，允许调整递增包干上交基数和递增比例，或固定上交比例，或调节税税率，或定额包干上交数以外，一律不作调整。

九、国营企业所得税的管理工作，由税务机关办理；国营企业的财务会计工作，由财政部门办理。

十、国营企业应当根据财税部门核定的时间，按期预交所得税和上交利润。逾期不交的，财税部门应当根据滞纳的数额，按日加收 1‰ 的滞纳金，由企业从留利中支付。对于屡催不交的企业，财税部门应当通知银行，将其滞纳税款和利润连同滞纳金一并在企业存款中扣交。

十一、国营企业在纳税问题上与税务机关有分歧意见时，应当按照税务机关的意见先交纳税款，然后才能向上一级税务机关申请复议。如果对复议作出的决定不服，地方企业可向省一级财政部门申诉，作出裁决；中央企业可向财政部申诉，作出裁决。

十二、国营企业不得偷漏所得税和应当上交的利润。发现有弄虚作假行为的，应当处以相当于侵占国家收入一倍以下的罚款，由企业从留利中支付。对企业领导人员和直接责任者，还要追究行政责任。情节严重、触犯刑律的，由财税部门移送司法机关，追究刑事责任。

十三、企业税后留用的利润应当合理分配使用。要建立新产品试制基金、生产发展基金、后备基金、职工福利基金和职工奖励基金。前三项基金的比例不得低于留利总额的 60%，后两项基金的比例不得高于 40%，由省、市、自治区人民政府根据实际情况作出规定。

十四、实行利改税以后，企业主管部门仍可从所属企业留利中集中一部分资金，用于重点技术改造、增设商业网点和建造简易建筑等开支。集中的比例或数额，由企业主管部门确定，报财政部门备案。

十五、企业交纳的所得税，按企业的隶属关系，分别上交中央财政和地方财政。中央对省、市、自治区的财政包干基数和分成比例，一律不作调整。

县办工业企业要区别大小，分别按本办法实行利改税，因此而影响县财政原来应得的那一部分好处，由省、市、自治区通过其它方式解决。

十六、民族自治地区实行利改税，原则上按本办法执行。但在某些具体做法上，可由自治区或省人民政府因地制宜，作出必要的灵活规定。原来国家对民贸企业的照顾仍予保留。

十七、各地区在实行本办法以前，对一些企业已实行自定的包干办法、留成办法和承包制的，应分别不同情况处理：

（一）各级商业批发站、大中型商办工业和大中型零售商店，不能搞利润包干或利润承包制。已经搞了的，改按本办法核实换算后执行。

（二）小型零售商店已经按利润承包的，要改为税后承包；少数马上改过来确有困难的，经省、市、自治区人民政府审查批准，可以推迟到一九八四年改过来。

（三）各地已实行首钢包干办法的企业，过去未报经国务院或财政部、国家经委审批的，要重新报批。已经搞了其他包干办法的，要改按本办法核实换算后执行。正在酝酿搞首钢包干办法和其他包干办法的，都应该按本办法执行。

（四）本办法下达前已实行利改税的企业，应改按本办法核实换算后执行。个别马上改过来有困难的，经省、市、自治区人民政府审查批准，可以推迟到一九八四年改过来。

对上述经批准推迟到一九八四年实行利改税办法的少数企业，将来核定留利水平时，仍应按一九八二年的数据计算。

十八、实施本办法的具体规定，由财政部制定。

十九、本办法自一九八三年一月一日起实行，征税工作从一九八三年六月一日开始办理。过去颁布的有关规定与本办法有抵触的，一律以本办法为准。

国家经济体制改革委员会、财政部、国家国有资产管理局关于出售国有小型企业产权的暂行办法[①]

（1989年2月19日）

有计划有步骤地出售国有小型企业产权，是调整所有制结构和深化企业改革的一项重要内容。为了积极稳妥地推进国有小企业产权的出售工作，特制定本办法。

一、本办法所指的国有小企业的划分标准，原则上按1984年9月18日国务院批转财政部《国营企业第二步利改税试行办法》中关于国营小企业的标准划分。

二、出售国有企业产权，应由各级政府的国有资产管理部门负责。在目前尚未建立国有资产管理部门的地方，哪些小企业产权需要出售，应按照企业隶属关系，由财政部门会同企业主管部门报同级政府作出决定。事先应征求企业经营者和职工代表大会的意见，做好职工的思想工作，减少不必要的震荡和损失。

三、要搞好出售企业产权的组织、协调和指导工作。有条件的地方还可以组建企业拍卖市场或产权交易市场。

四、国有小企业的产权原则上都可以出售。当前，出售的重点是下列3种类型的企业产权：

（一）资不抵债和接近破产的企业；

（二）长期经营不善，连续多年亏损或微利的企业；

（三）为了优化结构，当地政府认为需要出售产权的企业。

---

① 《国家经济体制改革委员会、财政部、国家国有资产管理局关于出售国有小型企业产权的暂行办法》，《注册会计师通讯》，1990年04期。

已经实行承包或租赁的企业，一般应在承包或租赁期满后再行出售产权。对经营不善或确有必要出售的承包或租赁企业，应按法律程序，先中止承包或租赁合同，再进行出售。

五、国有小企业可以整体拍卖的形式出售产权，资产数额较大的小型工业企业，可以折股发散出售。

六、国有小企业产权的购买者，可以是国内全民所有制企业、集体所有制企业、乡镇企业、"三资"企业、私营企业、合伙团体和个人。

七、提倡跨地区、跨行业、跨部门进行企业产权买卖，以促进一些企业和有关组织运用自己的资金、技术和管理的优势，去购买和经营被出售的企业。

八、对被出售企业的资产（包括无形资产）要认真进行清查评估。由卖方所有者代表委托会计事务所、审计事务所或组织专门小组，对被出售企业的财产进行全面清查核实和资产评估，并依据评估的资产价值、供求状况等因素，由资产所有者代表提出出售底价。

九、资产评估可以采取以下3种办法：

（一）成本法，即按资产全新情况下的现价或重置成本，减去已使用年限的折旧来确定被评估资产的价值；

（二）市场法，即按照市场上近期发生的类似资产的交易价来确定被评估资产的价值；

（三）收入法，即按预期利润率计算的现值来确定被评估资产的价值。

这3种办法可以互相检验，也可以单独使用。确定底盘价格前，要对被出售企业原有债权债务进行清理，随企业出售转移给购买企业的单位或个人，并由有关方面重新签订合同予以确认。

十、被出售企业产权价格的确定，要遵循以下原则：

（一）要保证国家财产不受损失，防止贱价甩卖和泄漏底价；

（二）底盘价格的确定简便易行、公平合理；

（三）成交价格要在公开竞争中形成，禁止私下交易。

十一、被出售企业原租用的国有房产，征得房管部门同意后，可一并出卖。土地使用权经土地管理机关批准，也可以有偿转让，土地使用期限，按国家有关规定和企业不同情况确定。一并出卖国有房产与土地使用权有偿转让的，要相应增加出售底价。

十二、购买企业的资金来源：个人、合伙和私营企业购买时，谁购谁出资；全民所有制企业或城乡集体所有制企业，凡是按国家规定可自主支配的资金都可用来购买其他企业。

购买者原则上应一次付清价款。如数额较大，一次付清确有困难的，在取得担保的前提下，可以分期付款。分期付款的期限不得超过3年，第一次交款数额不得低于出售价款的30%，欠交的部分应参照银行贷款利率交付利息。

十三、出售国有小企业所得净收入（包括利息收入），除国务院另有规定外，由国有资产管理部门组织解缴国库，尚未建立国有资产管理机构的地方，由财政部门组织入库，均作为专项资金，纳入预算管理。

十四、对被出售企业的退休职工有两种安置办法：一是购买方以接受全部退休职工作为条件，在确定底盘价格时考虑这一因素；二是按照历史有关数据，确定退休职工享受退休待遇的平均年限、人均年退休金，计算出退休职工劳保所需的费用总额，在确定企业产权出卖价格中考虑这一因素，由购买方分期向社会保险机构交纳劳保统筹资金，企业退休职工的劳保费用即由社会保险机构负责支付。一般原则是，购买方是全民所有制或集体所有制企业的，宜采用第一种办法；购买方是合伙、个人和私营企业的，宜采用第二种办法。

十五、被出售企业在职职工的安置，要实行双向选择的原则。职工或走或留应在成交过程中达成协议。未被购买方录用及自愿离职的职工3个月内的工资和其它福利待遇不变，由购买方负责，所需费用支出可在确定价格时考虑这一因素。未被录用的职工，商请当地劳动部门帮助安排。

十六、企业出售过程中，被出售企业原领导班子和职能部门应坚守岗位，确保国有资产不受损失，并配合有关部门做好职工思想工作和资产清理，不得私分公物，滥发奖金、实物。企业出售后，原领导班子成员可由购买方重新聘任，未被聘任，视同一般职工，由购买方或当地劳动人事部门统一安排。

十七、企业出售成交后，买卖双方要签订契约，并进行公证，办理产权和土地使用权转移手续。契约的内容包括：企业概况、出卖价格、付款方式、原有债权债务处理、退休及在职职工安置办法以及双方商定的其他事项。

十八、企业出售成交后，购买方应向工商行政管理部门申报换发执照，其所有制性质随购买方的所有制性质而定，并按重新确定的所有制性质实施管理。

十九、企业出售成交后，购买方若要改变经营范围和经营方向，要经政府有关部门审批。

二十、各级政府管理部门，对通过出售转为个人或合伙经营的小型企业，不得歧视，要积极引导，通过定期发布市场信息、传达国家的有关方针、政策，将其纳入正常的生产经营轨道。

二十一、外商、侨商、港澳台胞购买国有小企业，除商业企业和国家另有规定者外，可参照本暂行办法执行。

二十二、出售国有小企业产权的有关财务处理办法，由财政部另行规定。

二十三、各地可参照本暂行办法，制定具体的实施办法。

国营企业实行"税利分流、税后还贷、税后承包"的试点办法[1]

（财政部、国家体改委）

（1991年8月14日）

为了进一步理顺和规范国家与国营企业的分配关系，积极搞活企业，促进企业经营机制和行为的合理化，逐步提高财政收入占国民收入的比重，特制订"税利分流、税后还贷、税后承包"的试点办法。

一、税利分流的主要内容

（一）税利分流是将国营企业（以下简称企业）实现的利润分别以所得税和利润形式上交国家一部分，并实行所得税后还贷、所得税后承包。

（二）盈利企业一律按33%的比例税率向国家交纳所得税。

企业所得税的计税依据，为应纳税所得额。应纳税所得额，是指企业实现的利润总额按照国务院、财政部有关规定进行调整后的余额。

（三）企业的固定资产投资借款（以下简称借款），应用企业留用资金（即税后留利、更新改造资金和其它可以用于发展生产的资金，下同）归还。

为照顾历史上形成的借款余额过大的实际情况，可采取划分

---

[1]《国营企业实行"税利分流、税后还贷、税后承包"的试点办法》，《注册会计师通讯》，1991年07期。

新老借款，予以区别对待的过渡办法。企业在1989年底未还清的借款余额，统称为老借款。企业自1990年1月1日起新增加的借款，统称为新借款。

企业用留用资金归还老借款本息有困难的，可用税前、税后利润和企业留用资金各归还一部分。归还老借款的本息应分别记帐。

企业新借款的本金，一律用企业留用资金归还，企业新借款的利息区别不同情况进行处理。对新借款要单设科目记帐。

企业要严格执行"取消按还款利润提取职工福利基金和职工奖励基金"的规定。

（四）取消调节税税种，企业缴纳所得税后利润应当上交国家的部分，可以实行承包等各种形式的分配办法。主要采取"按比例上交"，"定额上交、增长分成"，"递增上交"或者其它形式。

所得税后利润不论以何种形式进行分配，企业应上交国家利润的基数，均按本办法第（五）条的规定计算，不得向企业减让。

对基期的微利企业，所得税后利润不足合理留利的，在一定期限内由财政给予补贴，并实行补贴承包办法。主要采取"定额补贴、税后增长利润分成"或"递减补贴"等形式。

对基期的亏损企业，实行"定额补贴、超亏不补、减亏分成"的办法。

二、税利分流方案的核定和实施

（五）财政部核定试点地区和部门（行业）的试点总方案，包括税后上交利润基数或上交利润比例、补贴基数、用税前和税后利润归还老借款基数、企业留利基数以及企业老借款余额基数。

核定税利分流方案时，原则上以前三年为基期。各项基数，均应按基期决算有关数据的年平均数以及加强企业管理、提高经济效益的要求予以确定。但自 1990 年起，不论何时开始实行税利分流，老借款余额基数不得超过 1989 年末的借款余额。

核定的年税前和税后利润归还的老借款基数总和，不得超过基期利润还款年平均数。核定的年税前利润还款数不应超过基期利润还款年平均数的一半。

税后上交利润基数，等于应纳税所得额减去应缴所得税和核定的所得税后利润还款基数以及留利基数。上交利润承包基数为负数的，基本上作为核定的补贴基数。

（六）各试点地区按照财政部核定的总方案，在保证完成企业上交利润承包总任务的前提下，可根据国家的产业政策、企业占用国家资金数量、老借款余额、合同归还期限、还款能力以及实际留利等情况，按照区别对待的原则，具体核定每户企业的老借款余额、税前、税后利润还款基数、合理留利基数、税后上交利润形式、上交基数、递增或增长分成比例、补贴基数以及递减或增长分成比例。

对老借款还款任务较轻的企业，不核给利润还款基数，全部老借款均由企业用留用资金归还。

对微利企业、亏损企业核定税后利润补贴或亏损补贴基数，原则上按基期的实际水平核定。按核定留利基数计算的人均留利，如果高于本地区同行业的平均人均留利水平的，应按低于本行业平均水平的原则予以核减。

各试点地区在具体核定企业的税利分流方案时，还应确定企业应完成的指令性计划，主要产品产量、质量、销售、实现利润、资金利润率、流动资金周转率、有关资产指标以及其它主要经济技术指标。

（七）税利分流方案确定后，执行中，一律不准减免所得税。企业交纳所得税后的利润，在完成上交利润承包任务并按规定归还老借款后，余额即为当年的企业留利。

企业留利在按规定交纳能源交通重点建设基金和国家预算调节基金（以下简称两项基金）后的净留利，应建立生产发展基金、职工福利基金和职工奖励基金等三项基金。按规定奖金可以进成本的企业，其生产发展基金的比例要相应提高。三项基金的具体比例由财政部门确定。

生产发展基金是国家给企业增加的内部积累，实质上是国家对企业的追加投资，其所有权属于国家。生产发展基金应用于技术改造、新产品试制、科技开发和其它有关生产发展方面所需的固定资产投资，以及用于补充流动资金。企业不得将生产发展基金用于非生产性支出。

未完成上交利润承包任务的，要用企业留用资金补足。当年确实无力补足的，经财政部门审查批准，可用以后年度的留用资金补足。

各项经济技术指标应于年度终了进行考核。对完不成这些考核指标的，要适当扣减企业留利和企业承包者所得。

企业的税前利润还款额不得突破核定的数额。企业老借款还清时，财政部门应取消核定的税前和税后利润还款基数，并相应调整其税后上交利润基数或上交比例或补贴基数。

（八）企业新借入的各种固定资产投资借款的利息，应区别以下情况处理：

1. 在借款期限内，企业支付在建项目的借款利息，计入在建固定资产的造价；企业支付已竣工投产项目的借款利息，计入企业生产成本（费用）。

2. 在借款期限内未能偿还的逾期借款的利息和加收的利息，均用企业留用资金支付。财税部门应严格审查企业逾期新借款的利息，不准将逾期新借款的利息和加收的利息，计入企业生产成本（费用）。

（九）企业在核定的所得税后利润归还老借款范围内的实际还款数，不交两项基金。实际还款如小于核定的还款数，应按少还的数额，相应增加上交。

（十）经财政部批准试点的地区、部门（或行业）的试点企业，用于归还借款的留用资金免交两项基金；从1991年起新投产的固定资产的折旧也免交两项基金；今后新试点的地区、部门（行业）及企业，从试点年度起，新投产的固定资产的折旧免交两项基金。

（十一）企业应缴纳的产品税、增值税、营业税以及国家规定的其他应缴各税，都不是税利分流的范畴，更不得实行承包。除国务院、财政部特殊批准的外，也不得用于归还企业的借款。

（十二）为了增强企业的技术改造、新产品试制以及科技开发能力，企业新借款项目形成的固定资产投产后，财政部门可根据国家的产业政策和企业承受能力，批准其在分类折旧的基础上，适当加速折旧。

（十三）在实际执行中，由盈变亏的企业，亏损部分可用以后年度实现的利润抵补，但连续抵补期限最长不得超过三年；扭亏为盈的企业，按规定缴纳所得税，其税后利润应与扭亏额一并进行分成。但连续盈利两年后，从第三年起，应按盈利企业办法核定其税后利润承包方案。

（十四）各级财政部门和银行应对企业的新借款项目严格审

查，注重效益，并监督企业严格执行用企业留用资金归还新借款的规定。

（十五）各级财税部门应严格按规定审核企业成本、营业外收支和税前列支的项目，核定应纳税所得额。

（十六）企业要不断改善经营机制，确保国有资产的保值增值。对各项经济技术指标要实行目标管理，努力为国家多作贡献。要完善内部分配关系，调动职工增产节约、增收节支的积极性。要严格执行成本条例，即不得乱摊成本，同时，对该计入成本的项目和费用不得不计或少计。要加强会计核算和财务监督，实行科学管理，挖掘潜力，提高效益。

（十七）为了调动试点地区的积极性，试行税利分流办法后，地方财政多得的部分，全部留给地方财政，以解决试点中可能出现的问题。

三、试点的范围和承包期限

（十八）税利分流一般应在试点的地区、部门（或行业）范围内的全部企业中试行。

（十九）企业实行税后利润承包的期限，由试点地区根据具体情况确定。

期刊摘要

▼

关于我国社会主义所有制形式问题

（董辅礽，《经济研究》，1979年01期）

生产资料所有制问题，是政治经济学的核心问题，也是一个复杂的问题。过去我们对于社会主义所有制问题的论述除了有许多正确的方面以外，也有一些不正确的方面，主要是把社会主义所有制问题理解得比较狭隘，看得比较简单，存在不从发展上看问题的观点。所谓理解得比较狭隘，主要是指把生产资料社会主义所有制问题局限于仅仅作为社会主义生产关系的一个方面去考察，而不从社会主义生产关系的总体上去把握。需要使国家行政组织和经济组织分开，经济活动要由各种经济组织去进行，各个管理经济的国家行政组织要改变为实行经济核算的经济组织。各种经济组织应该具有统一领导下的独立性，实行全面的独立的严格的经济核算，它们的一切经济活动都应该纳入经济核算的轨道，受到银行和簿记的监督，它们应该有自身的经济利益，负有法律规定的经济上的责任。各经济组织中的劳动者有权在维护和增进全体劳动者的共同利益的前提下，在统一计划的指导下，结合对本单位和自身的利益的考虑直接参加经营。

"企业本位论"刍议——试论社会主义制度下企业的性质及国家与企业的关系

（蒋一苇，《经济管理》，1979年06期）

企业是经济组织，不是一级行政组织，因此不能把中央与地方的权限概念套用在企业身上。作为社会主义企业，它和国家包括中央或地方之间是存在着如何规定权利与义务的问题的。但这个"权利"决不同于行政上下级之间的"权限"。企业的权利与义务，取决于企业本身的性质。它是由企业这一经济组织的特性所派生的，它是客观经济规律所要求的、固有的东西，不是由主观意志来任意决定扩大或者缩小的问题。要把企业看作一个能动的有机体，就必须使企业具有能够呼吸、吐纳的能动条件。企业进行生产要具备三个要素，即劳动力、劳动手段和劳动对象。这三方面都应当能呼吸，能吐纳，企业才会有能动性。具体来说，就是对劳动力、劳动手段、劳动对象这些要素，企业都应当有增减权和选择权。权利和义务是矛盾的统一，讲经济权利，实际上同时也就规定了经济责任。企业具有独立的经济利益，并使它和职工的个人利益相联系，就是要求职工对所在企业的经济效果共同负责。一句话，就是要"共负盈亏"。这种"共负盈亏"的责任感，只会加强劳动群众的集体主义思想，而决不会助长个人主义。恰恰相反，如果不与企业利益相联系，单纯地讲个人的按劳分配，倒有可能产生个人主义倾向。

国营企业实行经济责任制的几个问题

(许涤新，《经济研究》，1981年12期)

实行经济责任制，必须全面考虑国家、企业和个人之间的经济关系。这是统筹全局的问题。由于经济责任制往往被人单独与利润联系起来，职工只要在生产中超过定额，他们的工资就有可能提高起来；从企业来说，如果经营得好，它就会在利润留成中取得较大的收入。国家当然也会在经济责任制的实行中，得到较多的收入，但是，在国家、企业与职工之间必须以国家的收入为主体。这并不是不重视企业与职工的利益，而是因为如果离开了国家这个全局，那么，社会主义的现代化建设就难以顺利地发展。以基本建设来说，由于企业在利润留成中增加计划外的投资，就有可能超过计划内的投资，而且这种计划外的投资会经常出现盲目的重复情况。这同国民经济有计划按比例发展规律的要求，是相互矛盾的。以市场物价来说，职工一年收入的货币总量，如果超过国家在这一年间的消费资料所能供应的数量，那就没法不使消费资料的价格上涨，那就没法不使国家处于被动的地位，而消费品的涨价，对于职工群众是不利的。当然解决这个问题的主要途径是增加消费资料的生产，但是，消费资料的生产并不是一下子就能大幅增加的。因此，对于职工群众的货币收入特别是奖金的控制，还是一个应该重视的问题。同时，在实行经济责任制中，还必须做好政治思想工作，使广大职工认识到个人利益是以整体利益为前提，眼前利益是以长远利益为前提，离开了整体利益和长远利益而片面地强调个人利益和企业利益，不但有损于整体利益，而且也有损于个人利益和企业利益。

价格改革为主还是所有制改革为主

（厉以宁，《金融科学》，1988 年 02 期）

  股份化就是民营化，就是把官办变民营，企业经济效益从这儿出来。承包制没有摆脱原来的地位，即仍然处于行政附属物的地位。因此，必须政企分开，由官办变民营，实行股份制。股份制是挡不住的。小企业，不必采取股份制。小企业，可卖掉，或改为合作社。大中企业适合采取股份制。至于特大型企业如何改革，现在还看不准。在我国会出现股份和承包并存的现象。真正的股份制企业不用承包，但在我国，可以"先股后包，股包并存"一段时间。我国将来的企业制度是以股份制为主的企业制度。其中一部分重要企业是国家控股的企业。

中国国有企业的性质与改革逻辑

（刘世锦，《经济研究》，1995 年 04 期）

  传统体制下政府直接管企业，压抑了企业的积极性，因此，需要向企业放权让利，以增强企业活力。放权让利后，一方面出现了部分权利不到位和"权力漂移"的现象，另一方面出现了企业缺少来自所有者的约束，以多种方式"吃"国有资产的问题。因此，需要进行产权改革，找一个"负责任"的"所有者"。产权改革如果不解决把具有不同职能的资产产权界定给谁的问题，国有企业所面临的大多数难题不可能得到真正解决，产权改革本身也不可能最终成功。因此，需要按照企业职能分解的要求，把具有不同职能的资产产权分解给相应的"所有者",把产权改革与企业改革的其他方面作为一个整体协调推进,开展全面的企业制度创新。

协调认识 科学规划 多方试验 积极推进国有企业改革

(张卓元,《经济管理》,1995年04期)

企业作为一个独立的法人,以自己的法人财产独立经营、自负盈亏,当然会有收益权。但这种收益权也许可以称为初始的收益权,而非最终收益权。因为企业的老板是出资者,企业的收益最后都是归出资者。所以,只有出资者才有最终收益权。当然,企业法人财产的收益权并非无关紧要的。企业经济效益好、收益高,说明企业在市场竞争中处于有利地位,有发展前途,也说明企业的职工特别是经理人员工作业绩好,应当受到表彰和奖励。总之,推行现代企业制度,要通过试点,积累经验,逐步推行,绝不能搞形式主义,一哄而起。最近中央经济工作会议明确提出的时间目标是,到20世纪末,要把国有企业的问题解决好。要防止把不具备条件的企业硬行改为公司。

国有企业股份制改造的理论思考

(杨瑞龙,《经济研究》,1995年02期)

已被广泛认同的国有企业改革的基本思路是:通过对国有企业实行股份制改造,既使国家仍然保持出资人身份,又使企业具有独立的法人资格，并以盈利为目标参与市场竞争，国家只以投入资本额承担有限责任，从而使国有制与市场经济相兼容。然而，当上述某些假定可被证伪时，我们将发现，在国家拥有剩余索取权的条件下对国有企业进行股份制改造，可能既会弱化国有企业在弥补市场缺陷方面的特殊功能，又因国有产权得不到有效保护而使国有资产流失不可避免，还会因企业产权难以独立化而使提高国有资产营运效率的初衷得不到充分的实现，其结果可能是既不利于坚持公有制，又难以完成向市场经济体制的过渡。因此，本文的逻辑结论是，采用多级代理方式对国有企业进行股份制改革的思路存在根本性缺陷，主张在对国有企业进行分类的基础上，对宜保持国有制性质的企业就不应按照盈利性的法人企业制度规范进行改造，其主要功能是解决市场失灵问题及贯彻某些社会目标；对宜完全进入市场的竞争性国有企业应选择在非国有化的前提下向法人企业制度过渡的改革思路。

从现代企业理论看国有企业改革

（张维迎，《改革》，1995年01期）

国家作为企业资本的提供者并不一定意味着国家要成为企业的所有者。目前有关国有企业改革的一种主导思路是让国家变成"股东"，行使所有者的职能。而本文的观点是，让国家变成"债权人"（而不是"股东"）也许更为有效，对国家本身也更为有利。这是因为，当国家作为"股东"领取剩余时，它必须承担相当的监督控制职能，否则剩余就会变为零（甚至负数），而国家在信息不完全的情况下监督企业是一项成本很高效率很低的活动,当国家作为"债权人"领取固定收入时,它仅仅是一个"后备"所有者,在企业正常经营情况下,国家无须从事费力的监督工作,而把这项工作留给其他资本所有者(股东),只有当企业无力支付国家应领取的固定收入时,国家才接管监督职能(检查企业是不是真正无力支付固定收入及确认企业确实无力支付时,决定企业是否应该破产);只要企业的总负债比不越过临界值,国家作为资本所有者是可以旱涝保收的。现代企业理论的一项研究表明,债务合同是一种可以有效地节约监督成本的交易方式。

实现国有经济的战略性改组
——国有企业改革的一种思路

(吴敬琏、张军扩等,《管理世界》,1997 年 05 期)

国有经济目前存在的问题,不仅源于国有企业产权界定的缺陷和政企职能不分的状况以及由此导致的经营机制僵化,还源于国有经济战线太长,布局太散。由于后者的制约,单从企业微观层面入手进行企业改革,很难取得突破。国有经济布局不合理的症结是有限的国有资本难以支撑过于庞大的国有经济盘子。为了使改革取得整体性突破,改变国有经济不能令人满意的状况,必须对它进行战略性改组,同时相应地在企业中建立现代企业制度。国有经济的战略性改组意味着适当收缩国有经济的现有战线,优化国有经济的布局与结构,从而从整体上搞活国有经济和提高整个国民经济的素质。根据一些优势企业在资本市场(包括证券市场和由企业间协议进行的企业产权交易市场）上进行股份投融资和收购兼并活动的成功经验，国有经济的战略性改组应当通过资本市场进行。这就是说，要依托在改革中已经涌现出来和将要陆续建立的优势企业，在国家的产业政策的引导下，发挥资本市场在资金配置和再配置中的基础性作用，实现国有资本从分散的中小企业向大型和特大型的企业集团、从低效的劣势企业向高效的优势企业、从一般竞争性领域向需要由国有经济发挥作用的战略性领域集中。在国有经济战略性改组的基础上，国民经济中多种经济成分平等竞争、共同发展的格局将得以形成。我们应当着力营造一种人人奋发努力，各种社会经济力量共同缔造我国的长期繁荣的局面。只有这样，才能最大限度地发挥我国的经济资源潜力，实现国民经济的持续、稳定、快速发展和国家的长治久安。

国有企业转变的三个命题

（路风，《中国社会科学》，2000 年 05 期）

在起源并形成于政治过程的社会主义工业关系的制度框架下，国有企业演化出一种特殊的社会关系结构。这种以"铁饭碗"和工作场所福利制为核心内容的制度结构使管理者从来没有能够有效地控制和协调生产过程。这是导致国有企业管理能力长期欠发达的根本原因，也是其转变的直接障碍。在从计划到市场的过渡中，国有企业的改造需要一个独立的组织转变过程，而转变的根本标志是实现对生产过程的管理控制。基于把管理形式和组织形式识别为决定企业经济绩效的关键变量，本文认为，企业组织转变的起点是从操作层次上做起的管理和组织变化,而不是产权改革。因此,国家没有必要简单地放弃国有企业,而应该把改革的立足点放在有助于企业实现对生产过程管理控制的制度变革上。

成功企业的实践表明,企业的组织转变与国家改革政策推动的制度变化和市场的增长互为条件。第一,与国家体制相连的制度结构制约着企业内部的社会关系结构,从而影响管理活动的有效性;第二,在改革的环境中,企业的组织转变能够推动连接着整个体制制度结构的变化,而制度结构的变化也只有在企业层次上发生广泛的变化时才可能完成;第三,在国家改革政策和竞争性经济活动的增长推动下成长起来的市场力量不仅重塑国家、企业和社会之间的关系和活动边界,从而影响制度变迁的方向,而且还会以竞争性的压力来迫使企业发生变化。因此,国有企业总体上的最终转变只能在一个企业与国家和市场互动的过程中实现。

产权明晰与建立现代企业制度

(陈佳贵,《中共中央党校学报》,2000 年 01 期)

按照现行体制,国家对现有国有企业的管理实行的是由国家统一所有,政府分级监管、企业自主经营的体制。所谓统一所有,就是所有国有企业都由国务院统一行使所有权;所谓分级监管,就是具体的监督管理由各级政府实施,各级政府对其监督管理的资产享有资产收益权、处分权和选派管理者等项权力。这种管理体制实质上承认各级政府对其监管的国有资产拥有准所有权。它的好处是中央对国有资产有较大的权力,减少界定产权的工作量。但是这种管理体制也存在着产权关系不明晰带来的种种弊病，不利于发挥地方政府的积极性。为了使国有资产的管理体制适应社会主义市场经济的要求，加快国有企业股份制改造的步伐，本文认为分级监管将来应该发展为分级所有，即根据谁投资，谁所有和谁收益的原则来确定国有产权的归属问题。

公有制企业的性质

（周其仁，《经济研究》，2000年11期）

尚未发生市场化改革的公有制企业的性质是在法权上否认个人拥有生产性资源产权的基础上，公有制企业成为非市场合约性的组织。但是为了充分动员在事实上仍然属于个人的人力资本，公有制企业用国家租金激励机制来替代市场交易和利润激励体制。本文比较了国家租金体制与市场合约的企业体制的差别，认为这是理解公有制企业与非公有制企业效率差别的基础。在方法论上，本文认为流行的"委托—代理"框架和"所有权经营权分离"框架都不适合分析公有制企业的经济性质，因而尝试运用"法权的和事实的产权不相一致"的框架。

按照行政等级使分享国家租金制度化，使得公有制企业可以用国家租金的分享权来刺激个人增加在公有制企业中的管理和劳动供给。在这个本文称为"国家租金激励"的体制下，个人正是凭借事实上的对其人力资本的产权，才可以选择：增加劳动和管理的努力以得到较高等级的国家租金分享，还是减少劳动和管理努力的供给而较少分享国家租金。"国家租金激励"在名义上不属于任何个人，公有制体系内建立了可以由自然的个人获得的既得利益，其基础就是承认了个人在事实上仍然拥有的产权。粗看起来，国家租金激励与市场企业制度的激励原则没有什么不同，因为市场的企业合约的中心内容，无非是确立生产利润的努力与分享利润之间正的关系。当市场经济的企业制度把获得利润的权力授予对创造利润作出贡献的人时，公有制企业将分享国家租金的权力授予对创造国家租金作出贡献的人。

自生能力和国企改革

（林毅夫、刘培林，《经济研究》，2001年09期）

按照自生能力的逻辑深化改革，首先要摒弃的是盲目贪大、求洋、图新的观念。这些以新的形式表现出来的赶超思想和做法包括两种：以非市场的方式超前地追求先进技术和企业规模的扩大。尽管出发点是好的，但是这些主张和做法不仅不能提高国有企业的自生能力，反而会南辕北辙，弱化国有企业的自生能力，所以必须首先抛弃。技术水平低固然是落后的标志，但正如前文分析所表明的那样，企业具有自生能力的产品、技术，决定于这个国家的符合比较优势的产业区段。除非提高了要素禀赋结构，或是引进外资，否则难于提高一个国家总体的技术结构水平。技术上的后进其实恰恰正是落后国家经济高速增长的潜在源泉，日本和东亚的新兴工业化国家或地区，就是凭借技术上的后发优势保持了长达40年左右的高速增长，而赶上或缩小与发达国家的差距。

技术后进之所以成为后发优势，是因为后进国家无须投入巨资进行高风险的R&D，能够以较低的成本从发达国家引进已经证明有商业价值的、符合自身比较优势的适用技术。后发优势也是中国未来30年甚至更长时间内高速增长的潜力所在。中国的经济只有通过不断地利用比较优势，才能有最大的竞争优势，赚取最大的利润，以"小步快跑"的方式缩短与发达国家要素禀赋结构的差距。要素禀赋结构赶上发达国家以后，中国才能在总体的技术和产业结构上赶上发达国家。

企业边界的重新确定：分立式的产权重组
——大中型国有企业的一种改制模式

（刘小玄，《经济研究》，2001年04期）

国有资本要从竞争性产业中退出，这已经成为企业改革的一个发展战略。然而，对于具有上亿元或上千万元国有资产的大中企业来说，国有股无法退出。即使是退出一部分，只要保持国有控股，那么其他股权也很难发挥有效率的积极作用。其中，最明显的问题在于，在国有控股的条件下，经营者的控制权地位是由政府决定的，而不是由其股权或绩效决定的。于是，经营者的道德风险问题，有效的激励机制问题，负盈不负亏的问题，都不可能由这种国有控股的产权结构而得到解决。所以，优化的股权结构的前提是国有股退出控股地位，由民间资本来接管。后者通常包括作为自然人的经营者、企业职工、企业外的自然人或民营法人、外资，以及公众募股等。但是，庞大的国有股和有限的、分散的民间购买力的矛盾，使得这种接管难以实现。如何走出这个困境？大量的企业的自发选择给出了答案，这就是通过对现有的规模过大的企业实行有机的分解和重组，化大为小，化整为零，通过一系列配套的改革政策，对原有的企业实行优化整合。使得分散、小额的非国有股权能够形成有效的企业控股权，使得国有控股权能够退出企业，从而为实现企业优化的股权结构提供根本的基础和前提。

对深化国有企业改革的再认识

（吕政，《中国工业经济》，2002年10期）

国有股减持是解决国有经济战线过长、范围过宽问题，推进国有经济战略性重组、实现资本可流动性的重要步骤，也是国有控股企业真正建立起股权多元化、形成有效的法人治理结构的现代企业制度的客观要求。国有股一股独大所产生的消极作用是不利于企业转换经营机制。政府作为国有股的所有者，由于股权比重过高，凌驾于其他股东之上，容易形成政府对于企业的生产经营决策和管理的直接干预；由于国有股缺乏人格化的终极责任人，因此企业的盈亏责任事实上没有人承担。即使是已经上市的国有控股公司，一旦发生经营亏损，除了分散的小股民直接承担投资损失外，国有大股东的损失由谁来承担，这个难题并没有解决。所以，必须通过国有股减持来推进股份公司的规范化和企业经营机制的转换。

我国的上市股份公司大多数是通过对原国有企业改造形成的，普遍的做法是把国有企业的资产进行剥离，拿出一块优良资产成立新的公司上市，由母公司控股。上市公司基本可以做到轻装上阵，但是债务、冗员、离退休人员的养老和医疗保险等各种包袱仍然由原来的母公司负担。从积极的方面看，这种做法有利于盘活一部分国有资产，吸引社会资本，促进国有企业产权结构多元化以及企业经营机制的转换。但是，母公司与上市公司之间的矛盾也日益暴露，比较突出的问题是母公司的债务和冗员包袱难以化解，生产设备陈旧，缺乏有竞争力的主导产品，生产经营更加困难。有些母公司利用对上市公司的控股地位，对上市公司进行不适当的干预；留在母公司的职工与上市公司职工的收入差距显著拉大。这些矛盾都是我国经济体制转轨和企业改制过程中带有普遍性的问题，需要逐步地解决。例如，可以通过国有股的减持使母公司由控股公司转变为参股公司；母公司可以用股权收益解决存续企业的包袱问题；严重资不抵债、已难以继续生存的企业应依法破产。

国有企业"企业家"选拔方式的经济学思考

（杨春学，《中国工业经济》，2002年07期）

现行"行政委任制"所选拔出的国有企业的"企业家"的知识结构存在重大缺陷——来自实践经验的企业家能力部分的缺失，而且，选出之后的激励结构也不利于他们向市场型企业家的转化和其知识结构的改善。由这种"企业家"统领国有企业的，必然造成国有经济部门的低效率、资产流失和管理上的"人治"。要改变这种局面，根本的出路在于改革现行任命制度，切断企业家与行政官员之间角色互换的通道，建立市场化的企业家选择制度。

国有企业双重效率损失研究

（吴延兵，《经济研究》，2012 年 03 期）

本文基于企业效率最大化要求剩余索取权与剩余控制权相对应这一企业理论分析了国有企业的生产效率损失和创新效率损失问题。国有企业的公有产权属性决定了国有企业中存在着生产效率和创新效率的双重损失。国有企业改革通过监督和激励机制设计在一定程度上实现了生产中的剩余索取权与剩余控制权的匹配，从而提高了国有企业的生产效率。然而，由于创新具有不同于一般生产的特殊属性，已有国有企业改革措施并不能实现创新中的剩余索取权与剩余控制权的匹配，因而无法改善国有企业的创新效率。由此，本文提出了国有企业的创新效率损失大于生产效率损失的理论假说。基于中国省级国有企业和民营企业的工业行业数据，统计分析和计量模型估计结果都稳健地支持了该假说。

新时期的新思路：国有企业分类改革与治理

（黄群慧、余菁，《中国工业经济》，2013 年 11 期）

本文认为，国有企业改革在经历"放权让利"、"制度创新"和"国资发展"三个阶段后，取得了巨大成就，但也面临着更加复杂的形势和问题。从国际环境看，国有经济面临国家使命提升与国际环境严峻的双重压力；从国内经济环境看，中国经济发展方式亟待转变，国有企业所熟悉的要素驱动型的发展环境正在改变；从市场化进程看，国有企业改革总体还不到位，现有国有企业行为离成熟社会主义市场经济体制的要求还有较大差距。在这种形势下，国有经济不仅要承担国有资产保值增值、自身不断发展壮大的使命，同时还要承担推进经济发展方式转变、加快"走出去"和适应建设成熟市场经济体制要求等新使命，这意味着国有企业改革与发展已经步入一个新时期。在新时期，国有企业改革的主要目标，绝不是通过国有企业私有化、民营化最终消灭国有企业，也不仅仅是围绕国有资产保值增值建立激励机制以追求国有资产自身发展壮大，而应是建立有效的制度基础保证国有经济追求"国家使命导向"的发展。围绕这个目标，解决国有经济现在面临的"盈利性使命"和"公共性使命"冲突则成为新时期国有企业改革的重要任务。这要求突破那种将国有经济看作"铁板一块"的认知观念，引入分类治理的工作思路。本文提出，应将国有经济部门区分出公共政策性、特定功能性和一般商业性三类，为它们分别构造不同的治理机制。最后本文针对中央企业提出了具体的分类改革的初步设想。

中国国有企业混合所有制改革研究

（黄速建，《经济管理》，2014 年 07 期）

《中共中央关于全面深化改革若干重大问题的决定》将混合所有制经济提高到"公有制为主体、多种所有制经济共同发展"这一中国基本经济制度的重要实现形式的高度。随着改革的逐步深入，混合所有制在中国已经有了长足的发展。截至 2012 年底，中央企业及其子企业引入非公资本形成混合所有制企业，已经占到总企业户数的 52%。强调混合所有制经济是基本经济制度的微观实现形式，除了提供制度合法性以外，还进一步明确了这种混合所有制的制度意义与高度，明确混合所有制是建立现代企业制度、现代国有企业制度的主要组织形式和实现形式，为公有制经济和非公有制经济的进一步发展提供新的空间。从中国改革开放的实践情况看，混合所有制经济对国有企业改革的深化、资源配置效率的提高、企业竞争力的增强起到了重要作用。文章分析了下一步国有企业混合所有制改革中面临的重点问题，进而提出了推进国有企业混合所有制改革的若干措施。

国有企业董事会权力配置模式研究
——基于二元权力耦合演进的视角

（曲亮等，《中国工业经济》，2016年08期）

面对国有企业董事会当前改革进程中存在的制度合法性与行为有效性之间的矛盾，本文分析了国有企业董事会内部经济型权力和行政型权力的二元分化与耦合机制，并立足中国国有企业公司治理转型的宏观背景，进一步构建了董事会内部权力配置及其演化路径。本文指出，国有企业董事会通过协调和优化董事来源，可以有效配置董事会内部权力结构，从"行政决定型"逐步转向"行政嵌入型"和"行政监督型"，进而构建了符合中国公司治理情境的国有企业董事会内部权力配置模式。基于中国2012年至2014年国有上市公司的实证数据，本文发现：国有企业董事会存在"一把手决策、行政化严重、独立性较弱"等问题，政府行政干预会对企业经营发展产生一定程度的负面影响，而过多地依赖董事会经济型权力又容易导致"内部人控制"等问题，经济型董事比例与企业绩效存在显著的正"U"形关系，国有控股比例对董事会权力配置模式作用的发挥起到一定的调节作用。作为对策，本文对不同类型国有企业董事会权力配置模式进行针对性分析，对"去行政化"做进一步的解读，同时提出了国有企业董事会未来权力配置要面对的新问题，探索性地提出了精准治理的改革方向。

外部监管能够改善国企经营绩效与改制成效吗？

（盛丹等，《经济研究》，2016 年 10 期）

利用中国微观企业数据，本文以 2003 年国资委成立为政策冲击，系统地考察了外部监管对国有企业经营绩效和改制成效的影响。研究发现：首先，外部监管能够改善国有企业的经营绩效，提高企业的盈利能力，其作用主要是通过扩大国有企业的生产规模和提高国有企业的生产效率实现的。其次，外部监管还能够提高国有企业的改制成效，充分释放体制变化所产生的效率能量，使改制企业的盈利能力进一步提升。最后，从行业层面来看，外部监管对国有企业经营绩效的改善主要作用在上游行业，而对国有企业改制的影响则主要集中在市场竞争较为激烈的中下游行业。本文研究表明，外部监管对于推进国有企业改革起到了积极作用，并且为更好地发挥国有企业改制对经济增长的促进作用，还需引入市场竞争机制。

论国有企业高质量发展

（黄速建、肖红军、王欣，《中国工业经济》，2018年10期）

经济从高速增长阶段转向高质量发展阶段是中国特色社会主义迈入新时代的鲜明特征，而经济高质量发展归根结底需要通过企业高质量发展予以实现。作为中国特色社会主义经济的"顶梁柱"，国有企业高质量发展直接关系深化国有企业改革的成败和宏观层面的经济高质量发展能否成功实现。本文从目标状态和发展范式两个角度对"企业高质量发展"进行了界定，识别出企业高质量发展的七个核心特质，即社会价值驱动、资源能力突出、产品服务一流、透明开放运营、管理机制有效、综合绩效卓越和社会声誉良好。结合国有企业作为特殊企业的性质和功能，国有企业高质量发展表现出多层次性、多样性和多重约束性三个方面的特殊性；同时，国有企业高质量发展有其应然性，既是关键外部环境深刻变化对国有企业发展的倒逼作用，也是国有企业适应世界一流企业发展趋势的规律使然，更是破解国有企业发展难题的内生要求。本文最后构建了实现国有企业高质量发展的逻辑框架，提出要以国有企业个体发展的动力转换、战略转型、效率变革、能力再造、管理创新和形象重塑为核心途径，以形成三个必要条件、提供三类制度供给和构建三维社会生态为支撑环境，推动国有企业高质量发展在个体层面和整体层面得到真正实现。

中国特色社会主义国有企业管理体制的形成、发展与超越

（张旭、王天蛟，《经济纵横》，2020年12期）

我国自社会主义制度确立以来，对社会主义制度下的国有企业管理体制进行了不断探索，并在这一过程中形成了许多原创性理论成果。通过历次国有企业改革实践，不断调整政府与国有企业之间的关系，不断探索国有企业内部的管理模式，已初步建立起具有中国特色且符合中国国情的国有企业管理体制。中国特色国有企业管理体制形成与发展，是对马克思主义政治经济学基本理论的运用和发展，以及对西方企业管理理论的超越。党的十八大以来，中国特色社会主义进入了新时代，中国的改革开放站到了新的历史起点，国有企业的发展与改革也进入了新阶段。应继续以马克思主义政治经济学辩证唯物主义和历史唯物主义的总体方法论，深化对中国特色社会主义国有企业管理理论的概括和研究，而不是简单地用西方企业管理理论对中国国有企业管理体制进行机械化、教条化的套用。

著作介绍

▼

《国有企业产权制度变革》

（黄速建著，经济管理出版社1996年版）

在很长一段时期内，企业产权制度变革一直是一个十分敏感的论题。在探讨企业改革时，人们常常回避企业产权制度变革问题。然而，事实上深化企业改革、进行企业制度变革，回避不了企业产权制度变革问题。现代企业制度具有产权明晰、政企分开、责权明确、管理科学四个特点。这四个特点相互关联，缺一不可，不能只提后面三个特点，而有意回避产权明晰的特点。不能将企业产权制度变革与建立现代企业制度等同起来，不能将企业产权制度的变革视作建立现代企业制度的唯一内容；更不能将企业产权制度变革与私有化等同起来。或许可以毫不夸张地说：任何将中国的国有企业产权制度变革视作私有化的观点，任何反对在建立现代企业制度过程中进行企业产权制度变革的观点，都是一种对中国事务、对现实经济无知或者说是不负责任的表现。选择如何适应市场经济体制的要求进行企业产权制度变革这一论题展开研究是有一定的理论意义与现实意义的。本书围绕企业产权制度变革这一主题，展开对相关问题的探讨与分析。

《国有企业：你的路在何方
——50位经济学家论国有企业改革》

（董辅礽、厉以宁、韩志国主编，经济科学出版社1997年版）

改革国有企业，使其适应市场经济的运作，这是一个重要而又困难的问题。它关系到经济体制改革是否能最后成功，关系到社会主义市场经济体制能否最终建立，即社会主义市场经济体制作为一个理论模式能否成为正常和有效运作的现实模式。本书的作者各自根据自己的研究，从不同的角度对国有企业的改革提出了自己的见解。本书涉及的国有企业的问题很广，例如，国有企业的现状以及面临的问题和困难；国有企业的产权制度及其改革方向；国有企业与政府的关系和"政企分离"；国有企业的重组与经济结构的调整；国有企业的资产负债结构、形成高负债率的原因，以及降低负债率的途径；国有企业与商业银行的关系及其变化，主银行制度对国有企业的作用；国有企业与资本市场的关系，国有企业如何进行资本经营，实行产权重组，优化资本结构；国有企业的破产、收购和兼并；国有企业的股份制改革，建立现代企业制度的困难和问题；国有企业多余职工的分流和再就业；国有企业改革与建立社会保障制度；国有企业发展的外部社会经济环境；国有企业的内部管理；等等。

著作介绍

《国有企业：产业分布与产业重组》

（剧锦文著，社会科学文献出版社 1999 年版）

由于国有企业固有的特殊性质和产业的多样性，国有企业适宜分布在哪些产业领域？国有企业的产业分布有无规律可循？如果有规律存在，应当如何进行分析？本书认为，一方面应从国有企业的性质和产业的特性这个原点出发，依据国有企业固有的功能和运行目标，从理论上找出国有企业最适宜存在的产业领域；另一方面是用经验实证的方法，从世界上许多国家，包括市场经济发达的国家、政府主导型的国家和发展中国家国有企业的产业分布的现实，总结出市场经济体制下国有企业产业分布的一般规律，为中国国有企业的产业分布和产业重组提供一个参照系。本书的主题是研究中国国有企业的产业分布和产业重组，通过分析中国国有企业产业分布变化的历史和现状，找出其在产业分布上的特点和存在的问题，并在此基础上提出国有企业产业重组的几点对策。从结构安排上看，本书首先分析国有企业的性质和产业的特性，并在此基础上分析国有企业产业分布的基本原理。接下来，介绍市场经济国家、政府主导型国家和发展中国家国有企业产业分布的概况并分析其规律性。尔后，分析中国国有企业产业分布的变化及其存在的问题。最后，提出国有企业产业重组的对策。

《中国国有企业改革》

(高尚全、杨启先主编,济南出版社 1999 年版)

根据建立市场经济体制的要求和国民经济发展的客观需要,从提高国有经济的整体质量和整体素质出发,对国有经济进行战略性的调整。主要包括以下几个方面:第一,通过股份合作制、兼并、出售和破产等多种形式,充分放开国有小企业。实践表明,20 世纪 90 年代以来,发展迅猛的国有小企业产权制度改革,已经逐步探索出了一条成功的道路。第二,通过资本市场,进行国有大中型企业的资产重组、债务重组及人员重组,实现企业制度的创新。从而使国有经济有计划地退出一些本应由个人和社会资本进入的领域,为其他有能力高效运用资源的经济组织留出发展的空间。无论我们的主观认识是否一致,国有经济在竞争型产业中不断退出与非国有经济逐步进入的历史趋势实际上已经形成。因此,与其让国有经济在一些领域中被动地出局,不如主动地进行调整。在主动调整的过程中,我们可以尽可能在总体上降低国有经济退出的成本,减少不必要的社会震荡。第三,伴随着国有小企业的改制和国有大中型企业制度创新,我们应将有限的国有资源从低效运转的领域中抽出来,投入国有经济应该加强的领域,诸如基础型、战略型的产业。调整之后,国有企业在数量上将会有所减少,但整体质量和素质会大大提高,国有经济的产业布局将会更加合理,从而使国有经济更有效地发挥在国民经济中的主导作用。

著作介绍

《中国国有企业改革与发展研究》
（陈佳贵、金碚、黄速建主编，经济管理出版社2000年版）

随着世界经济环境的发展变化，科学技术尤其是信息技术的突破性进展和广泛应用，市场竞争的日趋激烈和国际化，使得企业管理学在管理思想、方法和手段等方面都有新的进展。本书以管理学的最新变革和发展为论述主线，在协作方式上注重研究导向，不仅介绍企业管理学各个领域的最新发展，而且侧重于反映作者自己对这些新发展的认识和观点，重视分析这些发展产生的背景。本书还注重了管理知识的最新发展与我国企业实际的结合，在体系安排上还针对我国企业改革的需要分专章研究了现代企业制度、经营者的激励约束和企业集团等问题，具有重要的理论价值和借鉴意义。全书共分五大篇：国有企业面临的困难与挑战、国有经济调整与国有企业改组、国有企业建立现代企业制度与摆脱困境、国有企业的管理、国有企业的发展。

《企业家激励约束与国有企业改革》
（黄群慧著，中国人民大学出版社2000年版）

本书是一本综合利用现代经济学和管理学理论系统分析企业家激励约束问题的专著。本书在构造一个关于企业家激励约束问题的综合分析模式的基础上，系统全面地描述了激励约束现代企业家的报酬机制、控制权机制、声誉机制和市场竞争机制，对这些机制产生激励约束作用的理论基础和面临的实际问题从全新的视角进行了深入探讨，并进一步对转轨经济中我国国有企业企业家激励约束问题，包括年薪制、"59 岁现象"、法人治理结构的规范性、"在职消费"、经理职业化、企业家行为长期化等进行了独特的深入分析，概括出转轨经济中我国国有企业企业家激励约束机制的基本特征，提出了我国国有企业分类改革的目标和思路，以及现阶段改革和完善我国国有企业企业家激励约束机制的具体可操作性的建议。

《世纪之交的国有企业改革研究》

（马建堂、黄达、林岗 等著，经济科学出版社 2000 年版）

本书在邓小平社会主义市场经济理论的指导下，着重对国有企业转换企业经营机制、建立现代企业制度、国有体制转轨等问题加以探索，并提出总体设想。在国有企业治理结构方面，借鉴西方发达国家的经验和国外产权理论、代理理论等方面的最新研究成果，结合我国国有企业改革的实际情况，提出了共同治理与相机治理相结合的国有企业治理结构模式；在国有资产管理体制方面，借鉴西方国家国有资产管理方面的经验，总结我国各地国有资产管理的有益做法，提出了我国国有资产管理体制改革的"三分离"原则和国有资产所有权初始代理者的"二元化模式"；对国有经济的战略性调整与改组提出了"整体与主导"、"市场与效益"、"渐进有序"的原则，通过对我国国有经济分行业的资产效益比较和其他国家国有经济产业分布比较，详细提出了国有经济需要控制的行业领域、需要保持主导地位的行业领域、需要退出的行业领域、可自由进退的行业领域等，并针对不同行业领域的调整目标，提出了更加细化、更具操作性的方案;在对国有企业的债务高、冗员多、企业办社会负担重的成因进行详细分析的同时,从存量和增量的角度,对解决这些问题的成本逐项进行了估算,并按照改革的目标和进程,提出了这些成本的资金筹措渠道,并综合提出了这些问题的解决办法。

《国有企业管理现状分析》
（黄群慧著，经济管理出版社 2002 年版）

本书主要对中国企业管理的现状和创新趋势进行初步分析和研究。前三章旨在描述中国国有企业管理的总体状况，具体包括绪论、中国企业管理的环境变化、中国国有企业管理现状的总体描述、国家级企业管理现代化创新成果的统计分析等。第四章至第九章是对国有企业管理状况的专题分析，包括国有企业战略管理的类型、国有企业营销管理的现状与问题、国有企业财务管理制度建设现状与不良资产问题研究、国有企业信息化管理的现状、国有企业人力资源培训的状况、国有企业组织文化建设的现状与问题等。第十章分析现代企业管理创新发展趋势和管理现代化的方向，主要是对国外企业 20 世纪 90 年代以来管理创新内容的介绍，从而为中国国有企业管理创新指明了方向。

《中国国有企业改革 30 年回顾与展望》
（张卓元、郑海航著，人民出版社 2008 年版）

中国改革开放 30 年来，国有企业改革一直是难度最大、争议最多的改革。尽管如此，在党的正确方针指引下，国有企业改革经过 30 年的努力，目前已取得实质性进展，现代企业制度已比较普遍地建立起来，并正在逐步完善中。本书比较客观地对 30 年来国有企业改革的历程、经验进行了系统的研究和论述，并对今后深化改革提出了一些建议。全书共分 15 章，内容包括中国国有企业改革 30 年历程和思考、国有企业改革是经济体制改革的中心环节、社会主义市场经济中国有经济的定位与主导作用、现代企业制度改革方向的确立和改革的步步深入、国有经济布局和结构的战略性调整、深化垄断行业改革引入竞争机制、寻找同市场经济结合的国有制形式、推进中央企业改革、中央企业公司治理、中国国有资产管理体制改革 30 年的理论与实践、国有资本经营预算制度、国有企业改革与社会保障体系建设、国有企业债务重组与减员增效、剥离企业社会负担、国有企业改革深化和攻坚展望。

《奠定中国市场经济的微观基础：企业革命 30 年》
（刘小玄著，格致出版社 2008 年版）

中国改革开放的 30 年，最值得记录的一页就是企业革命。本书以中国改革开放的大历史环境为背景，以四种类型的企业（国有、民营、股份和外资）为主体，按照它们发展时间的顺序，以它们面临的外部环境的变化为主线,追溯企业在制度或市场环境下的互动行为及其演化过程,发现其中推动制度变迁的原因,发现这种变迁的主要推动者。全书基本上是围绕着30年的大历史发展线索来展开的,因此主要着眼于大的框架布局和重大事件,并为此提供相应的实证描述和理论解释。

《中国经济体制改革基本经验》
(邹东涛 等著,中国人民大学出版社2008年版)

本书在回顾和总结中国经济体制改革的背景、历程、成就的基础上,深入研究了中国改革成功的基本经验,并探讨了关于改革攻坚的一些重大认识和实践问题。本书以研究报告的形式,分别分析总结了中国所有制改革、农村改革、国有企业改革、财政体制改革、金融体制改革、价格改革、收入分配制度改革、就业体制改革、社会保障制度改革、垄断行业改革、地方经济体制改革的特征和基本经验,并对进一步深化改革提出了前瞻性建议。两个附录探讨了中国经济体制改革的制度变迁模型,以及中国独特的改革与发展道路。

《国有企业改革实录(1998—2008)》
(邵宁主编,经济科学出版社2014年版)

本书真实、客观地反映了1998年至2008年国企改革的场景,从"三年脱困"的一系列改革——减负放权、重组改制、减员增效、增资减债、关闭破产、主辅分离、分离企业办社会等,到探索建立现代企业制度,直至新的国有资产监管体系建立,国有企业开始走上与市场经济接轨的发展之路,涵盖了其间所发生的一些重大事件、重要政策出台以及实施过程。

《国有企业分类改革的逻辑、路径与实施》

(杨瑞龙 等著,中国社会科学出版2017年版)

在国有制的框架内推进国有企业改革,由于难以解决政企分开与所有权的可转让性问题而步履艰难。本书主张从产品性质及行业特性两个维度来客观制定功能导向的分类方法,实施国有企业的分类改革,即提供公共产品的国有企业宜选择国有国营模式,自然垄断性国有企业宜选择国有国控模式,竞争性国有企业一部分宜进行产权多元化的股份制改造,一部分宜实行民营化;在分类改革原则下推进国有企业的混合所有制改革与国有资产管理体制改革,同时在利益相关者合作逻辑下,分类分层推进国有企业治理结构的创新,分类构建国有企业经营者的激励机制。

《中国国有企业40年:制度变迁与行为演化》

(黄速建、贺俊主编,经济管理出版社2019年版)

国有企业的改革与发展问题是过去40年中国制度转型和经

济发展进程中重要的议题，也是中国学术界关注度高、成果集中、争论激烈的领域。对过去40年中国国有企业改革的典型事实和理论脉络进行概括和梳理，通过理论观察中国国有企业改革实践折射出的经济学一般性和特定性，对于深化理解当前及未来中国国有企业改革的现实发展方向和理论展开逻辑都具有重要意义。本书的特色和贡献主要体现在：一是在内容设计上涵盖了过去40年中国国有企业改革与发展涉及的几乎所有重要主题，其中，国有存续企业改革、国有企业三项制度改革等问题的学术梳理填补了该领域的研究空白；二是在研究方法上坚持实证主义的传统，务求在准确揭示事实的基础上再给出规范性的判断；三是力争用各自领域的前沿理论解剖被解构了的国企改革问题，并给出各自独立的学术判断。

《中国国有企业改革编年史（1978—2018）》

（章迪诚著，中国工人出版社2020年版）

国有企业改革是中国经济体制改革的主线，也是整个经济体制改革的缩影。从计划经济体制转轨到社会主义市场经济体制，并因此推动中国经济创造了持续高速增长长达几十年的人类奇迹。这是一项前无古人、后无来者的伟大工程。本书以编年体的形式，通过对40年来中国国有企业改革与发展的历史过程进行细致梳理和回溯，从1978年改革开放起始，采取编年史的体例，多方面、多角度地讲述中国国有企业改革，从计划经济体制转到社会主义市场经济体制，并因此推动中国经济发展的跌宕历程和艰辛探索，梳理了国有企业改革制度变迁的三大主线——一是处理国家与企业的关系;二是重塑国有企业的企业制度;三是改善国有企业的制度外环境,真实记录了中国国有企业改革与发展的历史过程。

重要文献索引

政策文件

《国务院关于推动经济联合的暂行规定》,《中华人民共和国国务院公报》,1980 年 08 期。

《国务院批转国家经济委员会、财政部关于国营工业企业利润留成试行办法的通知》,《中华人民共和国国务院公报》,1980 年 01 期。

《国务院批转国家经济委员会关于扩大企业自主权试点工作情况和今后意见的报告》,《中华人民共和国国务院公报》,1980 年 14 期。

《中共中央、国务院关于转发〈国营工业企业职工代表大会暂行条例〉的通知》,《中华人民共和国国务院公报》,1981 年 16 期。

《国务院批转国家经济委员会、国务院体制改革办公室关于实行工业生产经济责任制若干问题的意见的通知》,《中华人民共和国国务院公报》,1981 年 24 期。

《中共中央、国务院关于国营工业企业进行全面整顿的决定》,《中华人民共和国国务院公报》,1982 年 15 期。

《中国共产党第十一届中央委员会第三次全体会议公报》,《三中全会以来重要文献选编》(上),北京:人民出版社,1982 年版。

《中共中央关于经济体制改革的决定》,北京:人民出版社,1984

年版。

《中共中央办公厅、国务院办公厅关于解决公司政企不分问题的通知》,《中华人民共和国国务院公报》,1988 年 17 期。

《国务院关于进一步增强国营大中型企业活力的通知》,《中华人民共和国国务院公报》,1990 年 20 期。

《关于印发〈股份制企业试点办法〉的通知》,《中华人民共和国国务院公报》,1992 年 16 期。

《关于印发〈股份有限公司规范意见〉和〈有限责任公司规范意见〉的通知》,《中华人民共和国国务院公报》,1992 年 16 期。

《国务院关于实行分税制财政管理体制的决定》,《中华人民共和国国务院公报》,1993 年 03 期。

《关于发布〈国有企业工资总额同经济效益挂钩规定〉的通知》,《中华人民共和国国务院公报》,1993 年 19 期。

《国务院办公厅转发国家经贸委关于深化企业改革搞好国有大中型企业意见的通知》,《中华人民共和国国务院公报》,1995 年 06 期。

《中共中央关于制定国民经济和社会发展"九五"计划和 2010 年远景目标的建议》,《中华人民共和国国务院公报》,1995 年 25 期。

《中共中央关于加快工业发展的若干问题的决定(草案)》,载《现代企业制度通鉴 中国卷》,北京:国际文化出版公司,1996 年版。

《中共中央组织部、国家经贸委、人事部印发〈关于加强国有企业领导班子建设的意见〉的通知》,载《建立现代企业制度试点工作手册》,北京:中国经济出版社,1996 年版。

《关于深化大型企业集团试点工作意见》,《中华人民共和国国务院公报》,1997 年 15 期。

《国务院关于在若干城市试行国有企业兼并破产和职工再就业有关

问题的补充通知》,《中华人民共和国国务院公报》,1997 年 08 期。

《国务院关于印发国务院向国有重点大型企业派出稽察特派员的方案》,《中华人民共和国国务院公报》,1998 年 13 期。

《国务院关于纺织工业深化改革调整结构解困扭亏工作有关问题的通知》,《中华人民共和国国务院公报》,1998 年 06 期。

《中共中央关于国有企业改革和发展若干重大问题的决定》,北京：人民出版社,1999 年版。

《国务院关于进一步做好国有企业下岗职工基本生活保障和企业离退休人员养老金发放工作有关问题的通知》,《中华人民共和国国务院公报》,1999 年 05 期。

《关于印发〈国土资源部关于加强土地资产管理促进国有企业改革和发展的若干意见〉的通知》,《中华人民共和国国务院公报》,2000 年 15 期。

《国务院关于切实继续做好企业离退休人员基本养老金按时足额发放和国有企业下岗职工基本生活保障工作的通知》,《中华人民共和国国务院公报》,2000 年 20 期。

《国务院办公厅关于转发国家经贸委国有大中型企业建立现代企业制度和加强管理基本规范（试行）的通知》,《中华人民共和国国务院公报》,2000 年 35 期。

《国务院办公厅转发国家经贸委等部门关于发展具有国际竞争力的大型企业集团的指导意见的通知》,《中华人民共和国国务院公报》,2002 年 01 期。

《财政部关于印发〈企业国有资本与财务管理暂行办法〉的通知》,《中华人民共和国国务院公报》,2002 年 08 期。

《关于深化国有企业内部人事、劳动、分配制度改革的意见》,《中华人民共和国国务院公报》，2002年07期。

《中共中央办公厅、国务院办公厅、关于在国有企业及其控股企业深入实行厂务公开制度的通知》，《中华人民共和国国务院公报》，2002年20期。

《国务院办公厅转发财政部、科技部关于国有高新技术企业开展股权激励试点工作指导意见的通知》，《中华人民共和国国务院公报》，2002年31期。

《中共中央关于完善社会主义市场经济体制若干问题的决定》，北京：人民出版社，2003年版。

《国务院办公厅转发国家经贸委等部门关于解决国有困难企业和关闭破产企业职工基本生活问题若干意见的通知》，《中华人民共和国国务院公报》，2003年05期。

《第十届全国人民代表大会第一次会议关于国务院机构改革方案的决定》，《中华人民共和国国务院公报》，2003年11期。

《国务院办公厅转发国务院国有资产监督管理委员会关于规范国有企业改制工作意见的通知》，《中华人民共和国国务院公报》，2004年02期。

《关于印发国有大中型企业主辅分离辅业改制分流安置富余人员的劳动关系处理办法的通知》，《中华人民共和国国务院公报》，2004年04期。

《关于中央企业建立和完善国有独资公司董事会试点工作的通知》，《国务院国有资产监督管理委员会公告》，2004年07期。

《关于国有独资公司董事会建设的指导意见（试行）》，国务院国资委网站，2004年6月10日。

《关于印发〈国务院国资委关于国有控股上市公司股权分置改革的

指导意见〉的通知》,《国务院国有资产监督管理委员会公告》,2005年06期。

《国务院办公厅转发国资委关于进一步规范国有企业改制工作的实施意见》,《中华人民共和国国务院公报》,2006年05期。

《中华人民共和国国民经济和社会发展第十一个五年规划纲要》,《中华人民共和国全国人民代表大会常务委员会公报》,2006年03期。

《关于企业国有产权转让有关事项的通知》,《国务院国有资产监督管理委员会公告》,2006年12期。

《国务院办公厅转发国资委关于推进国有资本调整和国有企业重组指导意见的通知》,《中华人民共和国国务院公报》,2007年03期。

《关于进一步规范中央企业投资管理的通知》,《国务院国有资产监督管理委员会公告》,2007年06期。

《关于印发〈国有单位受让上市公司股份管理暂行规定〉的通知》,《国务院国有资产监督管理委员会公告》,2007年06期。

《关于印发〈上市公司国有股东标识管理暂行规定〉的通知》,《国务院国有资产监督管理委员会公告》,2007年06期。

《财政部 国资委关于印发〈中央企业国有资本收益收取管理暂行办法〉的通知》,《国务院国有资产监督管理委员会公告》,2008年01期。

《关于印发〈关于中央企业履行社会责任的指导意见〉的通知》,《国务院国有资产监督管理委员会公告》,2008年02期。

《关于规范国有企业职工持股、投资的意见》,《国务院国有资产监督管理委员会公告》,2008年08期。

《中央组织部、国务院国资委党委关于加强和改进中央企业党建工作的意见》,载《十六大以来国有企业党建工作探索与实践》,石家庄:河北人民出版社,2008年版。

《关于印发〈关于进一步加强地方国有资产监管工作的若干意见〉的通知》,《国务院国有资产监督管理委员会公告》,2009 年 09 期。

《关于印发〈关于进一步加强中央企业全员业绩考核工作的指导意见〉的通知》,《国务院国有资产监督管理委员会公告》,2009 年 10 期。

《关于印发〈关于规范上市公司国有股东行为的若干意见〉的通知》,《国务院国有资产监督管理委员会公告》,2009 年 07 期。

《国资委关于印发〈企业主辅分离辅业改制资产处置核销操作指引〉的通知》,《中华人民共和国国务院公报》,2009 年 20 期。

《国资委关于规范国有股东与上市公司进行资产重组有关事项的通知》,《中华人民共和国国务院公报》,2009 年 25 期。

《国资委关于印发〈董事会试点中央企业职工董事履行职责管理办法〉的通知》,《中华人民共和国国务院公报》,2009 年 28 期。

《国务院关于促进企业兼并重组的意见》,中国政府网,2010 年 9 月 6 日。

《国务院转批国家计委、国家体改委、国务院生产办公室关于选择一批大型企业集团进行试点请示的通知》,中国政府网,2010 年 12 月 31 日。

《中华人民共和国国民经济和社会发展第十二个五年规划纲要》,北京:人民出版社,2011 年版。

《国务院批转发展改革委关于 2012 年深化经济体制改革重点工作意见的通知》,《中华人民共和国国务院公报》,2012 年 10 期。

《关于国有企业改制重组中积极引入民间投资的指导意见》,中国政府网,2016 年 5 月 24 日。

《中共中央关于全面深化改革若干重大问题的决定》,北京:人民出版社,2013 年版。

《中共中央、国务院关于深化国有企业改革的指导意见》,北京:人民出版社,2015年版。

《国务院关于国有企业发展混合所有制经济的意见》,《中华人民共和国国务院公报》,2015年29期。

《国务院关于改革和完善国有资产管理体制的若干意见》,《中华人民共和国国务院公报》,2015年32期。

《国务院办公厅关于加强和改进企业国有资产监督防止国有资产流失的意见》,《中华人民共和国国务院公报》,2015年32期。

《中华人民共和国国民经济和社会发展第十三个五年规划纲要》,北京:人民出版社,2016年版。

《国资委、财政部、发展改革委关于印发〈关于国有企业功能界定与分类的指导意见〉的通知》,《中华人民共和国国务院公报》,2016年10期。

《国务院办公厅关于进一步完善国有企业法人治理结构的指导意见》,《中华人民共和国国务院公报》,2017年14期。

《国务院办公厅关于印发中央企业公司制改革工作实施方案的通知》,《中华人民共和国国务院公报》,2017年23期。

《国务院关于改革国有企业工资决定机制的意见》,《中华人民共和国国务院公报》,2018年16期。

《国务院关于印发改革国有资本授权经营体制方案的通知》,《中华人民共和国国务院公报》,2019年13期。

《国务院国资委关于以管资本为主加快国有资产监管职能转变的实施意见》,《国资报告》,2019年12期。

《国务院关于在若干城市试行国有企业破产有关问题的通知》,载《中华人民共和国人力资源社会保障法律法规全书 第3册 社会保障》,

北京：中国民主法制出版社，2019年版。

《关于规范国有控股上市公司实施股权激励制度有关问题的通知》，载《股权激励与股权设计法律法规汇编》，广州：广东经济出版社，2020年版。

《国家发展改革委、财政部、人力资源社会保障部等关于深化混合所有制改革试点若干政策的意见》，载《股权激励与股权设计法律法规汇编》，广州：广东经济出版社，2020年版。

《中华人民共和国国民经济和社会发展第十四个五年规划和2035年远景目标纲要》，北京：人民出版社，2021年版。

法律规章

《国务院关于正确实行奖励制度、坚决制止滥发奖金的几项规定》，《中华人民共和国国务院公报》，1981年11期。

《国营工厂厂长工作暂行条例》，北京：法律出版社，1982年版。

《财政部、国家经济委员会颁发〈关于国营工交企业实行利润留成和盈亏包干办法的若干规定〉的通知》，《中华人民共和国国务院公报》，1982年01期。

《国家经济体制改革委员会、国家经济委员会、财政部关于当前完善工业经济责任制的几个问题的报告》，《中华人民共和国国务院公报》，1982年19期。

《国营工业企业暂行条例》，北京：法律出版社，1983年版。

《财政部关于国营企业利改税试行办法》，《中华人民共和国国务院公报》，1983年11期。

《国务院批转财政部关于国营企业试行企业基金的规定》，载《工矿企业职工生活福利文件选编》，北京：中国工人出版社，1983年版。

《国务院关于进一步扩大国营工业企业自主权的暂行规定》,《中华人民共和国国务院公报》,1984年10期。

《国务院批转国家经委、国家体改委关于增强大中型国营工业企业活力若干问题的暂行规定》,《中华人民共和国国务院公报》,1985年28期。

《国务院批转国家经委、财政部、人民银行〈关于推进国营企业技术进步若干政策的暂行规定〉的通知》,《中华人民共和国国务院公报》,1985年05期。

《国务院关于进一步推动横向经济联合若干问题的规定》,北京:法律出版社,1986年版。

《全民所有制工业企业厂长工作条例》,《中华人民共和国国务院公报》,1987年01期。

《中国共产党全民所有制工业企业基层组织工作条例》,《中华人民共和国国务院公报》,1987年01期。

《全民所有制工业企业职工代表大会条例》,《中华人民共和国国务院公报》,1987年01期。

《中华人民共和国全民所有制工业企业法》,北京:法律出版社,1988年版。

《全民所有制工业企业承包经营责任制暂行条例》,《中华人民共和国国务院公报》,1988年05期。

《全民所有制小型工业企业租赁经营暂行条例》,《中华人民共和国国务院公报》,1988年13期。

《关于国营工业企业实行流动资金全额信贷的暂行规定》,载《中华人民共和国法律全书》,长春:吉林人民出版社,1989年版。

《劳动部、财政部、国家计委关于进一步改进和完善企业工资总额同经济效益挂钩的意见》,《中华人民共和国国务院公报》,1989年08期。

《国务院关于加强国有资产管理工作的通知》,《中华人民共和国国务院公报》,1990年15期。

《国务院关于扩大国营工业企业经营管理自主权的若干规定》,载《中国社会主义财政史参考资料1949—1985》,北京:中国财政经济出版社,1990年版。

《国务院关于国营企业实行利润留成的规定》,载《中国社会主义财政史参考资料1949—1985》,北京:中国财政经济出版社,1990年版。

《关于实行"划分收支、分级包干"财政管理体制的暂行规定》,载《中国社会主义财政史参考资料1949—1985》,北京:中国财政经济出版社,1990年版。

《关于提高国营工业企业固定资产折旧率和改进折旧费使用办法的暂行规定》,载《中国社会主义财政史参考资料1949—1985》,北京:中国财政经济出版社,1990年版。

《全民所有制工业企业转换经营机制条例》,《中华人民共和国国务院公报》,1992年22期。

《国营企业实行"税利分流、税后还贷、税后承包"的试点办法》,载《中国财政年鉴1992》,北京:中国财政杂志社,1992年版。

《中华人民共和国公司法》,北京:中国法制出版社,1993年版。

《关于国家试点企业集团国有资产授权经营的实施办法(试行)》,载《中国法律年鉴1993》,北京:中国法律年鉴社,1993年版。

《国有企业职工待业保险规定》,《中华人民共和国国务院公报》,1993年08期。

《国有企业富余职工安置规定》,《中华人民共和国国务院公报》,1993年08期。

《劳动部、国家经贸委、国家体改委关于印发〈全民所有制企业工资总额管理暂行规定〉的通知》，载《中华人民共和国法律全书 增编本 1993》，长春：吉林出版社，1994 年版。

《关于开征国营工业企业固定资产税的暂行规定》，载《中国改革开放经济政策法律全书第 2 卷》，长春：吉林人民出版社，1995 年版。

《劳动部、国务院生产办、国家体改委、人事部、全国总工会关于深化企业劳动人事、工资分配、社会保险制度改革的意见》，载人事部政策法规司编：《企业人事制度改革政策与实践》，北京：中国人事出版社，1996 年版。

《国家经济贸易委员会关于印发〈关于转换国有企业经营机制建立现代企业制度的若干意见〉的通知》，载《国有企业改革全书》，北京：中国统计出版社，1996 年版。

《国家经济贸易委员会、劳动部关于印发〈国有企业资产经营责任制暂行办法〉的通知》，载《建立现代企业制度试点工作手册》，北京：中国经济出版社，1996 年版。

《国家体改委关于加快国有小企业改革的若干意见》，载《建立现代企业制度试点工作手册》，北京：中国经济出版社，1996 年版。

《国家经济贸易委员会、国家国有资产管理局关于印发〈关于监督机构对国有企业派出的监事会工作规范意见〉的通知》，载《中国国有资产年鉴 1996》，北京：经济科学出版社，1997 年版。

《国家经济贸易委员会关于印发〈关于放开搞活国有小型企业的意见〉的通知》，载《中国企业管理年鉴 1997》，北京：企业管理出版社，1997 年版。

《国有企业试行破产有关财务问题的暂行规定》，载《中华人民共和国法律全书 1996》，长春：吉林人民出版社，1997 年版。

《国家体改委关于城市国有资本营运体制改革试点的指导意见》，载《股份制法律法规全书》，北京：中国物价出版社，1998年版。

《劳动部关于全面实行劳动合同制的通知》，载《劳动法律法规选编》，北京：法律出版社，1999年版。

《国家体改委关于发展城市股份合作制企业的指导意见》，载《中国开放年鉴1998》，北京：经济日报出版社，1999年版。

《国家经贸委〈关于制止出售国有小企业成风有关问题的通知〉》，载《中国企业管理年鉴1999》，北京：企业管理出版社，1999年版。

《国家经济体制改革委员会关于企业集团建立母子公司体制的指导意见》，载《中华人民共和国法律法规及司法解释分类汇编 民商法卷2》，北京：中国民主法制出版社，2000年版。

《国家经贸委〈关于国家大型企业集团制订试点方案有关问题的通知〉》，载《新编常用法律法规规章司法解释总览（上）》，北京：中国政法大学出版社，2000年版。

《国务院经济贸易办公室国家经济体制改革委员会印发〈关于全民所有制工业企业实行产品结构和组织结构调整的规定〉的通知》，载全国人大常委会法制工作委员会审定：《新编常用法律法规规章司法解释总览（上）》，北京：中国政法大学出版社，2000年版。

《国家经济贸易委员会、财政部、中国人民银行关于出售国有小型企业中若干问题意见的通知》，载《中国企业管理年鉴2000》，北京：企业管理出版社，2000年版。

《国有企业监事会暂行条例》，《中华人民共和国国务院公报》，2000年14期。

《财政部 国家经济贸易委员会 劳动和社会保障部 国家发展计划委员会 关于深入开展企业效绩评价工作、加强国有企业监督管理的通知》,《中华人民共和国国务院公报》,2001年08期。

《中华人民共和国国民经济和社会发展第十个五年计划纲要》,《中华人民共和国国务院公报》,2001年12期。

《中国证券监督管理委员会关于发布〈关于在上市公司建立独立董事制度的指导意见〉的通知》,载《中国投资年鉴2002》,北京:新华出版社,2002年版。

《国家经济贸易委员会关于进一步规范债转股工作加强债转股企业改革管理的通知》,载《北京国有工业企业改革案例与文件汇编》,北京:同心出版社,2002年版。

《企业国有资产监督管理暂行条例》,《中华人民共和国国务院公报》,2003年19期。

《中央企业负责人经营业绩考核暂行办法》,《中华人民共和国国务院公报》,2004年22期。

《企业国有产权转让管理暂行办法》,《中华人民共和国国务院公报》,2004年27期。

《国家经贸委、中国人民银行关于实施债权转股权若干问题的意见》,载《现行煤矿产业政策汇编1998—2005年》,北京:财政部经济建设司、中国煤炭工业协会,2005年版。

《国务院办公厅转发国务院国有资产监督管理委员会关于设立市(地)级人民政府国有资产监督管理机构指导意见的通知》,《中华人民共和国国务院公报》,2005年02期。

《地方国有资产监管工作指导监督暂行办法》,《中华人民共和国国务院公报》,2007年15期。

《国有股东转让所持上市公司股份管理暂行办法》,《国务院国有资产监督管理委员会公告》,2007年06期。

《中华人民共和国企业国有资产法》,《中华人民共和国全国人民代表大会常务委员会公报》,2008 年 07 期。

《国家经济贸易委员会、财政部、劳动和社会保障部等部门印发〈关于国有大中型企业主辅分离辅业改制分流安置富余人员的实施办法〉的通知》,载《工会常用法律法规政策选编》,北京:中国工人出版社,2008 年版。

《国务院关于国营企业工资改革问题的通知》,中国政府网,2015 年 6 月 13 日。

《国务院关于深化企业改革增强企业活力的若干规定》,中国政府网,2012 年 9 月 21 日。

《国务院关于国有资产管理与体制改革情况的报告》,中国人大网,2016 年 7 月 1 日。

《中央企业负责人薪酬管理暂行办法》,载《国有企业人员廉洁从业实用手册 修订版》,北京:中国方正出版社,2018 年版。

《中央企业负责人经营业绩考核办法》,《中华人民共和国国务院公报》,2019 年 01 期。

《中央企业混合所有制改革操作指引》,国务院国有资产监督管理委员会网,2019 年 11 月 13 日。

《关于印发〈国有企业公司章程制定管理办法〉的通知》,中国政府网,2021 年 2 月 28 日。

《关于印发〈国资委履行出资人职责的多元投资主体公司利润分配管理暂行办法〉的通知》,国务院国资委网站,2021 年 7 月 9 日。

《关于完善中央企业功能分类考核的实施方案》,国务院国资委网站,2021 年 8 月 16 日。

期刊文章

董辅礽,《关于我国社会主义所有制形式问题》,《经济研究》,1979 年 01 期。

蒋一苇,《"企业本位论"刍议——试论社会主义制度下企业的性质及国家与企业的关系》,《经济管理》,1979 年 06 期。

蒋一苇,《企业本位论》,《中国社会科学》,1980 年 01 期。

薛暮桥,《关于经济体制改革问题的探讨》,《经济研究》,1980 年 06 期。

许涤新,《国营企业实行经济责任制的几个问题》,《经济研究》,1981 年 12 期。

孙尚清、吴敬琏等,《评孙冶方的经济改革设想和经济政策建议》,《经济研究》,1983 年 02 期。

唐宗焜,《所有制结构改革目标选择的几点思考》,《经济学动态》,1986 年 01 期。

杜海燕,《承包制:国有企业体制改革的初始选择》,《经济研究》,1987 年 10 期。

吴敬琏,《"两权分离"和"承包制"概念辨析》,《经济学动态》,1988 年 01 期。

厉以宁,《价格改革为主还是所有制改革为主》,《金融科学》,1988 年 02 期。

于祖尧,《国有企业实行承包经营责任制问题研究》,《企业活力》,1988 年 02 期。

戴园晨、黎汉明,《工资侵蚀利润——中国经济体制改革中的潜在危险》,《经济研究》,1988 年 06 期。

厉以宁,《经济体制改革的总体设计——经济体制改革思路的政策化》,《财贸经济》,1988 年 07 期。

吴敬琏,《价格改革与承包制》,《中国经济体制改革》,1988 年 08 期。

华生,《中国改革十年:回顾、反思和前景》,《经济研究》,1988 年 09 期。

蒋一苇等,《关于股份制问题的讨论》,《经济体制改革》,1988 年 10 期。

王珏,《综合配套改革的一个根本任务——略谈建立现代企业制度的内涵和作用》,《瞭望周刊》,1988 年 42 期。

王珏,《全面贯彻治理、整顿、深化改革的方针》,《改革》,1989 年 05 期。

蒋一苇、唐丰义,《论国有资产的价值化管理》,《经济研究》,1991 年 02 期。

郭振英、卢建,《增强国营大中型企业活力的政策取向》,《中国工业经济》,1992 年 04 期。

郭晋刚,《国有工业企业激励机制的变革及效果评价》,《经济研究》,1992 年 10 期。

张军扩,《关于国有企业改革的几点思考》,《经济研究》,1994 年 10 期。

吴易风,《马克思的产权理论与国有企业产权改革》,《中国社会科学》,1995 年 01 期。

张维迎,《从现代企业理论看国有企业改革》,《改革》,1995 年 01 期。

杨瑞龙,《国有企业股份制改造的理论思考》,《经济研究》,1995 年 02 期。

周叔莲,《怎样发挥国有经济的主导作用》,《国有资产研究》,1995 年 03 期。

刘世锦，《中国国有企业的性质与改革逻辑》，《经济研究》，1995年04期。

张卓元，《协调认识 科学规划 多方试验 积极推进国有企业改革》，《经济管理》，1995年04期。

黄速建，《试论国有企业的债务负担与债务重组》，《经济改革与发展》，1995年08期。

张维迎，《公有制经济中的委托人——代理人关系：理论分析和政策含义》，《经济研究》，1995年06期。

郭树清，《国有企业改革与债务问题处理》，《经济社会体制比较》，1996年03期。

张宇燕、何帆，《国有企业的性质》，《管理世界》，1996年05期。

田德举，《论国有企业三项制度改革》，《理论与改革》，1996年06期。

葛寿昌，《建立社会保障体系 推进国有企业改革》，《财经研究》，1998年03期。

杨瑞龙、周业安，《相机治理与国有企业监控》，《中国社会科学》，1998年03期。

廖永红，《我国企业年薪制的实施情况及若干亟待解决的问题》，《特区经济》，1998年07期。

王珺，《论转轨时期国有企业经理行为与治理途径》，《经济研究》，1998年09期。

陈守海，《实施企业经营者年薪制的难点及对策》，《劳动理论及实践》，1998年09期。

郑红亮，《公司治理理论与中国国有企业改革》，《经济研究》，1998年12期。

林岗，《国有企业改革的历史演进及发展趋势》，《中国特色社会主义研究》，1999 年 03 期。

阎伟，《国有企业经理道德风险程度的决定因素》，《经济研究》，1999 年 02 期。

席建国、李麟，《国有企业改革：寻求有效的治理结构——兼论上市公司改革的症结与对策》，《中共中央党校学报》，1999 年 03 期。

赵凌云，《1978—1998 年间中国国有企业改革发生与推进过程的历史分析》，《当代中国史研究》，1999 年 05、06 期。

黄群慧，《控制权作为企业家的激励约束因素：理论分析及现实解释意义》，《经济研究》，2000 年 01 期。

周其仁，《公有制企业的性质》，《经济研究》，2000 年 01 期。

周叔莲，《20 年中国国有企业改革经验的理论分析》，《中国社会科学院研究生院学报》，2000 年 03 期。

王珏，《劳动者股份所有制与社会主义市场经济——社会主义制度与市场经济结合的战略思考》，《市场经济研究》，2000 年 04 期。

路风，《国有企业转变的三个命题》，《中国社会科学》，2000 年 05 期。

袁钢明，《中国国有企业不良负债的实证分析》，《经济研究》，2000 年 05 期。

平新乔，《论国有经济比重的内生决定》，《经济研究》，2000 年 07 期。

陈佳贵，《产权明晰与建立现代企业制度》，《中共中央党校学报》，2000 年 12 期。

华伟，《单位制向社区的回归——中国城市基层管理体制 50 年变迁》，《战略与管理》，2001 年 01 期。

林毅夫、李永军，《中小金融机构发展与中小企业融资》，《经济研究》，2001 年 01 期。

李新春,《中国国有企业重组的企业家机制》,《中国社会科学》,2001年04期。

刘小玄,《企业边界的重新确定:分立式的产权重组——大中型国有企业的一种改制模式》,《经济研究》,2001年04期。

刘元春,《国有企业宏观效率论——理论及其验证》,《中国社会科学》,2001年05期。

郑江淮,《国有企业预算约束硬化了吗?——对1996—2000年信贷约束政策有效性的实证研究》,《经济研究》,2001年08期。

王珺,《双重博弈中的激励与行为——对转轨时期国有企业经理激励不足的一种新解释》,《经济研究》,2001年08期。

北京大学中国经济研究中心"发展战略研究"课题组,《中国国有企业改革的回顾与展望》,《经济研究参考》,2001年09期。

林毅夫、刘培林,《自生能力和国企改革》,《经济研究》,2001年09期。

杨灿明,《产权特性与产业定位——关于国有企业的另一个分析框架》,《经济研究》,2001年09期。

林毅夫,《自生能力与改革的深层次问题》,《经济研究》,2002年02期。

徐海根,《论国有企业管理机制的改革——政府与国企关系的界定以及公司治理》,《改革》,2002年02期。

范恒山,《国有经济的战略调整与国有企业改革》,《经济社会体制比较》,2002年04期。

蒋黔贵,《公司治理与国有企业改革》,《经济社会体制比较》,2002年04期。

秦瑞齐,《我国国有企业公司治理结构的比较与完善》,《经济与管理研究》,2002 年 06 期。

杨春学,《国有企业"企业家"选拔方式的经济学思考》,《中国工业经济》,2002 年 07 期。

吕政,《对深化国有企业改革的再认识》,《中国工业经济》,2002 年 10 期。

郭劲光、高静美,《国有企业改革:企业制度的变迁与选择》,《经济评论》,2003 年 06 期。

孙群燕、李杰、张安民,《寡头竞争情形下的国企改革——论国有股份比重的最优选择》,《经济研究》,2004 年 01 期。

丁孝智、季六祥,《1978 年以来国有企业产权改革进程及效率评析》,《中国经济史研究》,2005 年 01 期。

汪海波,《中国国有企业改革的实践进程(1979—2003)》,《中国经济史研究》,2005 年 03 期。

中国社科院工业经济研究所课题组,《企业重组改制模式的分类研究》,《经济研究参考》,2005 年 04 期。

李荣融,《国有企业改革的几个重点难点问题》,《宏观经济研究》,2005 年 11 期。

姚俊、蓝海林,《我国企业集团的演进及组建模式研究》,《经济经纬》,2006 年 01 期。

黄速建、余菁,《国有企业的性质、目标与社会责任》,《中国工业经济》,2006 年 02 期。

夏立军等,《市场化进程、国企改革策略与公司治理结构的内生决定》,《经济研究》,2007 年 07 期。

王忠明,《改革开放与国有经济战略性调整》,《经济与管理研究》,2008 年 02 期。

张卫东，《国企产权改革 30 年》，《湖北社会科学》，2008 年 07 期。

沈志渔、刘兴国、周小虎，《基于社会责任的国有企业改革研究》，《中国工业经济》，2008 年 09 期。

罗宏等，《国企分红、在职消费与公司业绩》，《管理世界》，2008 年 09 期。

魏杰，《国有经济战略布局调整的思路——纪念国有经济改革 30 年》，《国有资产管理》，2008 年 11 期。

吴照云、刘灵，《我国国有企业社会责任的层级模型和制度共生》，《经济管理》，2008 年 19、20 期。

魏杰、李东红，《30 年国有企业改革历程评析》，《经济与管理研究》，2009 年 01 期。

罗仲伟，《中国国有企业改革：方法论和策略》，《中国工业经济》，2009 年 01 期。

徐传谌、孟繁颖，《30 年国企改革与中国崛起》，《长白学刊》，2009 年 02 期。

孙志明，《三十年国企改革的阶段特征》，《社会科学战线》，2009 年 03 期。

黄速建，《中国企业组织结构调整与企业重组 60 年》，《首都经济贸易大学学报》，2009 年 04 期。

李伟阳、肖红军，《基于社会资源优化配置视角的企业社会责任研究》，《中国工业经济》，2009 年 04 期。

陈清泰，《国有企业改革与公司治理》，《南开管理评论》，2009 年 05 期。

田毅鹏、吕方，《单位社会的终结及其社会风险》，《吉林大学社会科学学报》，2009 年 11 期。

乔明哲、刘福成,《基于性质与功能的我国国有企业社会责任研究》,《华东经济管理》,2010年03期。

唐伶,《国有企业工资制度改革的回顾与思考》,《特区经济》,2010年06期。

邵传林,《国有企业性质的比较制度分析》,《经济学动态》,2011年09期。

桁林,《"大国有"战略下国企改革的任务与趋势——对国企三次改革大潮的反思》,《福建论坛(人文社会科学版)》,2011年10期。

李伟阳、肖红军,《企业社会责任的逻辑》,《中国工业经济》,2011年10期。

武力、肖翔,《中国共产党关于国有企业发展与改革的探索》,《湖南社会科学》,2011年02期。

孔陆泉,《改善国有企业公司治理的问题探讨》,《现代经济探讨》,2012年01期。

郭洪涛,《国有企业经济目标和社会目标间的权衡》,《现代经济探讨》,2012年03期。

吴延兵,《国有企业双重效率损失研究》,《经济研究》,2012年03期。

周耀东、余晖,《国有垄断边界、控制力和绩效关系研究》,《中国工业经济》,2012年06期。

马连福、王元芳、沈小秀,《中国国有企业党组织治理效应研究》,《中国工业经济》,2012年08期。

程承坪、程鹏,《国有企业性质:市场与政府的双重替代物》,《当代经济研究》,2013年01期。

汤吉军、年海石,《国有企业公司治理结构变迁、路径依赖与制度创新》,《江汉论坛》,2013年02期。

张佳康，《中国国有企业公司治理制度变迁》，《学习与探索》，2013年04期。

黄群慧、余菁，《新时期的新思路：国有企业分类改革与治理》，《中国工业经济》，2013年11期。

宋政谦，《国有企业改革的回顾与国际借鉴》，《山东社会科学》，2014年05期。

黄群慧、余菁、王欣，《新时期中国企业员工持股制度研究》，《中国工业经济》，2014年07期。

杨黎明，《关于改革完善国企高管薪酬分配制度的再思考》，《中国党政干部论坛》，2014年06期。

黄速建，《中国国有企业混合所有制改革研究》，《经济管理》，2014年07期。

黄群慧、黄速建，《论新时期全面深化国有经济改革重大任务》，《中国工业经济》，2014年09期。

卢俊，《推进混合所有制，深化国有企业改革》，《宏观经济管理》，2014年09期。

陈仕华等，《国有企业纪委的治理参与能否抑制高管私有收益？》，《经济研究》，2014年10期。

刘青松等，《败也业绩，成也业绩？——国企高管变更的实证研究》，《管理世界》，2015年03期。

鲁桐、党印，《改善国有企业公司治理：国际经验及其启示》，《国际经济评论》，2015年04期。

高明华，《公司治理与国企发展混合所有制》，《天津社会科学》，2015年05期。

国家发展改革委体管所课题组，《国企改革历程回顾与当前改革重点》,《中国经贸导刊》,2015 年 07 期。

黄群慧,《"十三五"时期新一轮国有经济战略性调整研究》,《北京交通大学学报(社会科学版)》,2016 年 02 期。

何干强,《在深化改革中做强做优做大国有企业》,《马克思主义研究》,2016 年 02 期。

曲亮等,《国有企业董事会权力配置模式研究——基于二元权力耦合演进的视角》,《中国工业经济》,2016 年 08 期。

江轩宇,《政府放权与国有企业创新——基于地方国企金字塔结构视角的研究》,《管理世界》,2016 年 09 期。

盛丹等,《外部监管能够改善国企经营绩效与改制成效吗?》,《经济研究》,2016 年 10 期。

张喜亮,《深化国有企业改革若干基础理论问题的思考》,《现代国企研究》,2016 年 11 期。

郭冠清、陈健,《社会主义能够解决"经济核算"难题吗?——"苏联模式"问题和"中国方案"》,《学习与探索》,2016 年 12 期。

张湄玲,《国有企业党建与公司治理的融合》,《财会研究》,2016 年 02 期。

余菁、黄群慧,《新时期全面深化国有企业改革的进展、问题与建议》,《中共中央党校学报》,2017 年 10 期。

黄群慧,《"新国企"是怎样炼成的——中国国有企业改革 40 年回顾》,《中国经济学人(英文版)》,2018 年 01 期。

郑寰、祝军,《也论党的领导与国有企业公司治理的完善——中国国有企业公司治理的政治维度》,《经济社会体制比较》,2018 年 02 期。

汪海波,《对国有经济改革的历史考察》,《中国浦东干部学院学报》,2018 年 03 期。

胡迟，《国企改革：四十年回顾与未来展望》，《经济纵横》，2018年09期。

黄速建、肖红军、王欣，《论国有企业高质量发展》，《中国工业经济》，2018年10期。

黄速建、余菁，《我国企业组织结构调整三十年》，《经济管理》，2018年13期。

陆汉蓬，《我国国有企业经营业绩考核指标问题探析——基于高质量发展背景》，《北方经济》，2019年11期。

韩文龙、葛泽坤，《做强做优做大国有企业和国有资本的实践探索及重大问题阐释》，《改革与战略》，2020年03期。

肖红军，《面向"十四五"的国有企业高质量发展》，《经济体制改革》，2020年05期。

康红军，《国企党建与生产经营"两张皮"问题及其理论解释》，《岭南学刊》，2020年06期。

张旭、王天蛟，《中国特色社会主义国有企业管理体制的形成、发展与超越》，《经济纵横》，2020年12期。

王金柱、蒋福东，《国有企业视阈下中国特色党企关系的制度构建》，《理论视野》，2021年02期。

张洪松、朱家明，《国有企业党的领导制度百年探索：发展历程与基本经验》，《四川大学学报（哲学社会科学版）》，2021年02期。

林盼，《新型举国体制如何落地：打造以国企为主导的创新平台》，《华东理工大学学报（社会科学版）》，2021年04期。

陈劲、阳镇、朱子钦，《新型举国体制的理论逻辑、落地模式与应用场景》，《改革》，2021年05期。

图书著作

中共中央文献研究室编,《三中全会以来重要文献选编》,人民出版社,1982年版。

周太和主编,《当代中国的经济体制改革》,中国社会科学出版社,1984年版。

全国总工会政策研究室编,《中国企业领导制度的历史文献》,经济管理出版社,1986年版。

高尚全著,《九年来的中国经济体制改革》,人民出版社,1987年版。

孙伯镁、童星等著,《在反思和探索中前进:中国体制改革的历程、现状和前途》,南京大学出版社,1988年版。

国家体改委办公厅编,《十一届三中全会以来经济体制改革重要文件汇编》,改革出版社,1990年版。

高尚全著,《中国的经济体制改革》,人民出版社,1991年版。

陈光林主编,《搞好国营大中型企业》,山东人民出版社,1992年版。

厉以宁著,《中国经济改革与股份制》,北京大学出版社、香港文化教育出版社,1992年版。

吕东著,《中国工业经济的改革与发展》,经济管理出版社,1992年版。

黄速建、沈志渔著,《公司制度与企业改革》,经济管理出版社,1993年版。

厉以宁著,《股份制与现代市场经济》,江苏人民出版社,1994年版。

林毅夫、蔡昉、李周著,《中国的奇迹:发展战略与经济改革》,上海三联书店,1994年版。

周叔莲著,《从计划经济到市场经济》,经济管理出版社,1994

年版。

盛洪主编,《中国的过渡经济学》,上海三联书店、上海人民出版社,1994年版。

宋承先著,《过渡经济学与中国经济》,上海财经大学出版社,1996年版。

宋涛、卫兴华主编,《40位经济学家关于推进国有企业改革的多角度思考》,经济科学出版社,1996年版。

黄速建著,《国有企业产权制度变革》,经济管理出版社,1996年版。

樊纲著,《渐进式改革的政治经济学分析》,上海远东出版社,1996年版。

王珏、陈文通等著,《国有企业改革新探》,上海远东出版社,1996年版。

曾宪章主编,《现代企业制度与企业人事管理》,山东人民出版社,1996年版。

林毅夫等著,《充分信息与国有企业改革》,上海三联书店、上海人民出版社,1997年版。

潘岳著,《中国国有经济总论》,经济科学出版社,1997年版。

吴晓灵著,《中国国有经济债务重组研究报告》,中国金融出版社,1997年版。

王洛林、陈佳贵主编,《现代企业制度的理论与实践》,经济管理出版社,1997年版。

董辅礽、厉以宁、韩志国主编,《国有企业:你的路在何方——50位经济学家论国有企业改革》,经济科学出版社,1997年版。

吴敬琏等著,《国有经济的战略性重组》,中国发展出版社,1998

年版。

刘洪著,《中国工业现状、诊断与建议》,中国发展出版社,1998年版。

曹凤岐著,《股份制与现代企业制度》,企业管理出版社,1998年版。

王珏主编,《辉煌二十年 1978—1998 中国改革开放二十周年大事总览》,中国经济出版社,1998年版。

魏杰主编,《资产重组与股份化:国有企业改革的两大突破点》,河北人民出版社,1998年版。

张卓元主编,《论争与发展:中国经济理论50年》,云南人民出版社,1999年版。

赵德馨主编,《中华人民共和国经济史(1985—1991)》,河南人民出版社,1999年版。

高尚全、杨启先主编,《中国国有企业改革》,济南出版社,1999年版。

黄群慧著,《企业家激励约束与国有企业改革》,中国人民大学出版社,2000年版。

李然忠著,《破冰——十五届四中全会后的国企改革》,山东人民出版社,2000年版。

刘泓著,《中国经济改革与发展若干问题研究》,天津社会科学院出版社,2000年版。

马建堂、刘海泉著,《中国国有企业改革的回顾与展望》,首都经济贸易大学出版社,2000年版。

黄群慧著,《国有企业管理现状分析》,经济管理出版社,2002年版。

芮明杰著,《国有企业战略性重组》,上海财经大学出版社,2002

年版。

邵宁、周放生、熊志军著,《中国企业脱困报告》,经济管理出版社,2002年版。

廖运凤等著,《转轨时期中国经济改革与发展若干问题研究》,光明日报出版社,2003年版。

劳动和社会保障部劳动工资研究所编,《我国企业薪酬热点问题剖析》,中国劳动社会保障出版社,2007年版。

张文魁、袁东明著,《中国经济改革30年——国有企业卷(1978—2008)》,重庆大学出版社,2008年版。

张卓元、郑海航著,《中国国有企业改革30年回顾与展望》,人民出版社,2008年版。

张军等著,《中国企业的转型道路》,格致出版社,2008年版。

刘小玄著,《奠定中国市场经济的微观基础:企业革命30年》,格致出版社,2008年版。

吕政、黄速建著,《中国国有企业改革30年研究》,经济管理出版社,2008年版。

宁向东著,《国有企业改革与董事会建设》,中国发展出版社,2012年版。

崔钊著,《政企分开研究》,河南人民出版社,2013年版。

朱锦清著,《国有企业改革的法律调整》,清华大学出版社,2013年版。

黄群慧、余菁著,《新时期全面深化国有经济改革研究》,中国社会科学出版社,2015年版。

渠敬东等著,《组织变革和体制治理:企业中的劳动关系》,中国社会科学出版社,2015年版。

王新红著,《国有企业法律制度研究》,中央编译出版社,2015年版。

程连升著,《筚路蓝缕 计划经济在中国》,中共党史出版社,2016年版。

戴锦著,《国有企业的性质》,经济科学出版社,2016年版。

迟福林主编,《伟大的历程 中国改革开放40年实录》,广东经济出版社,2018年版。

韩保江主编,《中国经济体制改革发展史》,河北人民出版社,2018年版。

国企改革历程编写组编,《国企改革历程(1978—2018)》,中国经济出版社,2019年版。

黄群慧、戚聿东著,《中国国有企业改革40年研究》,广东人民出版社,2019年版。

章迪诚著,《中国国有企业改革编年史(1978—2018)》,中国工人出版社,2020年版。

林盼著,《技能形成的历程:国有企业激励制度与产业工人队伍发展》,中国工人出版社,2021年版。

中国国有企业改革大事记

▼

1978年

4月20日，中共中央印发《关于加快工业发展的若干问题的决定（草案）》（简称"工业三十条"），对整顿企业提出了明确的要求和具体的标准，要求通过整顿，各个企业应建立起精干的、强有力的领导班子，逐步建设一支思想红、干劲大、技术精、作风好、团结紧、纪律严的产业大军，建立和健全以岗位责任制为核心的各项规章制度，切实搞好各项管理工作。决定还指出，国营工业企业要实行党委领导下的厂长分工负责制。企业的生产、技术、财务、生活等问题，党委作出决定后，由厂长负责组织执行。

11月25日，国务院批转财政部《关于国营企业试行企业基金的规定》，决定从1978年起，国营企业试行企业基金制度，即企业完成国家下达的8项年度计划指标以及供货合同后，可以提取职工全年工资总额的0.5%至5%的企业基金，用于职工福利基金和奖金，同时恢复计件工资和奖金制度。

12月22日，党的十一届三中全会通过《中国共产党第十一届中央委员会第三次全体会议公报》，提出现在我国经济管理体制的一个严重缺点是权力过于集中,应该有领导地大胆下放,让地方和工农业企业在国家统一计划的指导下有更多的经营管理自主权;应该着手大力精简各级经济行政机构,把它们的大部分职权转交给企业性的专业公司或联合公司。

1979 年

2月12日,四川省委、省政府在总结宁江机床厂等6家企业扩大企业自主权试点经验的基础上,制定了《关于扩大企业自主权,加快生产建设步伐的试点意见》,把试点的工业企业由6户扩大到100户,同时在40户国有商业企业中也试点扩大经营自主权,具体做法包括在计划管理上,允许企业在国家计划之外,根据市场需要自行制定补充计划,对于国家计划中不适合市场需要的品种规格也可以修改等。

4月5日,中共中央召开工作会议,针对国民经济比例失调的情况,决定从1979年起,用3年时间对国民经济实行"调整、改革、整顿、提高"的方针,明确提出要扩大企业自主权,把企业经营好坏同职工的物质利益挂起钩来。

7月,国务院下发《关于扩大国营工业企业经营管理自主权的若干规定》(第一个"扩权十条"),以及《关于国营企业实行利润留成的规定》《关于提高国营工业企业固定资产折旧率和改进折旧费使用办法的暂行规定》《关于开征国营工业企业固定资产税的暂行规定》《关于国营工业企业实行流动资金全额信贷的暂行规定》等有关企业扩权的文件,明确企业作为相对独立的商品生产者和经营者应该具有的权责利。

8月28日,国务院批准《关于基本建设投资试行贷款办法的报告》及《基本建设贷款试行条款》,试行将企业的基建投资由财政拨款改为银行贷款,贷款业务由中国人民建设银行办理,宣告"拨改贷"政策正式推行。

11月26日，邓小平提出社会主义也可以搞市场经济的思想。

1980 年

2月21日，国家经委提出要求，按照现代化建设的标准搞好企业整顿，调整领导班子，建立严格的责任制度，实行厂内经济核算制，开展全员培训工作，改进奖励制度。

7月1日，国务院印发《关于推动经济联合的暂行规定》，提出以自愿互利为原则，不受行业、地区和所有制、隶属关系的限制，打造各种形式的经济联合体，旨在缓解计划经济体制下因封闭的经济结构导致企业相互分割的矛盾，迈开了企业间横向联合的步伐。

8月9日，国务院批转国家经委《关于扩大企业自治权试点工作情况和今后意见的报告》，决定自1981年起，把扩大企业自主权的工作在国营工业企业中全面推广，使企业在人财物、产供销等方面拥有更大的决策自主权，并提出改进利润留成办法。

11月18日，国务院批转国家计委等《关于实行基本建设拨款改贷款的报告》，决定从1981年起，凡是实行独立核算、有还款能力的企业，除尽量利用自有资金外，一律改为银行贷款。

1981 年

1月16日，国务院印发《关于正确实行奖励制度、坚决制止滥发奖金的几项规定》，对企业全年发放奖金总额做出明确要求。

4月15—25日，国务院在上海召开全国工业交通工作会议，提出在调整和改革中，走出一条发展我国经济的新路子，工交企业也要像农村搞联产责任制那样实行经济责任制。

7月13日，中共中央、国务院转发中华全国总工会、国家经委、中央组织部制定的《国营工业企业职工代表大会暂行条例》，规定职工代表大会是企业实行民主管理的一种基本形式，是职工群众参与决策和管理、监督干部的权力机构。

10月29日，国务院批转国家经委、国家体改办《关于实行工业生产经济责任制若干问题的意见》，提出工业生产经济责任制是国家计划指导下，以提高经济效益为目的，实行责、权、利结合的生产经营管理制度。

1982 年

1月2日，中共中央、国务院公布《关于国营工业企业进行全面整顿的决定》，标志着工业企业的整顿工作进入了建设性整顿的新阶段。

同日，中共中央、国务院公布《国营工厂厂长工作暂行条例》，规定工厂实行党委领导下的厂长负责制。

11月8日，国务院批转国家经济体制改革委员会、国家经济委员会、财政部《关于当前完善工业经济责任制的几个问题的报告》，提出实行经济责任制，首先要明确企业对国家的经济责任，并赋予企业一定的自主权限，使企业的经济利益与企业生产经营成果直接联系，把责、权、利三者统一起来。

12月10日，五届全国人大五次会议通过《关于第六个五年计划的报告》，指出今后三年内，在对价格不做大的调整的情况下，应该改革税制，加快以税代利的步伐。

1983 年

1月1日，国务院启动第一步"利改税"，采用利税并存，凡是有盈利的国营大中型企业计征所得税，税后利润以一定比例上缴之外，其他都留给企业，比例一定三年不变；小型国营企业则根据实现利润按照八级超额累进税率缴纳所得税，税后企业自负盈亏。

3月17—29日，全国利改税工作会议决定，自6月1日起，国营企业全面实行利改税，贯彻执行"调整、改革、整顿、提高"的方针，加快经济管理体制改革的步伐，坚持以提高经济效益为中心，实现速度和效益的统一。

4月1日，国务院公布《国营工业企业暂行条例》，首次对企业的法人地位作出规定。

4月24日，国务院批转财政部《关于国营企业利改税试行办法》，同意把利润上缴方式改为有比例的纳税制。国家和企业的关系第一次以法律形式固定下来。

6月25日，国务院批转中国人民银行《关于国营企业流动资金由人民银行统一管理的报告》，决定从1983年7月1日起，除按原来的体制由财政拨付企业的定额流动资金仍留做企业的"自有流动资金"外，需要增加的流动资金，由企业自筹，或者通过向银行贷款解决，国家财政不再向企业增拨流动资金。固定资产投资和新增流动资金两个"拨改贷"就此形成。

1984年

5月10日，国务院印发《关于进一步扩大国营工业企业自主权的暂行规定》（第二个"扩权十条"），从生产经营计划、产品销售、价格制定、物资选购、资金使用等10个方面放宽对企业的约束。

5月18日，中共中央办公厅、国务院办公厅印发《关于认真搞好国营工业企业领导体制改革试点工作的通知》，确定在大连市和常州市的全部国营工业企业及北京、天津、上海、沈阳四市的部分国营企业中进行体制改革试点。

7月25日，北京天桥百货股份有限公司成立，这是改革开放之后全国第一家正式注册的股份制企业，也是第一家改制为股份制的国营企业。

9月18日，国务院批转财政部《国营企业第二步利改税试行办法》，主要内容包括将工商税按纳税对象划分为产品税、增值税、盐税和营业税；改变企业利润上缴形式，国家对国营企业实现利润分别征收所得税和调节税，调节税后的剩余利润为企业留利，调节税采取一户一率的办法分别核定，国营大中型企业基期利润扣除按55%计算的所得税和1983年合理留利后的部分，占基期利润的比例为调节税税率等。

10月20日，党的十二届三中全会通过《中共中央关于经济体制改革的决定》，指出增强企业活力，特别是增强全民所有制的大中型企业的活力，是以城市为重点的整个经济体制改革的中心环节，并提出"放权"是搞活企业的重要手段，规定了企业应该享有的6项自主权，肯定了全民所有制企业所有权和经营权相分离的原则。

12月4日，国家计委、财政部和建设银行联合发布《关于国家预算内基本建设投资全部由拨款改为贷款的暂行规定》，决定从1985年起，为了有偿使用国家财政资金，提高资金使用效益，凡是由国家预算安排的基本建设投资全部由财政拨款改为银行贷款。

1985年

1月1日，国务院启动第二步"利改税"，全面以产品税和资金税的分类税收方式规范企业和政府之间的关系，对企业利润分别征收所得税和调节税，税后利润为企业留利。

1月5日，国务院下发《关于国营企业工资改革的通知》，确立工资总额与经济效益挂钩的国家和企业之间的利益分配方式。

8月28日，邓小平发表题为《改革是中国发展生产力的必由之路》的讲话，提到社会主义的两个非常重要的方面，一是以公有制为主体，二是不搞两极分化。公有制包括全民所有制和集体所有制，现在占整个经济的百分之九十以上。同时，发展一点个体经济，吸收外国的资金和技术，欢迎中外合资合作，甚至欢迎外国独资到中国办工厂，这些都是对社会主义经济的补充。

1986年

3月23日，国务院印发《关于进一步推动横向经济联合若干问题的规定》，要求充分挖掘现有企业潜力，做到投入少、产出多，产品质量好，经济效益高，通过企业之间的横向联合，逐步形成新型经济联合组织，发展出一批企业集团或企业群体，进而促进物资的横向流通，发展资金的横向融通。这是国家文件中第一次出现"企业集团"的提法。

6月10日，邓小平就经济情况发表重要讲话，提出要精兵简政，真正下放权力到企业。

7月12日，国务院印发《国营企业实行劳动合同制暂行规定》《国营企业招用工人暂行规定》《国营企业辞退违纪职工暂行规定》和《国营企业职工待业保险暂行规定》等，指出5年以上的长期工，1年至5年的短期工和定期轮换工，都要签订劳动合同。上述规定还对劳动合同的订立、变更、终止和解除，合同制工人在职、待业及退休养老期间的待遇问题做了具体规定。

8月3日，沈阳防爆器械厂宣告破产，这是中华人民共和国成立后第一家正式宣布倒闭的国营企业。

9月15日，中共中央、国务院公布《全民所有制工业企业厂长工作条例》《中国共产党全民所有制工业企业基层组织工作条例》和《全民所有制工业企业职工代表大会条例》，赋予厂长对企业生产经营活动统一领导、全面负责的权利，并定期向党委会、职工代表大会汇报工作，接受监督。

12月5日，国务院印发《关于深化企业改革增强企业活力的若干规定》，指出深化企业改革的关键在于所有权与经营权的分离，要求加快企业领导体制的改革，全面推行厂长（经理）负责制。

1987 年

3月25日，六届全国人大五次会议《政府工作报告》提出，在所有权和经营权适当分离的原则下，实行承包经营责任制。

4月22—27日，国家经委受国务院委托召开全国承包经营责任制座谈会，会议在总结吉林、广东等省和首钢、二汽等企业坚持承包经营责任制经验的基础上，全面部署企业承包经营责任制工作，决定从当年6月起，在全国范围内普遍推行承包经营责任制。

8月29日，国家经委、国家体改委发布《关于深化改革、完善承包经营责任制的意见》，指出实行承包经营责任制，必须坚持"包死基数、确保上交、超收多留、欠收自补"的原则，兼顾国家、企业、职工三者利益。承包基数要体现鼓励先进、鞭策后进的原则。承包后新增加的留利，要大部分（一般70%以上）用于发展生产。

1988 年

2月27日，国务院公布《全民所有制工业企业承包经营责任制暂行条例》，要求实行承包经营责任制，必须兼顾国家、企业、经营者和生产者利益，调动企业经营者和生产者积极性，挖掘企业内部潜力，确保上缴国家利润，增强企业自我发展能力，逐步改善职工生活。

4月13日，七届全国人大一次会议通过《中华人民共和国全民所有制工业企业法》，明确了企业与国家、企业与企业、企业内部各方面的关系，确立了全民所有制工业企业是依法自主经营、自负盈亏、独立核算的社会主义商品生产经营单位。

6月5日，国务院公布《全民所有制小型工业企业租赁经营暂行条例》，指出租赁经营是在不改变企业的全民所有制性质的条件下，实行所有权和经营权的分离，国家授权单位为出租方，将企业有期限地交给承租方经营，承租方向出租方交付租金，依照合同规定对企业实行自主经营，实行租赁经营必须兼顾国家、企业、职工和承租方的利益。

7月21日，中共中央、国务院下发《关于解决公司政企不分问题的通知》，规定凡是从事企业经营的公司一律不能有行业管理、政府职能的权力，凡是有政府职能、进行行业管理的公司一律不准从事企业经营。

1989年

2月19日，国家体改委、财政部、国家国有资产管理局发布《关于出售国有小型企业产权的暂行办法》，提出出售国有企业产权，应由各级政府的国有资产管理部门负责。

1990年

3月26日，国务院决定成立国务院清理"三角债"领导小组，在全国范围内开展清理"三角债"的工作，要求各地区、各部门把清理"三角债"的工作作为治理整顿、深化改革的一项重要任务抓紧进行。

7月2日，国务院下发《关于加强国有资产管理工作的通知》，要求在全国范围内有计划地开展清查资产、核实国家资金、摸清国有资产家底的工作，力求将所有应归国家所有的资产都纳入国有资产管理轨道。同时要求完善国有资产产权管理机制，继续深化企业改革，切实加强对国家固定资产投资的管理，按照统一领导、分级管理的原则，逐步建立健全国有资产管理机构。

12月24日，针对理论界关于计划与市场关系的争论，邓小平指出，必须从理论上搞懂，资本主义与社会主义的区分不在于计划还是市场这样的问题。社会主义也有市场经济，资本主义也有计划控制。计划和市场都得要。

12月30日，党的十三届七中全会通过《中共中央关于制定国民经济和社会发展十年规划和"八五"计划的建议》，提出进一步发挥党组织的政治核心作用，坚持和完善厂长责任制，全心全意依靠工人阶级办好企业。

1991年

4月9日，七届全国人大四次会议通过《国民经济和社会发展的第八个五年计划》，明确企业经营机制转变的目标是实行政企职责分开，所有权和经营权适当分离，探索公有制的多种有效实现形式，建立富有活力的国营企业管理体制和运行体制。

5月16日，国务院发布《关于进一步增强国营大中型企业活力的通知》，要求各有关经济综合部门抓紧做好协调工作，围绕贯彻落实11项政策措施，尽快制订具体实施方案。

10月12日，中组部和人事部联合发布《全民所有制企业聘用制干部管理暂行规定》，推进国企干部从录用制转向聘用制。

12月14日，国务院批转国家计委、国家体改委、国务院生产办《关于选择一批大型企业集团进行试点请示的通知》，指出选择一批大型企业集团进行试点的目的：促进组织结构调整，推动生产要素合理流动，形成群体优势和综合功能，提高国家竞争能力和宏观调控能力，并确定首批55家（后来增加为57家）大型企业集团试点名单。

1992年

1月25日，劳动部、国务院生产办、国家体改委、人事部、全国总工会联合发布《关于深化企业劳动人事、工资分配、社会保险制度改革的意见》，指出深化企业劳动人事、工资分配和社会保险制度改革，在企业内部真正形成"干部能上能下、职工能进能出、工资能升能降"的机制，成为当前转换企业经营机制的重要任务。

3月25日，国务院生产办发布《关于全民所有制工业企业实行关停并转若干问题的意见》，对关停并转的指导思想、基本原则、主要形式、适用条件、一般程序等做了原则规定。

4月28日，国务院批转国家体改委、国务院生产办公室《关于股份制企业试点工作座谈会情况的报告》的通知，指出股份制在试点中存在的问题，并建议尽快制定股份制企业组建和试点的法规、办法，加强宣传、培训等基础工作，研究加强对股票市场的管理，抓住时机，创造条件，分阶段、有步骤地推进试点工作。

5月15日，国家体改委等相关部委联合发布《股份制企业试点办法》，国家体改委发布《股份有限公司规范意见》和《有限责任公司规范意见》，促进政企职责分开，实现企业的自主经营、自负盈亏、自我发展和自我约束。

7月23日，国务院公布《全民所有制工业企业转换经营机制条例》，规定生产经营决策权、产品劳务定价权、产品销售权、物资采购权、进出口权、投资决策权、留用资金支配权、资产处置权、联营兼并权、劳动用工权、人事管理权、工资奖金分配权、内部机构设置权、拒绝摊派权等共14项企业经营自主权。

8月27日，劳动部等部委联合发布《关于改进完善全民所有制企业经营者收入分配办法的意见》，确定经营者收入必须贯彻按劳分配原则。

10月12日，党的十四大全面总结了党的十一届三中全会以来14年的实践经验，确定我国经济体制改革的目标是建立社会主义市场经济体制，提出用邓小平同志建设有中国特色社会主义理论武装全党。报告首次将全民所有制企业由过去的"国营企业"改称为"国有企业"。

1993年

3月26日，国务院经贸办、国家体改委发布《关于全民所有制工业企业实行产品结构和组织结构调整的规定》，要求实行结构调整，以国家的产业政策、地区（行业）规划和国内外市场需求为依据，以优化企业产品结构、组织机构，提高经济效益为目的，充分发挥现有企业的优势和潜力，提高国有企业的整体素质。

3月29日，八届全国人大一次会议通过宪法修正案，将"国营企业"修改为"国有企业"，由"全民所有、国家授权经营"改为"国家所有、企业独立经营"。

6月26日，劳动部、国家经贸委、国家体改委发布《全民所有制企业工资总额管理暂行规定》，要求坚持企业工资总额与企业经济效益相联系的原则，正确处理国家、企业和职工的分配关系，在国民经济发展、企业经济效益提高的基础上保证三者利益的共同增进，兼顾效率与公平。

11月14日,党的十四届三中全会通过《关于建立社会主义市场经济体制若干问题的决定》,提出建设产权清晰、权责明确、政企分开、管理科学的现代企业制度,是国有企业改革的方向。

12月29日,八届全国人大常委会五次会议通过《中华人民共和国公司法》,注明国有企业法律注册形式既包括以前按全民所有制企业法设立的企业,也包括按照公司法设立的国有独资公司、股份有限公司和有限责任公司。1994年7月1日,《中华人民共和国公司法》正式实施。

1994年

3月2日,国家经贸委发出《关于转换国有企业经营机制,建立现代企业制度的若干意见的通知》,要求加强企业管理,加快转换国有企业的经营机制,建立国有企业财产的监督管理体系,为国有企业稳步向现代企业制度转变创造必要的条件。

7月5日,八届全国人大常委会八次会议通过《中华人民共和国劳动法》,规定建立劳动关系应当订立劳动合同,明确合同双方当事人权利义务。劳动合同制使企业和劳动者有了一定的用工和工作自主权,提高了人力资源配置和企业经营效益。

7月24日,国务院公布《国有企业财产监督管理条例》,明确国有企业财产属全民所有即国家所有,企业对国家授予其经营管理的财产依法自主经营,享有占有、使用和依法处分的权利。国务院代表国家行使对企业财产的所有权,实行分级管理和分级监督。

10月25日,国务院下发《关于在若干城市试行国有企业破产有关问题的通知》,规定企业破产时,其依法取得的土地使用权转让所得首先用于破产企业职工的安置,不足部分应从处置其他破产财产所得中拨付；对自谋职业的职工发放一次性安置费，并不再保留国有企业职工身份，一次性安置费用原则上按所在地企业职工上年平均工资收入的三倍发放。

11月，按照国务院批准的《关于在若干城市进行企业"优化资本结构"试点的方案》，以调整产业结构、行业结构、企业组织结构为目的的城市优化资本结构试点工作开始实施。第一批试点的有上海、天津等18个城市，主要围绕"增资、改造、分流、破产"四个方面进行。

12月，国家体改委向8个省、2个直辖市、1个计划单列市、8个中央企业主管部门和中国石油化工总公司发布《关于国家体改委联系的30家现代企业制度试点企业和1家国家控股公司试点工作的有关通知》，就试点的工作程序作出规定。

1995 年

3月25日，国务院办公厅转发国家经贸委《关于深化企业改革搞好大中型企业的意见》，提出"三改一加强"的工作方针，即把企业改组、改制和改造有机地结合起来，加强企业内部管理，提高国有大中型企业的效益。

4月5日，国家经贸委、劳动部发布《国有企业资产经营责任制暂行办法》，提出实行资产经营责任制，目的是促进理顺企业产权关系，明确企业法人财产权和企业资产经营责任，促进企业经营机制转换，深化企业内部约束机制，提高企业经营管理水平，提高资产运营效益，实现国有资产的保值增值。

5月2日，国家经贸委、国家教委、劳动部、财政部、卫生部联合发布《关于若干城市分离企业办社会职能分流富余人员的意见》，要求具备条件的企业分离自办中小学校、医院、后勤服务等单位，不具备条件的企业先在内部分离、独立核算，待条件具备后再逐步推向社会交由政府管理。

7月3日，国务院印发《关于原有有限责任公司和股份有限公司依照〈中华人民共和国公司法〉进行规范的通知》，要求按照《公司法》对股份公司的经营行为进行规范。

9月25—28日，党的十四届五中全会通过《关于制定国民经济和社会发展"九五"计划和2010年远景目标的建议》，提出以建立现代企业制度为目标，把国有企业的改革同改组、改造和加强管理结合起来，构造产业结构优化和经济高效运行的微观基础。

1996年

1月3日，国务院批转国家经贸委、冶金部《关于邯郸钢铁总厂管理经验的调查报告》，要求通过学习邯钢经验，把企业改革、改组和加强管理结合起来，继续开展"转机制、抓管理、练内功、增效益"活动，促进实现经济增长方式的转变。

6月20日，国家体改委发布《关于加快国有小企业改革的若干意见》，提出对于国有小企业，各地可以区别不同情况，加快改革和改组的步伐。小企业改革要因地制宜，大胆探索，采取多种形式、多种途径，使企业具有自主经营、自负盈亏、自我发展、自我约束的能力，成为适应社会主义市场经济要求的法人实体和市场竞争主体。

12月11日，全国国有企业党的建设工作会议指出，贯彻落实好中央关于企业改革发展的方针决策，关键在党。

1997年

1月6—9日，国务院在北京召开全国国有企业职工再就业工作会议，强调要把搞好国有企业放在更加突出的地位，要靠减员增效、下岗分流、规范破产、鼓励兼并来推动国有企业机制的转换，促进国民经济结构调整，解决国有企业当前困难。

3月2日，国务院下发《关于在若干城市试行国有企业兼并破产和职工再就业有关问题的补充通知》，重申有关破产方面的政策，只适用于国务院确定的企业"优化资本结构"试点城市范围内的国有工业企业。

6月16日，国家体改委发布《关于发展城市股份合作制企业的指导意见》，指出股份合作制是社会主义市场经济中的一个新的组织形式，能够促进生产力发展，是现阶段为劳动者创造就业机会、走向共同富裕的重要途径。

9月12日—18日，中国共产党第十五次全国代表大会举行，提出深化国有企业改革，是全党重要而艰巨的任务。要坚定信心，勇于探索，大胆实践，力争到本世纪末大多数国有大中型企业初步建立现代企业制度，经营状态明显改善，开创国有企业改革和发展的新局面。

9月19日，党的十五届一中全会根据党的十五大精神明确提出，用三年左右时间，通过改革、改制、改造和加强管理，使大多数国有大中型亏损企业摆脱困境，力争到本世纪末大多数国有大中型企业初步建立现代企业制度。

12月16日，全国经贸工作会议上提出"国企三年脱困"的目标。

1998年

2月19日，国家体改委、财政部、国家国有资产管理局发布《关于出售国有小型企业产权的暂行办法》，指出出售国有企业产权应由各级政府的国有资产管理部门负责，有条件的地方可组织企业拍卖市场或产权交易市场，国有小企业的产权原则上都可以出售。

3月5—19日，九届全国人大一次会议将国企改革作为当前经济体制改革的重点，提出全面脱困的"三年两目标"，要求用三年的时间，通过改革、改组、改造和加强管理，使大多数国有大中型亏损企业摆脱困境，力争到本世纪末使大多数国有大中型骨干企业初步建立起现代企业制度。并在国家经贸委设立临时机构——国家经贸委企业脱贫办公室。

5月7日，国务院下发《关于印发国务院向国有重点大型企业派出稽察特派员方案的通知》，指出向国有重点大型企业派出稽察特派员，是促进国企改革、加强监督职能的一项重要而紧迫的任务，明确了稽察特派员工作的性质、职责、监督的具体内容、办事处的组成、工作方式和工作程序、管理方式等。

5月14—16日，中共中央、国务院召开国有企业下岗职工基本生活保障和再就业工作会议，指出各级党委和政府一定要把国有企业的减员增效、下岗职工基本生活保障和再就业工作当作一件头等大事抓紧抓好。要根据现阶段的实际情况，制定符合中国国情的政策、措施。

7月9日，中共中央大型企业工作委员会正式成立，负责管理国务院监管的大型国有企业和国家控股企业中党的领导干部，以促进党的路线方针政策和党中央、国务院有关精神在大型国有企业的贯彻落实。

1999年

2月15日，国家经贸委发出《关于出售国有小型企业中若干问题意见的通知》，提出采取改组、联合、兼并、租赁、承包经营和股份合作制、出售等多种形式，搞活国有小企业。

5月20日，国家经贸委、财政部、中国人民银行发布《关于出售国有小型企业中若干问题的意见》，旨在制止在放开搞活国有小型企业过程中的一些错误做法，进一步强调要采取改组、联合、兼并、租赁、承包经营和股份合作制、出售等多种形式，搞活国有小企业。

9月22日，党的十五届四中全会通过《中共中央关于国有企业改革和发展若干重大问题的决定》，强调坚持"抓大放小"，从战略上调整国有经济布局和改组国有企业，推进国有资产的合理流动和重组，坚持有进有退、有所为有所不为。

11月20日，全国经贸工作会议在北京召开，提出为实现国有企业改革和"三年脱困"目标，经贸工作要重点做好八项工作，包括加大"放小"和"扶小"的工作力度，推进中小企业改革发展，促进各种所有制企业公平竞争，引导非公有制经济健康发展。

2000年

3月15日，国务院公布《国有企业监事会暂行条例》，规定国有重点大型监事会由国务院派出，对国务院负责，以财务监督为核心，对企业的财务活动及企业负责人经营管理行为进行监督可确保国有资产及其权益不受侵犯。

8月17日，国务院向国有重点大型企业派出监事会主席，对企业的财务活动及企业负责人的经营管理行为进行监督，确保国有资产及其权益不受侵犯。

9月28日，国务院办公厅转发《国家经贸委国有大中型企业建立现代企业制度和加强管理基本规范（试行）》，鼓励国有企业通过上市、中外合资和相互参股等形式实行股份制改造。

12月11日，全国经贸工作会议宣布国有企业改革和脱困的三年目标基本实现。

2001 年

3月13日，国家经贸委、人事部、劳动和社会保障部发布《关于深化国有企业内部人事、劳动、分配制度改革的意见》，提出深化企业三项制度改革的工作原则和具体要求。

3月23日，财政部、劳动和社会保障部、国家计委联合发布《关于深入开展企业效绩评价工作，加强国有企业监督管理的通知》，明确将各级政府确定的重点监管企业全部纳入综合评价对象，客观准确地反映企业一个经营年度的经营效益和经营者的业绩，逐步建立国有企业绩效评价结果定期公布制度。

4月28日，财政部发布《企业国有资本与财务管理暂行办法》，从政府出资人的角度，划清了主管财政机关与母公司对国有资产与财务管理的职责权限。

6月14日，国家经贸委发出《关于进一步规范债转股工作加强债转股企业改革的通知》，提出严格按照要求修改债转股方案和协议，加快新公司组建和登记注册工作，债转股企业要切实加强改革和管理工作，采取有效措施，切实落实有关政策。

8月16日，证监会发布《关于在上市公司建立独立董事制度的指导意见》，要求上市公司建立独立董事制度。

2002 年

1月7日，证监会、国家经贸委发布《上市公司治理准则》，阐明我国上市公司治理的基本原则、投资者权利保护的实现方式，以及董事、监事、经理等高管人员应遵循的基本行为准则等，为我国公司制企业提出规范的公司治理文本。

6月3日，中共中央办公厅、国务院办公厅发布《关于在国有企业、集体企业及其控股企业深入实行厂务公开制度的通知》，提出厂务公开的主要内容是企业重大决策问题、企业生产经营管理方面的重要问题、涉及职工切身利益方面的问题，与企业领导班子建设和党风廉政建设密切相关的问题。

9月17日，国务院办公厅转发财政部、科技部《关于国有高新技术企业开展股权激励试点工作指导意见的通知》，推动国有高新技术企业的技术创新和可持续发展。

11月8日，党的十六大要求坚持和完善公有制为主体、多种所有制经济共同发展的基本经济制度，必须毫不动摇地巩固和发展公有制经济。

同日，国家经贸委、财政部、劳动和社会保障部、国土资源部、中国人民银行、国家税务总局、国家工商行政管理总局、中华全国总工会联合发布《关于国有大中型企业主辅分离辅业改制分流安置富余人员的实施办法》，要求坚持党的十五届四中全会确定的国有企业改革方向，鼓励有条件的国有大中型企业在进行结构调整、重组改制和主辅分离中，利用非主业资产、闲置资产和关闭破产企业的有效资产，改制创办面向市场、独立核算、自负盈亏的法人经济实体，多渠道分流安置企业富余人员和关闭破产企业职工，减轻社会就业压力。

2003 年

1月7日，国务院办公厅转发国家经贸委等6部门《关于解决国有困难企业和关闭破产企业职工基本生活问题的若干意见》，要求采取有效措施，切实做好困难企业职工最低生活保障工作，进一步完善关闭破产企业离退休人员医疗保险有关政策措施，妥善解决实施关闭破产的中央企业及中央下放地方企业拖欠职工个人费用问题。

3月24日，国务院国资委成立，被授权代表国家履行中央企业出资人职责。从2003年4月初开始，各级国有资产监督管理机构陆续完成了组建工作，基本确立了国有资产管理的新体制，确保了国有企业资产管理与财务监督工作的有序开展。

5月12日，国务院办公厅印发《关于加快推进再就业工作的通知》，建立再就业工作部际联席会议制度，出台了岗位补贴、税费减免、就业服务、场地安排等优惠政策和实施办法，力图消除制约就业与再就业的体制障碍，提高失业者的保障力度。

5月27日，国务院公布《企业国有资产监督管理暂行条例》，以"国家所有、分级代表"为原则，中央和地方分别成立专门的国有资产监督管理机构履行出资者职能，管人、管事和管资产相统一，坚持政企分开、所有制和经营权分离，企业自主经营。

7月10日，中央企业负责人会议在北京召开，指出当前要着重从六方面积极推进建立有效的国有资产监督管理体制。

7月31日，劳动和社会保障部、财政部、国务院国资委联合发布《关于印发国有大中型企业主辅分离辅业改制分流安置富余人员的劳动关系处理办法》。

10月14日，党的十六届三中全会通过《关于完善社会主义市场经济体制若干问题的决定》，提出要适应经济市场化不断发展的趋势，进一步增强公有制经济的活力，大力发展国有资本、集体资本和非公有资本等参股的混合所有制经济，实现投资主体多元化，使股份制成为公有制的主要实现形式，同时还要求建立归属清晰、权责明确、保护严格、流转顺畅的现代产权制度。

11月25日，国务院国资委发布《中央企业负责人经营业绩考核暂行办法》,将管理层的薪酬收入与企业的业绩情况结合,给出了薪酬管理考核的设计思路与基本原则。

11月30日,国务院办公厅转发国务院国资委《关于规范国有企业改制工作的意见》,提出国有企业改制的要求是"健全规范运作、严格监督追究责任、精心组织加强领导"。

2004年

1月31日,国务院发布《关于推进资本市场改革开放和稳定发展的若干意见》,指出"积极稳妥解决股权分置问题",规范上市公司的股权结构,统一股权、统一价格、统一市场、统一利益。

6月2日,国务院国资委发布《中央企业负责人薪酬管理暂行办法》,规定中央企业负责人的薪酬由基薪、绩效薪金和中长期激励单元构成。

6月9—10日,国务院国资委发布《关于中央企业建立和完善国有独资公司董事会试点工作的通知》和《关于国有独资公司董事会建设的指导意见(试行)》,要求逐步建立外部董事制度,确定神华集团、上海宝钢、中国高新、中国诚通等七家企业为第一批国有独资公司董事会试点企业。

8月30日,国务院国资委印发《国务院国有资产监督管理委员会行业协会工作暂行办法》,要求有关厅局要按照本办法规定的职责和要求制定工作实施细则。

10月31日,中共中央办公厅转发中组部、国务院国资委党委《关于加强和改进中央企业党建工作的意见》,对"双向进入、交叉任职"做了阐述,探索党组织发挥政治核心作用的有效方式和途径。

11月26日,国务院办公厅转发国务院国资委《关于设立市(地)

级人民政府国有资产监督管理机构的指导意见》，明确市（地）级人民政府可设立国有资产监管机构，依法履行出资人职责，依法对企业国有资产进行监督管理，维护所有者权益，维护企业作为市场主体依法享有的各项权利，督促企业实现国有资产保值增值，防止国有资产流失。

2005 年

2月19日，国务院印发《关于鼓励支持和引导个体私营等非公有制经济发展的若干意见》，提出要为非公有制经济创造平等竞争、一视同仁的法治环境、政策环境和市场环境，鼓励非公有制经济参与国有经济结构调整和国有企业重组，大力发展国有资本、集体资本和非公有资本等参股的混合所有制经济。

4月11日，国务院国资委、财政部发布《企业国有产权向管理层转让暂行规定》，指出国有资产监督管理机构已经建立或政府已经明确国有资产保值增值行为主体和责任主体的地区或部门，可以探索中小型国有及国有控股企业国有产权向管理层转让。

4月29日，证监会发布《关于上市公司股权分置改革的试点有关问题的通知》，正式启动了股权分置改革试点工作，清华同方、三一重工、紫江企业、金牛能源等4家上市公司成为试点企业。

9月8日，国务院国资委发布《关于上市公司股权分置改革中国有股股权管理有关问题的通知》，要求从改革大局出发，积极采取有效措施，推动股权分置改革工作的顺利进行。

2006 年

4月7日，国务院国资委发布《地方国有资产监管工作指导监督暂行办法》，规范和加强对地方国有资产监管工作的指导和监督，保障国有资产监管工作规范有序进行。

8月27日,十届全国人大常委会二十三次会议通过《中华人民共和国企业破产法》,确定了企业有序退出的法律制度,规范了企业破产程序。

9月30日,国务院国资委、财政部联合发布《国有控股上市公司(境内)实施股权激励试行办法》,旨在以股权激励为杠杆,推进国有企业深化改革,完善公司治理结构,转变经营机制,提高竞争能力。

12月5日,国务院办公厅转发国务院国资委《关于推进国有资本调整和国有企业重组的指导意见》,明确中央企业集中的关键领域和重组目标,通过核定主业、主辅分离、资产重组、破产关闭等一系列资本经营和改革措施,使国有资本向四个方向集中。

2007 年

9月8日,国务院印发《关于试行国有资本经营预算的意见》,标志着国有资本经营预算制度初步建立,明确国有资本经营预算是国家以所有者身份依法取得国有资本收益,并对收益进行分配而发生的各项收支预算。

11月15日,国务院国资委印发《国务院国有资产监督管理委员会规范行业协会运作暂行办法》,旨在加强国资委所联系行业协会的管理,促进所联系行业协会规范运作和健康发展。

12月11日,财政部、国务院国资委公布《中央企业国有资本收益收取管理暂行办法》,明确规定国有资本收益收取对象。

12月29日,国务院国资委发布《关于中央企业履行社会责任的指导意见》,提出央企的社会责任应包括依法经营、提高持续盈利能力、提高产品质量和服务水平、加强资源节约和环境保护、推进自主创新和技术进步、保障生产安全、维护职工合法权益、参与社会公益事业共八个方面。

2008 年

2月25日，国务院国资委发布《中央企业国有资本经营预算建议草案编报办法（试行）》，就试行国有资本经营预算的指导思想和原则、国有资本经营预算的收支范围、国有资本经营预算的编制和审批、国有资本经营预算的执行、国有资本经营预算的职责分工、试行国有资本经营预算的组织实施等问题提出具体意见。

10月21日，国务院国资委、财政部联合发布《关于规范国有控股上市公司实施股权激励制度有关问题的通知》，要求进一步优化董事会的结构，健全通过股东大会选举和更换董事的制度。

10月28日，十一届全国人大常委会五次会议通过《中华人民共和国企业国有资产法》，对企业国有资产管理体制作出规定，明确政府履行出资人职责时应当遵循的原则。

2009 年

6月16日，国务院国资委发布《关于规范上市公司国有股东行为的若干意见》，要求国有股东按照企业发展规划，因企、因地制宜，做到主营业务突出，不断提高资源配置效益。

2010 年

7月15日，中共中央、国务院印发《关于进一步推进国有企业贯彻落实"三重一大"决策制度的意见》，提出以集体决策原则处理"三重一大"事项。

2011 年

9月7日，国务院国资委发布《关于中央企业国有产权置换有关事项的通知》，提出国有产权置换所遵循的原则，即符合国家有关法律法规和产业政策的规定；符合国有经济布局和结构调整的需要；有利于做强主业和优化资源配置，提高企业核心竞争力；置换标的权属清晰，标的交付或转移不存在法律障碍。

2012 年

5月18日，经国务院国资委办公厅批准，国资委中央企业社会责任指导委员会正式成立。

10月24日，国务院印发《关于国有企业改革与发展工作情况的报告》，指出国有企业作为国民经济的支柱，担负着更加重大的责任，承担着更加艰巨的任务。

12月29日，国务院国资委公布第三次修订《中央企业负责人经营业绩考核暂行办法》，对企业负责人经营业绩考核工作原则作出明确规定。

2013 年

5月10日，国务院国资委印发《企业国有资产评估项目备案工作指引》，进一步规范企业国有资产评估项目备案工作，提高评估备案工作效率。

11月12日，党的十八届三中全会通过《中共中央关于全面深化改革若干重大问题的决定》，提出以公有制为主体、多种所有制经济共同发展是中国的基本经济制度，是中国特色社会主义制度的重要之处，也是社会主义市场经济体制的根基。

2014 年

1月10日，国务院国资委印发《关于以经济增加值为核心加强中央企业价值管理的指导意见》，旨在全面贯彻党的十八届三中全会精神，以管资本为主加强国有资产监管，指导中央企业进一步深化经济增加值考核，优化资源配置，提升以经济增加值为核心的价值管理水平，促进中央企业转型升级，增强核心竞争能力，加快实现做强做优、科学发展。

8月18日，中央全面深化改革领导小组第四次会议在北京召开。习近平总书记主持会议并发表重要讲话。

11月5日，中共中央、国务院印发《关于深化中央管理企业负责人薪酬制度改革的意见》，要求坚持分类分级管理，建立与中央企业负责人选任方式相匹配、与企业功能性质相适应的差异化薪酬分配办法，严格规范中央管理企业负责人薪酬分配，中央企业市场化选聘的职业经理人实行市场化薪酬分配机制。

2015 年

6月5日，中央全面深化改革领导小组第十三次会议审议通过《关于在深化国有企业改革中坚持党的领导加强党的建设的若干意见》。

8月24日，中共中央、国务院印发《关于深化国有企业改革的指导意见》，正式开启了国有企业分类改革的序幕。

9月23日，国务院印发《关于国有企业发展混合所有制经济的意见》。

10月25日，国务院印发《关于改革和完善国有资产管理体制的若干意见》，对在以管资本为主的要求下如何推进国有资产监管机构职能转变、改革国有资本授权经营体制、提高国有资本配置和运营效率、协同推进相关配套改革提出原则性要求。

10月31日，国务院印发《关于加强和改进企业国有资产监督防止国有资产流失的意见》，要求实现企业国有资产监督全覆盖，加强对国有企业权力集中、资金密集、资源富集、资产聚集等重点部门、重点岗位和重点决策环节的监督，切实维护国有资产安全。

12月7日，国务院国资委、财政部、发改委发布《关于国有企业功能界定与分类的指导意见》，与之相配套的《关于完善中央企业功能分类考核的实施方案》于2016年8月印发，将国有企业界定为商业类和公益类。

2016年

2月25日，根据国务院国有企业改革领导小组的决定，国务院国资委宣布在此前"四项改革"的基础上，开展"十项改革试点"，包括落实董事会职权试点、市场化选聘经营管理者试点、推行职业经理人制度试点、关于企业薪酬分配差异化改革试点等。

3月9日，国务院印发《加快剥离国有企业办社会职能和解决历史遗留问题工作方案》，要求坚持市场导向、政企分开。充分发挥市场在资源配置中的决定性作用，依法落实企业经营自主权，促进国有企业深化改革，真正成为自主经营、自负盈亏的市场主体。按照市场化原则，探索政府购买服务等方式，推进公共服务专业化运营，提高服务质量和运营效率，国有企业不再承担与主业发展方向不符的公共服务职能。

7月4日，全国国有企业改革座谈会在北京召开。习近平总书记作出重要指示。

8月24日，国务院国资委、财政部联合印发《关于完善中央企业功能分类考核的实施方案》，按照方案对中央企业将分为三类实施考核。

10月10—11日，全国国有企业党的建设工作会议在北京举行。习近平总书记出席会议并发表重要讲话。

2017年

4月24日，国务院办公厅印发《关于进一步完善国有企业法人治理结构的指导意见》，要求坚持深化改革。尊重企业市场主体地位，遵循市场经济规律和企业发展规律，以规范决策机制和完善制衡机制为重点，坚持激励机制与约束机制相结合，体现效率原则与公平原则，充分调动企业家积极性，提升企业的市场化、现代化经营水平。

7月18日，国务院办公厅印发《中央企业公司制改制工作实施方案》，要求中央企业推进公司制改制，按照现代企业制度要求，结合实际制定切实可行的改制方案，明确改制方式、产权结构设置、债权债务处理、公司治理安排、劳动人事分配制度改革等事项，并按照有关规定起草或修订公司章程。

10月24日，党的十九大审议通过《中国共产党章程（修正案）》，将国有企业党委（党组）发挥领导作用以党章的形式固定下来。

11月29日，发改委、财政部等联合发布《关于深化混合所有制改革试点若干政策的意见》，提出科学准确地对国有资产进行定价，是国有企业混合所有制改革的基础，是防止国有资产流失的重要手段。

2018年

7月14日，国务院印发《关于推进国有资本投资、运营公司改革试点的实施意见》，对国有资产的功能定位、组建方式、授权机制、治理结构、运行模式等内容加以说明。

11月2日，国务院国资委印发《中央企业合规管理指引（试行）》，推动中央企业全面加强合规管理，加快提升依法合规经营管理水平，着力打造法治央企，保障企业持续健康发展。

2019 年

4月19日，国务院印发《改革国有资本授权经营体制方案》，要求出资人代表机构加快转变职能和履职方式，切实减少对国有企业的行政干预。

10月31日，国务院国资委发布《中央企业混合所有制改革操作指引》，要求中央企业所属各级子企业实施混合所有制改革，为国有企业进一步深化混合所有制改革提供指引。

11月7日，国务院国资委发布《关于以管资本为主加快国有资产监管职能转变的实施意见》，要求转变监管理念，调整监管重点，改进监管方式，优化监管导向。

2020 年

1月22日，国务院国有企业改革领导小组办公室印发《"双百企业"推行经理层成员任期制和契约化管理操作指引》和《"双百企业"推行职业经理人制度操作指引》，提出了更加符合市场化改革方向的规范性要求。

11月1日，习近平总书记在《求是》上发表《国家中长期经济社会发展战略若干重大问题》。

12月31日，国务院国资委、财政部发布《国有企业公司章程制定管理办法》，要求国有企业公司章程的制定管理坚持党的全面领导、坚持依法治企、坚持权责对等原则，切实规范公司治理，落实企业法人财产权与经营自主权，完善国有企业监管，确保国有资产保值增值。

2021年

1月14日，国务院国资委印发《国资委履行出资人职责的多元投资主体公司利润分配管理暂行办法》，要求做好国资委履行出资人职责的多元投资主体公司股东履职工作，进一步加强利润分配管理，提出公司利润分配的具体原则。

3月11日，十三届全国人大四次会议通过了《中华人民共和国国民经济和社会发展第十四个五年规划和2035年远景目标纲要》，提出按照完善治理、强化激励、突出主业、提高效率的要求，深化国有企业混合所有制改革，深度转换经营机制，对混合所有制企业探索实行有别于国有独资、全资公司的治理机制和监管制度。

5月1日，习近平总书记在《求是》上发表《把握新发展阶段，贯彻新发展理念，构建新发展格局》，提出构建新发展格局最本质的特征是实现高水平的自立自强，中央企业等国有企业要勇挑重担、敢打头阵，勇当原创技术的"策源地"、现代产业链的"链长"。

5月30日，中共中央办公厅印发《关于中央企业在完善公司治理中加强党的领导的意见》，对中央企业进一步把加强党的领导和完善公司治理统一起来、加快完善中国特色现代企业制度作出部署、提出要求。

11月11日，党的十九届六中全会正式通过《中共中央关于党的百年奋斗重大成就和历史经验的决议》，将"支持国有资本和国有企业做强做优做大，建立中国特色现代企业制度，增强国有经济竞争力、创新力、控制力、影响力、抗风险能力"作为"党加强对经济工作的战略谋划和统一领导，完善党领导经济工作体制机制"的重要内容。

2022年

2月28日，中央全面深化改革委员会第二十四次会议审议通过《关于推进国有企业打造原创技术策源地的指导意见》等一系列文件，强调推进国有企业打造原创技术策源地，要把准战略方向，围绕事关国家安全、产业核心竞争力、民生改善的重大战略任务，加强原创技术供给，超前布局前沿技术和颠覆性技术，在集聚创新要素、深化创新协同、促进成果转化、优化创新生态上下功夫，全方位培养、引进、用好人才。要强化责任链条，加强协同配合。

5月19日，国务院国资委印发《关于中央企业助力中小企业纾困解难促进协同发展有关事项的通知》，旨在贯彻落实党中央、国务院决策部署，支持中小企业健康发展，着力构建大中小企业相互依存、相互促进、共同发展的良好生态，不断增强国民经济发展韧性和产业链供应链稳定性。

10月16—22日，党的二十大在京召开。习近平总书记代表第十九届中央委员会向大会作了题为《高举中国特色社会主义伟大旗帜 为全面建设社会主义现代化国家而团结奋斗》的报告，指出深化国资国企改革，加快国有经济布局优化和结构调整，推动国有资本和国有企业做强做优做大，提升企业核心竞争力，是"构建高水平社会主义市场经济体制"的重要组成部分。

图书在版编目（CIP）数据

国有企业改革 / 黄群慧，林盼主编. —— 北京：中国工人出版社，2024.6. -- ISBN 978-7-5008-8021-9

Ⅰ.F279.241

中国国家版本馆CIP数据核字第20240CA202号

国有企业改革

出 版 人	董　宽
责任编辑	李滢洁
责任校对	张　彦
责任印制	栾征宇
出版发行	中国工人出版社
地　　址	北京市东城区鼓楼外大街 45 号　邮编：100120
网　　址	http://www.wp-china.com
电　　话	（010）62005043（总编室）
	（010）62005039（印制管理中心）
	（010）62382916（工会与劳动关系分社）
发行热线	（010）82029051　62383056
经　　销	各地书店
印　　刷	北京印刷集团有限责任公司
开　　本	710 毫米 × 1000 毫米　1/16
印　　张	28.75
字　　数	322 千字
版　　次	2024 年 9 月第 1 版　2024 年 9 月第 1 次印刷
定　　价	88.00 元

本书如有破损、缺页、装订错误，请与本社印制管理中心联系更换
版权所有　侵权必究